A POLÍTICA EDUCACIONAL E O MINISTÉRIO PÚBLICO

A QUALIDADE DA EDUCAÇÃO EM DISPUTA

Editora Appris Ltda.
1.ª Edição - Copyright© 2024 da autora
Direitos de Edição Reservados à Editora Appris Ltda.

Nenhuma parte desta obra poderá ser utilizada indevidamente, sem estar de acordo com a Lei nº 9.610/98. Se incorreções forem encontradas, serão de exclusiva responsabilidade de seus organizadores. Foi realizado o Depósito Legal na Fundação Biblioteca Nacional, de acordo com as Leis n°s 10.994, de 14/12/2004, e 12.192, de 14/01/2010.

Catalogação na Fonte
Elaborado por: Dayanne Leal Souza
Bibliotecária CRB 9/2162

T173p
2024
	Taporosky, Barbara Hanauer
	    A Política Educacional e o Ministério Público: a qualidade da educação em disputa / Barbara Hanauer Taporosky. – 1. ed. – Curitiba: Appris, 2024.
	    230 p. : il. ; 23 cm.
	
	    Inclui referências.
	    ISBN 978-65-250-6418-5
	
	    1. Políticas Educacionais. 2. Ministério Público e Direitos Humanos. 3. Educação Escolar. I. Taporosky, Barbara Hanauer. II. Título. III. Série.
	
	   CDD – 370.7

Livro de acordo com a normalização técnica da ABNT

Appris
editora

Editora e Livraria Appris Ltda.
Av. Manoel Ribas, 2265 – Mercês
Curitiba/PR – CEP: 80810-002
Tel. (41) 3156 - 4731
www.editoraappris.com.br

Printed in Brazil
Impresso no Brasil

Barbara Hanauer Taporosky

A POLÍTICA EDUCACIONAL E O MINISTÉRIO PÚBLICO

A QUALIDADE DA EDUCAÇÃO EM DISPUTA

Appris editora

Curitiba, PR
2024

FICHA TÉCNICA

EDITORIAL	Augusto Coelho
	Sara C. de Andrade Coelho
COMITÊ EDITORIAL	Ana El Achkar (UNIVERSO/RJ)
	Andréa Barbosa Gouveia (UFPR)
	Conrado Moreira Mendes (PUC-MG)
	Eliete Correia dos Santos (UEPB)
	Fabiano Santos (UERJ/IESP)
	Francinete Fernandes de Sousa (UEPB)
	Francisco Carlos Duarte (PUCPR)
	Francisco de Assis (Fiam-Faam, SP, Brasil)
	Jacques de Lima Ferreira (UP)
	Juliana Reichert Assunção Tonelli (UEL)
	Maria Aparecida Barbosa (USP)
	Maria Helena Zamora (PUC-Rio)
	Maria Margarida de Andrade (Umack)
	Marilda Aparecida Behrens (PUCPR)
	Marli Caetano
	Roque Ismael da Costa Güllich (UFFS)
	Toni Reis (UFPR)
	Valdomiro de Oliveira (UFPR)
	Valério Brusamolin (IFPR)
SUPERVISOR DA PRODUÇÃO	Renata Cristina Lopes Miccelli
PRODUÇÃO EDITORIAL	Daniela Nazario
REVISÃO	Simone Ceré
DIAGRAMAÇÃO	Bruno Ferreira Nascimento
CAPA	Carlos Pereira
REVISÃO DE PROVA	Jibril Keddeh

A Deus, que me deu o dom da vida e tudo o que possuo.
A Antônio, pai querido que deixou saudade:
sei que estaria orgulhoso de ver aonde cheguei.
À Vó Matilde, cuja luta pelo acesso à educação, já adulta, rendeu frutos:
agora você tem uma neta doutora.

AGRADECIMENTOS

Este livro é fruto não apenas de meu trabalho individual, mas de reflexões realizadas por um grande grupo de pessoas, que com muita generosidade partilharam a trajetória da escrita. Primeiramente, agradeço à Prof.ª Dr.ª Adriana Dragone Silveira, que, mais do que uma orientadora, tornou-se parceira de pesquisa e amiga. Obrigada por me formar e constituir na pesquisadora que hoje me identifico.

Agradeço ao Prof. Dr. Salomão Barros Ximenes, pela acolhida no projeto de pesquisa "Efeitos do desenvolvimento institucional do Ministério Público na judicialização das políticas públicas de educação básica no Brasil", cuja participação foi determinante para que os resultados apresentados neste livro fossem desenvolvidos. Também agradeço a generosa parceria concedida pelo Prof. Salomão para esta publicação, especialmente ante o financiamento do Conselho Nacional de Desenvolvimento Científico e Tecnológico (CNPq) ao projeto, que permitiu a edição desta obra. Agradeço, ainda, à Coordenação de Aperfeiçoamento de Pessoal de Nível Superior (Capes) pelo financiamento de bolsa de estudos no período do doutorado, que possibilitou a produção deste livro.

Agradeço às colegas dos grupos e projetos de pesquisa que realizaram a leitura e valiosas contribuições a este trabalho: Aline Vidal, Dhaiene Bruno, Geane Januário, Joelma Arbigauss, Kátia Schmidt, Maíra Galloti Frantz, Soeli Pereira, Carolina Marinho, Carolina Stucchi e Rayane Vieira. Também agradeço especialmente as valiosas contribuições da Prof.ª Dr.ª Andréa Gouveia, Prof.ª Dr.ª Vanessa Elias Oliveira, Prof.ª Dr.ª Daniela Pires e Prof. Dr. Carlos Roberto Jamil Cury.

No âmbito da minha vida privada, muitas pessoas se fizeram presentes em diversos momentos e de variadas maneiras, apoiando diretamente esta produção: Camila Bortot e Francielle Belizário, amigas fiéis; Emma Souza e Aline Hobmeier, com o auxílio na correção e revisão do texto em sua primeira versão; Hilda Hanauer, minha amada mãe, sempre disposta a me socorrer; Jairo Junior, companheiro de vida que incentiva e entra comigo em todos os meus projetos; Sophie e Victor, filhos amados que acompanham todas as etapas, entendendo minhas escolhas de vida.

Por fim, e mais importante: agradeço a Deus, que creio ser o autor e o consumador de todas as coisas. Toda capacidade vem de Ti. Obrigada por me escolher para este propósito.

PREFÁCIO

Vivemos um tempo em que a cidadania vai tomando consciência de muitos de seus direitos. E na área da educação escolar, essa tomada de consciência não tem sido diferente. Afinal, se a educação escolar se tornou nacionalmente obrigatória no ensino primário e gratuita no ensino público desde a Constituição de 1934, "tirar o primário" foi uma prática que foi sendo incorporada ao cotidiano das famílias, ainda que não se desconhecesse seja a limitação de "tirar" só esta etapa do ensino, seja os condicionantes sociais e culturais mais amplos. Esta etapa foi ampliada com a Constituição de 1967, aquela convocada pelo Ato Institucional n. 4, para oito anos. Com a Lei n. 5.691/1971, o ensino primário passou a ser ensino de primeiro grau, confirmados os oito anos. A Constituição de 1988 buscou refundar o pacto social e, com isso, também a mudança de nomenclatura de muitos campos das políticas públicas. Com ela, o ensino de primeiro grau passou a ser ensino fundamental, etapa obrigatória de uma concepção mais ampla: a da educação básica.

No texto original de 1988, a educação escolar se tornou um direito juridicamente protegido. E o ensino fundamental ganhou uma ênfase nessa proteção: o de ser um direito público subjetivo. Quando se lê o § 1.º do artigo 208 da Lei Maior, entende-se o sentido prático dessa nomeação: o acesso ao ensino obrigatório e gratuito é direito público subjetivo. Já o § 2.º não deixa dúvidas: o não oferecimento do ensino obrigatório pelo Poder Público, ou sua oferta irregular, implica responsabilidade da autoridade competente. Isso quer dizer simplesmente que o cidadão, a cidadã assume para si a exigibilidade do acesso à educação obrigatória.

Tal exigibilidade se comunga com o caput do artigo 208, que, no seu todo, postula o dever do Estado. Vale dizer, o dever como estar obrigado e a exigibilidade como algo que se preceitua como necessário a uma prestação devida é algo de que se toma consciência e se pode passar a uma ação. Se essa prática é assim inteligível, resta conceituar o direito público subjetivo como um direito da cidadania pelo qual o titular de um direito tem a possibilidade de exigir o cumprimento de uma prestação devida. E o Estado enquanto Poder Público é o sujeito deste dever. O não cumprimento deste dever possibilita ao cidadão e a uma organização coletiva o recurso à

Justiça. Isso significa que o cidadão tem esse poder de um direito legítimo e resta haver a oportunidade para fazê-lo valer. Oportunidade muito viável em um país com tanta desigualdade. Vale dizer, esse sentido prescritivo visa justamente tornar a escola para todos um bastião importante em vista de maior igualdade. Afinal, a desigualdade abala os pilares da democracia.

O livro que ora vem a público trata exatamente desse assunto. O leitor, a leitora, vai encontrar uma tal riqueza informativa e explicativa desse direito do cidadão e dever do Estado que, ao final, terá como ter uma dimensão analítica do todo dessa exigibilidade. Portanto, se o recorte da pesquisa rigorosa que é, é o Ministério Público, a profundidade da abordagem conduz a uma visão muito mais ampla. E não se espere uma linguagem avessa à compreensão. Escrita fluida e convergente, oferece um levantamento abrangente de tantos outros, como a autora, que se debruçaram sobre o assunto em prol da educação.

Como dito, o livro tem como alvo principal do conteúdo o Ministério Público, esse órgão redefinido de modo peculiar pela Constituição de 1988. Trata-se de uma instituição permanente, segundo o artigo 127, incumbida da defesa da ordem jurídica, do regime democrático e dos interesses sociais e individuais indisponíveis. A educação escolar, junto com outras dimensões da existência social, faz parte tanto do interesse individual de cada qual, como direito civil, quanto dos interesses sociais, como um direito social. E o que chama a atenção é o adjetivo no plural: indisponíveis. Reporto-me a uma distinção importante trazida por Luigi Ferrajoli, esse insigne defensor das garantias: uma coisa são os direitos disponíveis próprios do sistema contratual de mercado, ligados ao direito de propriedade como direito patrimonial. Esses direitos podem ser comercializados, monetizados, enfim, vendáveis e acumuláveis no mercado. Outra coisa são os direitos indisponíveis. Estes não são objeto de mercancia como algo de compra e venda. Como assevera Ferrajoli (2019, p. 118) em seu livro *Manifiesto por la igualdad*:

> [...] liberdade e propriedade são conceitos estruturalmente diversos. Mais ainda, os direitos fundamentais de liberdade e os direitos patrimoniais (ou reais) de propriedade são não só diversos, como também opostos, por sua estrutura oposta. Os primeiros, correspondentes igualmente a todos apenas porque pessoas, enquanto tais universais e por isso indisponíveis, inalienáveis e invioláveis; os segundos, correspondentes singularmente a cada um com exclusão dos demais, enquanto tais singulares, disponíveis, alienáveis e

transferíveis; uns, por consequência, em base à igualdade, os outros em base à desigualdade jurídica e das relações conexas de poder (tradução nossa).

Desse modo, pelo conjunto do capítulo da educação na Constituição e por todas as leis infraconstitucionais, estamos diante de um direito substancial e indisponível. Eis por que cabe ao Ministério Público, junto com o cidadão, ser um guardião desse direito.

Entrementes, o livro não é mais um trabalho sobre o Ministério Público, e sim uma exposição analítica de uma rigorosa fenomenologia que deixa falar esse órgão pelos vários registros captados pela vigilante pesquisa. As vozes desses registros nos fazem ouvir se e como esse órgão se ocupa da qualidade da educação à luz de três critérios: se houve uma aderência à técnica jurídica pertinente, se houve uma adesão a uma técnica especializada que contemplasse a especificidade da educação e qual foi o teor da participação da cidadania no interior da exigibilidade. As vozes do Ministério Público, no livro, provêm das quatro regiões do país e não se trata de uma simples descrição. O que se lê, no livro, é uma descrição analítica e crítica dos achados da investigação, como é o caso de uma baixa articulação do Ministério Público com a sociedade civil organizada. E tais conclusões se devem ao cuidado com o levantamento das fontes, minucioso e rigoroso. Como expressão visual desse levantamento, o leitor é presenteado com quadros e tabelas que facilitam ainda mais a compreensão dos conteúdos.

Este livro guarda consigo um tríplice convite: de um lado, ao próprio Ministério Público, cujo retrato espera por um aperfeiçoamento de seu trânsito com a sociedade civil, aumentando o grau de participação, como se espera de um órgão tão inovador; de outro lado, à própria sociedade política, possibilitando uma presença mais equitativa de promotores e promotoras pelas regiões do país e deixando de ser um lugar inacessível dos conhecimentos com grau cada vez maior de transparência. O último convite se dirige aos gestores atuais dos sistemas de ensino e aos formadores de profissionais do magistério, a fim de que cooperem com o aperfeiçoamento cada vez mais democrático e inclusivo da educação brasileira.

Este livro guarda um ângulo importante para a efetivação das políticas públicas de educação. O Ministério Público, dada sua peculiar presença na Constituição, é rigorosamente um órgão de Estado. Por isso mesmo, cabe a ele ser um instituto que acompanha a educação para ser, de fato, a despeito da rotatividade dos governos, um direito do cidadão e dever do Estado.

Ler este livro só faz cooperar com essa dinâmica da defesa dos direitos indisponíveis da cidadania.

Prof. Dr. Carlos Roberto Jamil Cury
Professor da PUC-MG e professor emérito da Faculdade de Educação da UFMG
Doutor honoris causa pela UFPR

REFERÊNCIA

FERRAJOLI, L. **Manifiesto por la igualdad**. Editorial Trotta: Madrid, 2019.

SUMÁRIO

INTRODUÇÃO 15

1
O PAPEL DA TÉCNICA E DA DEMOCRACIA NA CONSTRUÇÃO DAS POLÍTICAS PÚBLICAS...27
    1.1 O DESENVOLVIMENTO DAS POLÍTICAS PÚBLICAS....................28
    1.2 O MINISTÉRIO PÚBLICO COMO ATOR DAS POLÍTICAS EDUCACIONAIS...37
        1.2.1 A atuação do Ministério Público nas políticas públicas 41
        1.2.2 Ampliação das funções do Ministério Público no Brasil 44

2
POLÍTICAS EDUCACIONAIS: O MINISTÉRIO PÚBLICO POSSUI CAPACIDADE PARA ATUAR NA QUALIDADE DA EDUCAÇÃO BÁSICA? 55
    2.1 DEMOCRACIA PARTICIPATIVA NO BRASIL: A PARTICIPAÇÃO SOCIAL NAS POLÍTICAS EDUCACIONAIS.. 55
    2.2 MINISTÉRIO PÚBLICO E CAPACIDADE INSTITUCIONAL PARA ATUAÇÃO NAS POLÍTICAS EDUCACIONAIS...............................66

3
PERCURSOS DA PESQUISA......................................83
    3.1 MINISTÉRIO PÚBLICO DOS ESTADOS: CONTEXTO DE ATUAÇÃO NA TEMÁTICA DA EDUCAÇÃO 86
    3.2 FONTES E COLETA 90

4
A CONSTRUÇÃO DA CAPACIDADE DO MINISTÉRIO PÚBLICO PARA ATUAR NA POLÍTICA EDUCACIONAL............................... 101
    4.1 A TÉCNICA JURÍDICA: ESPECIALIZAÇÃO NA ESTRUTURA INSTITUCIONAL... 102
    4.2 A TÉCNICA ESPECIALIZADA: APOIO TÉCNICO NOS QUADROS INSTITUCIONAIS 112
        4.2.1 Quadro de servidores dos órgãos especializados 113
        4.2.2 Órgãos técnicos 116
        4.2.3 Quadro resumo da técnica especializada............................... 120

4.3 PARTICIPAÇÃO: AUDIÊNCIAS PÚBLICAS E COOPERAÇÃO 122
    4.3.1 Audiências públicas. 123
    4.3.2 Cooperação 127
4.4 QUADRO RESUMO DA CAPACIDADE DO MINISTÉRIO PÚBLICO PARA ATUAR NA POLÍTICA EDUCACIONAL EM NOVE ESTADOS. 132

5
A ATUAÇÃO DO MINISTÉRIO PÚBLICO PARA A PROMOÇÃO DA QUALIDADE DA EDUCAÇÃO BÁSICA 141
5.1 QUALIDADE DA EDUCAÇÃO BÁSICA: O QUE SE DISCUTE NOS NOVE ESTADOS 142
5.2 CAPACIDADE PARA ATUAR NAS POLÍTICAS EDUCACIONAIS: QUAIS ESTRATÉGIAS O MINISTÉRIO PÚBLICO UTILIZA NA ATUAÇÃO FINALÍSTICA EM PROL DA QUALIDADE DA EDUCAÇÃO? 152
    5.2.1 Infraestrutura 165
    5.2.2 Profissionais 170
    5.2.3 Educação especial. 174
    5.2.4 Acesso 176
    5.2.5 Financiamento 179
    5.2.6 Programas suplementares 181
    5.2.7 Organização pedagógica 184
    5.2.8 Gestão 187
    5.2.9 Relação de alunos por professor ou turma. 190
    5.2.10 Questões extraescolares. 191
    5.2.11 Permanência 192
    5.2.12 Avaliação 193
    5.2.13 Outros. 193
5.3 SÍNTESE: A MOBILIZAÇÃO DA CAPACIDADE DO MINISTÉRIO PÚBLICO DE NOVE ESTADOS PARA ATUAÇÃO FINALÍSTICA NA QUALIDADE DA EDUCAÇÃO BÁSICA 195

CONSIDERAÇÕES FINAIS 205

REFERÊNCIAS 215

INTRODUÇÃO

O campo das políticas educacionais vem ganhando destaque, o que tem gerado uma ampliação das pesquisas sobre os temas que o integram. Entre essas pesquisas encontram-se aquelas que voltam o olhar para seus atores e, mais especificamente, aqueles que não ocupam tradicionalmente a posição de produtores de políticas. O livro que ora se apresenta integra este grupo de pesquisas, na medida em que aborda uma discussão a respeito da atuação do Sistema de Justiça e, mais especificamente, do Ministério Público enquanto um ator das políticas educacionais.

A Constituição da República Federativa do Brasil de 1988 (CF/88) inaugurou uma nova fase no ordenamento jurídico brasileiro. Por meio dessa carta, foi consagrada uma ampla gama de direitos (Sadek, 2013), dentre os quais os direitos sociais previstos como direitos fundamentais (Brasil, 1988). Ainda, consagrou-se o princípio de acesso à justiça também enquanto um direito fundamental (art. 5.º, XXXV da CF/88) (Brasil, 1988), bem como mecanismos[1] e instituições para sua exigibilidade (Araújo, 2013), dentre as quais se destaca o Ministério Público, cujas funções e forma de atuação também foram ampliadas na nova ordem constitucional (Asensi, 2010; Ferraresi, 2013; Goulart, 2013; Smanio, 2018).

A inscrição de direitos na ordem constitucional e na legislação é denominada de declaração. É por meio da declaração de direitos que os mesmos são assim reconhecidos nas esferas social e política (Chauí, 1989), colocando-os "como um ponto prioritário das políticas sociais" (Cury, 2002, p. 259). Segundo Cury (2002, p. 259), "declarar é retirar do esquecimento e proclamar aos que não sabem, ou esqueceram, que eles continuam a ser portadores de um direito importante. Disso resulta a necessária cobrança deste direito quando ele não é respeitado". Contudo, a declaração dos direitos, embora necessária, muitas vezes não é suficiente à sua efetivação.

Sua efetivação se dá, em geral, mediante a realização de políticas públicas (Duarte, 2004, 2006, 2007; Lopes, 2002). Embora parte dos estudiosos já considere superada a diferença outrora posta entre os direitos de liberdade e os direitos sociais, considerando que ambas as dimensões dependem de prestações negativas e positivas para sua realização (Abramovich, 2005;

---

[1] Os diversos remédios constitucionais, dentre os quais se destaca o mandado de segurança, mandado de injunção, *habeas corpus*, *habeas data*, ação popular e ação civil pública, estão previstos no Art. 5.º da CF/88.

Lage, 2013; Ximenes, 2014a), Abramovich (2005) esclarece que em relação aos direitos sociais são mais visíveis as prestações positivas. É, portanto, por meio dessas prestações que os direitos sociais são efetivados, ou seja, mediante políticas públicas. As políticas públicas, portanto, consubstanciam-se na ação do Estado, o que Muller (2018, p. 7) conceitua como "o Estado em ação".

Dentre os direitos sociais inscritos na CF/88 encontra-se o direito à educação, previsto como um direito social fundamental em seu artigo 6.º (Brasil, 1988), cuja efetivação pode ser exigida por diversos meios, inclusive pelo acionamento do sistema de justiça (Pannunzio, 2009; Scaff; Pinto, 2016; Silveira, 2013; Taporosky, 2017; Ximenes; Grinkraut, 2014). Assim, nos últimos anos, têm ganhado destaque as demandas que requerem sua efetivação perante o Poder Judiciário (Scaff; Pinto, 2016).

Como consequência, "os números relativos à entrada de processos no Poder Judiciário mostram um crescente e contínuo aumento na quantidade de ações" (Sadek, 2013, p. 17). Portanto, tem-se utilizado cada vez mais o sistema de justiça como meio de garantia dos direitos previstos na CF/88 e no ordenamento jurídico brasileiro, sendo que a própria institucionalização desse sistema, com o fortalecimento de instituições como o Ministério Público e a Defensoria Pública, fomenta esse fenômeno (Ximenes; Silveira, 2017).

Entretanto, é importante considerar que, para possibilitar a exigibilidade dos direitos sociais, a CF/88 ainda prevê outras instituições do sistema de justiça, dentre as quais se encontra o Ministério Público. Essa instituição teve uma ampliação de funções na nova ordem constitucional, conforme se verifica do art. 129 da CF/88. Recebeu, ainda, importante responsabilidade na defesa dos direitos de crianças e adolescentes, por meio do Estatuto da Criança e do Adolescente (ECA), em seu artigo 201, que lhe confere competência para a garantia do direito à educação (Brasil, 1990a).

O Ministério Público destaca-se por possuir a potencialidade de agir por iniciativa própria, sem a necessidade de provocação (Asensi, 2010). Sua organização, nos termos da CF/88, lhe confere independência funcional, uma vez que não está subordinado nem atrelado a outra instituição do sistema de justiça ou a algum dos três poderes[2]. Tem, portanto, cada vez mais assumido

---

[2] Esta independência, contudo, pode ser relativizada em virtude das disputas políticas sobre a alta organização da instituição, como as relacionadas à escolha do Procurador Geral da República, chefe do Ministério Público da União, que é nomeado pelo Presidente da República, bem como a dos Procuradores Gerais de Justiça pelos governadores dos estados (Brasil, 1988). Embora esta escolha, em si, não se caracterize como uma retirada da independência da instituição prevista constitucionalmente, Arantes (2019b) já aponta para os riscos de politização excessiva da instituição que decorrem deste mecanismo.

um papel de centralidade nas políticas sociais, como saúde, meio ambiente e educação, constituindo-se como principal demandante das causas judiciais de requisição desses direitos. No caso da judicialização da educação básica, em virtude do disposto no Art. 201, V, ECA, possui competência para a promoção do inquérito civil e da ação civil pública para a proteção dos interesses individuais, difusos ou coletivos relativos à infância e à adolescência. Esses instrumentos colocados à disposição do Ministério Público indicam que a instituição pode atuar tanto judicialmente quanto extrajudicialmente para sua garantia.

Em estudo anterior, indiquei a predominância da atuação do Ministério Público na exigibilidade do direito à educação infantil pela via coletiva perante os Tribunais de Justiça do Brasil, uma vez que 95% das ações coletivas levadas a julgamento por esses órgãos no período de outubro 2005 a julho de 2016 foram propostas pela instituição (Taporosky, 2017). Os estudos de Silva (2016), Feldman (2017) e L. F. Gonçalves (2018) também demonstram como a atuação do Ministério Público, no Paraná, tem induzido uma maior judicialização. Ranieri (2017, p. 126) indica que no âmbito do Supremo Tribunal Federal (STF) "o maior número de ações contra o Poder Público foi interposto pelo Ministério Público e refere-se ao acesso à Educação Infantil e ao Ensino Fundamental". A pesquisa de Silveira *et al.* (2020) também indica que muitas vezes a interferência nas políticas educacionais se dá pela via extrajudicial, ou seja, sem que passe pelo crivo do Poder Judiciário, já demonstrando a centralidade da atuação desta instituição, sem que seja necessária a proposição da demanda judicial.

Essa atuação, identificada em pesquisas já realizadas, vem na esteira de um fenômeno de crescimento da exigibilidade do direito à educação perante o sistema de justiça, especialmente em virtude da desigualdade no acesso a esse direito no país (Silveira, 2013). "O crescimento da exigibilidade judicial do direito à educação pode estar relacionado com a baixa efetividade dos direitos declarados e com a existência de remédios jurídicos e instituições do Sistema de Justiça que facilitam esse acionamento" (Silveira, 2010, p. 3). Este fenômeno também pode estar relacionado a uma maior visibilidade do próprio processo de requisição judicial, de forma que se obtendo sucesso para garantia do direito perante o sistema de justiça, abre-se espaço para outros sujeitos se utilizarem desta via (Ximenes; Silveira, 2019). Este fenômeno tem sido reconhecido como a judicialização da educação, que se caracteriza pela influência ou alteração das políticas educacionais pelo sistema de justiça, em substituição aos poderes que tradicionalmente possuem atribuição sobre elas, Poderes Legislativo e Executivo (Silveira *et al.*, 2020).

Segundo Ximenes e Silveira (2019), há várias causas que colaboram para a ocorrência deste fenômeno. A primeira delas seria a crescente juridificação da educação, que se trata da inscrição do direito à educação e das políticas educacionais em normas jurídicas. Os autores prosseguem esclarecendo que o próprio reconhecimento dos direitos pelo sistema de justiça amplia sua requisição, assim como o fortalecimento das organizações da sociedade civil de defesa jurídica e a ampliação das atribuições das instituições do sistema de justiça, como Defensoria Pública e Ministério Público (Ximenes; Silveira, 2019).

A ampliação deste fenômeno tem gerado um interesse em pesquisas na área, ainda que não componha a tradição da pesquisa educacional no Brasil (Silveira, 2008). Machado e Oliveira (2001) apontaram a importância dos temas do direito à educação e à legislação do ensino, não obstante a pequena produção brasileira. Silveira (2008) realizou levantamento que indica a produção brasileira sobre o direito à educação e sua exigibilidade pelo sistema de justiça no período entre 1995 e 2008, ressaltando a necessidade de estímulo às pesquisas relacionadas à temática. Feldman e Silveira (2017) ampliam a discussão sobre a produção de pesquisas relacionadas à exigibilidade do direito à educação pelo sistema de justiça, esclarecendo que tanto o fenômeno da judicialização no Brasil quanto as pesquisas a ele relacionadas centram-se nas questões relativas ao acesso, pouco discutindo o tipo de educação que está disponível à população.

Há dois estudos mais recentes que fazem uma revisão da literatura sobre a exigibilidade do direito à educação e à judicialização da educação. O trabalho de Gonçalves e Silveira (2021) realiza uma revisão do conhecimento das teses e das dissertações disponíveis no Banco de Teses e Dissertações da Coordenação de Aperfeiçoamento de Pessoal de Nível Superior (CAPES), demonstrando um crescimento da produção sobre o tema no período compreendido entre 2004 e 2018. As autoras destacam que 47% dos trabalhos encontrados, correspondendo a 35 trabalhos, destinam-se a discutir, em alguma medida, a atuação de alguma instituição do sistema de justiça ou da aplicação de algum instrumento, judicial ou extrajudicial, na exigibilidade da educação básica. Dentre as instituições analisadas, a mais presente é o Ministério Público, destacando o importante papel dessa instituição nas pesquisas sobre o tema.

Rodrigues, Pinto e Ximenes (2022)[3], por sua vez, realizam uma revisão sistemática da literatura sobre judicialização da educação, mediante a

---

[3] Em artigo ainda não publicado, desenvolvido no bojo da pesquisa "Efeitos do desenvolvimento institucional do Ministério Público na judicialização das políticas públicas de educação básica no Brasil".

análise de artigos científicos publicados em periódicos revisados por pares. Dentre os 100 artigos analisados pelos autores, 12 discutiam a atuação do Ministério Público no direito à educação. Os autores destacam que esses trabalhos se destinam, majoritariamente, a olhar a atuação da instituição "a partir de estudos de caso, com análises de documentos, entrevistas e dados sobre atuação" (Rodrigues; Pinto; Ximenes, 2022, p. 16). Percebe-se, contudo, da revisão realizada, que os trabalhos focam a análise muito mais na atuação de promotorias específicas e nos instrumentos utilizados pela instituição. Os autores destacam, por fim, a ausência de trabalhos que se destinam a analisar a organização das instituições do sistema de justiça para lidar com o crescimento do fenômeno, especialmente olhando para a capacidade institucional e de atuação de seus membros.

Verifica-se, assim, que há um crescente interesse das pesquisas no papel do Ministério Público, que tem se constituído como o principal demandante, como apontam outros estudos (Taporosky; Silveira, 2018; Feldman, 2017; Gonçalves, L. F., 2018). É importante ressaltar que o Ministério Público pode agir sem provocação e de forma resolutiva, o que significa dizer que possui competências para atuar diretamente para a solução do problema sem que seja necessário levá-lo ao conhecimento do Poder Judiciário (Goulart, 2013). Dessa forma, para além de estudar como as demandas têm sido postas perante o Poder Judiciário, também se faz necessário analisar outras facetas do fenômeno da judicialização da educação, tais como a atuação extrajudicial do Ministério Público, que vem constituindo papel central na atuação finalística da instituição (Feldman; Silveira, 2018; Silveira *et al.*, 2020).

Tanto é que a própria instituição tem desenvolvido um crescente processo de especialização institucional para atuação na temática da educação. A pesquisa "Efeitos do desenvolvimento institucional do Ministério Público na judicialização das políticas públicas de educação básica no Brasil"[4] demonstrou como o Ministério Público dos estados tem gerado, em suas estruturas institucionais, órgãos especializados para atuação na defesa do direito à educação (Ximenes *et al.*, 2022). Contudo, questiona-se em que medida esse processo de especialização institucional gera ao Ministério Público capacidade para atuar na política educacional. Isso porque, conforme demonstram as pesquisas anteriores, a atuação do sistema de justiça no direito à educação apresenta pouco ou nenhum diálogo com a área.

---

[4] Coordenada pelo Prof. Dr. Salomão Barros Ximenes e que contou com pesquisadores da Universidade Federal do ABC (UFABC) e da Universidade Federal do Paraná (UFPR), com financiamento do Conselho Nacional de Desenvolvimento Científico e Tecnológico (CNPq), por meio da chamada 01/2016 – Universal, a quem agradecemos a autorização para uso dos dados apresentados neste livro.

Scaff e Pinto (2016), ao analisarem as ações para defesa do direito à educação de crianças e de adolescentes levadas ao conhecimento do STF, indicam a ausência de oitiva de peritos na área educacional e mesmo da utilização de pesquisas educacionais para fundamento de suas decisões. Taporosky (2017) aponta que em nenhuma das ações coletivas levadas a julgamento perante os Tribunais de Justiça do Brasil para requisição do direito à educação infantil houve utilização de pesquisas ou oitiva de estudiosos da área. Gotti (2017, p. 46) esclarece que nas demandas educacionais o Poder Judiciário tem decidido "de maneira estritamente 'técnico-formal'", sem realizar consulta a especialistas da área e desconsiderando o impacto das decisões em suas especificidades. Ou seja, as instituições do sistema de justiça realizam a análise do direito primordialmente pela lógica da aplicação da lei ao fato, de forma dogmático-normativa, muitas vezes distanciada da realidade social que deve ser aferida também por outros elementos (Ximenes; Silveira, 2017). Sendo assim, a atuação do sistema de justiça privilegia uma atuação pautada na técnica jurídica ou técnico-formal, como indicada por Gotti (2017), sem, muitas vezes, considerar os elementos próprios do campo que seriam acessíveis por meio de estudos ou de consulta dos especialistas, ao que se denomina neste livro de técnica especializada.

Ranieri (2017) coloca como um dos desafios da judicialização da educação o treinamento dos profissionais para atuar nas demandas educacionais. Isso é intensificado pela falta de diálogo com a área constatada nas decisões judiciais, uma vez que "o fenômeno educacional, além de exigir do profissional do Direito interlocução com outros ramos do conhecimento, demanda estudo e compreensão de vasto e específico arcabouço normativo" e, ainda, "[...] conhecimentos que extrapolam a formação regular dos operadores do direito" (Silva, 2001, p. 110).

Há indícios de alteração dessa realidade. Algumas experiências recentes no âmbito do STF indicam a participação de outros atores em processos que envolvem demandas educacionais, como os casos da participação de sindicatos profissionais na condição de *amicus curiae* na Ação Direta por Inconstitucionalidade (ADIN) proposta contra a lei que fixa o piso salarial profissional nacional (Ximenes; Silveira, 2019), e a audiência pública com 31 entidades na Ação Direta de Inconstitucionalidade (ADIN) que discutia o ensino religioso nas escolas públicas (Brasil, 2015). O Tribunal de Justiça de São Paulo realizou audiência pública sobre vagas em creches no município de São Paulo para oitiva de diversos integrantes da sociedade civil sobre o tema (Tribunal de Justiça de São Paulo, 2017), sendo este caso estudado por

Marinho (2018). Silveira (2006) aponta casos em que o Ministério Público realiza um diálogo com a sociedade em sua atuação. Contudo, esclarece que essa iniciativa não se trata de uma política institucional e possui mais relação com o perfil do promotor.

Essas experiências indicam que o sistema de justiça, em alguns casos, tem buscado relação com atores que possuem a técnica especializada educacional. Contudo, como apontam Ximenes e Silveira (2017), essas experiências constituem-se em exceções, fazendo-se necessária uma maior interação do sistema de justiça com a área. Ademais, impera identificar em que medida os dados e as informações da área educacional foram levados em consideração no julgamento dessas demandas.

Essas pesquisas indicam, em um primeiro olhar, que o sistema de justiça brasileiro, ao intervir em discussões sobre a política educacional, pouco tem se atentado para a necessidade de buscar conhecimentos técnicos e especializados ou como essa atuação altera a estrutura estatal, ainda que haja casos em que isso começa a ocorrer de forma incipiente. Essa ausência de interlocução com os conhecimentos específicos e com o domínio da área é fundamento da crítica à capacidade institucional do sistema de justiça para atuar nas políticas educacionais.

Rebell e Block (1982) já apontaram que uma das críticas à atuação do sistema de justiça nas políticas educacionais é a ausência de capacidade para lidar com questões sociais complexas, assim entendida como a habilidade de lidar com problemas que tradicionalmente estão ao encargo dos Poderes Executivo e Legislativo, de forma eficiente e eficaz. Esses autores pontuam, especialmente, que a crítica reside na incapacidade de o Poder Judiciário obter e lidar com informações, dados e análises técnicas necessários para a correta compreensão do problema social que lhe é levado a julgamento. Marinho (2018) indica como ocorreu a evolução dessa crítica nos estudos sobre judicialização nos Estados Unidos da América (EUA), concluindo pela necessidade de que, ao atuar em políticas públicas, o Poder Judiciário se atente às questões técnicas e especializadas, bem como aos efeitos prospectivos e policêntricos de suas decisões. Como se verá no desenvolvimento deste livro, compreende-se que esta crítica também pode ser direcionada ao Ministério Público quando atua intervindo nas políticas educacionais.

Mas, para além da necessidade de um maior entendimento e apropriação dos conhecimentos especializados, não se pode desconsiderar que a política educacional, como qualquer política pública, demanda também a participação social. Muller (2018) aponta a necessidade de considerar os interesses dos destinatários das políticas na sua elaboração, motivo pelo qual indica que sua construção deve se dar de forma democrática. Saliente-se, ainda, a importância para a consolidação da democracia da ampliação dos espaços de participação e controle social (Bobbio, 2017), dentre os quais se incluem as políticas públicas.

Contudo, se o Poder Judiciário, em um primeiro momento, tem iniciativas esparsas de se capacitar para o julgamento das demandas sobre políticas educacionais, é relevante identificar como o Ministério Público tem construído essa capacidade. A instituição, quer enquanto um dos principais proponentes de demandas educacionais, quer atuando extrajudicialmente de forma resolutiva, possui um papel de centralidade na promoção do direito à educação, como já exposto, e sua atuação qualificada pode contribuir para uma melhor exigibilidade do direito e construção das políticas educacionais. Silva (2017) indica a necessidade de que o Ministério Público atue de forma mais estratégica e considerando a realidade dos atores envolvidos na elaboração das políticas educacionais, o que se dá por meio da busca da capacidade.

Também se afigura relevante identificar as estratégias que a instituição eventualmente utiliza para suprir a ausência ou a baixa capacidade, sendo que uma alternativa seria a aproximação com a sociedade civil. Silva (2001), ao analisar o perfil dos promotores de justiça do Ministério Público de São Paulo (MPSP) que atuavam em defesa dos direitos das crianças e dos adolescentes, indica que os "promotores de gabinete"[5] viam a participação conjunta da instituição com a sociedade civil ou com os órgãos governamentais como algo positivo, mas a ser utilizado apenas em situações particulares. Já no caso dos "promotores de fatos" verifica-se uma atuação mais estreita com órgãos governamentais e, inclusive, instituições organizadas da sociedade civil para a busca das soluções mais adequadas, no âmbito extrajudicial, para a garantia de direitos. A autora ressalta que esta postura dialógica dos "promotores de fatos" gera uma forte influência do Ministério Público nas políticas, nos programas e nas legislações, além de "uma espécie de 'pressão formalizada' sobre os administradores públicos" (Silva, 2001, p. 97). A partir desta pesquisa, pode-se questionar como o padrão de atuação da instituição foi se alterando desde 2001, a fim de verificar se houve uma busca maior por especialização e de que forma os promotores de justiça tem buscado realizar esta interação com a sociedade, especialmente na área educacional.

---

[5] "Promotores de fatos" e "promotores de gabinete" são categorias de análise criadas por Silva (2001) em seu trabalho, como tipos ideais para análise dos promotores de justiça entrevistados.

Tendo em vista, portanto, a crescente atuação do Ministério Público nas políticas educacionais, bem como os achados de pesquisas anteriores que indicam a baixa interação do sistema de justiça com a técnica especializada e com a sociedade nesta atuação, constrói-se, neste livro, um conceito de capacidade voltado a identificar a organização da instituição, visando a sua relação com os conhecimentos especializados e com a sociedade. Portanto, conforme se verificará na construção teórica realizada nos dois primeiros capítulos, considera-se a construção da capacidade do Ministério Público mediante as estratégias da técnica jurídica, que se refere à organização dos próprios membros da instituição em órgãos temáticos; da técnica especializada, considerando-se a existência de profissionais especializados nos quadros institucionais; e da participação, na qual se analisa a interação com a sociedade. Não se pretende com isso realizar a defesa de que a atuação institucional deva substituir a dos poderes que tradicionalmente decidem sobre a política educacional, mas pretende-se discutir como se dá a atuação do Ministério Público e se nela consideram-se importantes elementos de construção das políticas públicas, o que possibilitaria uma construção de uma sociedade mais justa por meio da "competência técnica e a independência judicial", conforme ensina Santos (2011, p. 87).

Ao analisar os trabalhos que compõem o banco de dados de Rodrigues, Pinto e Ximenes (2022), percebe-se que há produções que demonstram a necessidade da discussão do assessoramento técnico multidisciplinar ao Ministério Público, bem como que sua atuação nas políticas públicas e na defesa dos direitos sociais deve considerar a participação social (Secchi, 2017; Silveira, 2006; Tejadas, 2010, 2013; Cabral, 2014; Sá, 2014; Asensi, 2010; Barboza; Barboza, 2014; Carvalho, 2017; Ferraresi, 2013; Maggio, 2018). Contudo, nenhum desses trabalhos busca identificar as estratégias utilizadas pelo Ministério Público para construção de sua capacidade e sua mobilização em sua atuação finalística, especialmente em relação à temática da qualidade da educação.

Considerando-se, portanto, o Ministério Público como um importante ator das políticas educacionais, faz-se necessário identificar se, para sua atuação, tem construído sua capacidade para atuar nessas políticas. Essa noção é ainda mais necessária quando se identifica, a partir da análise dos planejamentos estratégicos dos 26 Ministérios Públicos Estaduais, que 10 deles apresentam como objetivo estratégico institucional a promoção da qualidade da educação. Esse achado indica que, em ao menos um terço dos estados da federação, a instituição possui uma diretriz clara para atuação nas políticas de qualidade da educação.

Estudos do campo educacional demonstram que *qualidade* se trata de um termo polissêmico e que se altera histórica e contextualmente (Dourado; Oliveira, 2009; Oliveira; Araujo, 2005). Trata-se de um conceito que é construído socialmente e que não demanda apenas conhecimentos técnicos, mas também participação social. Oliveira e Araujo (2005) demonstram como as concepções de qualidade foram se alterando no país, sendo identificada pelo acesso, pela progressão e, posteriormente, pelos resultados em avaliações. Bollman (2010), inclusive, retrata a importância da mobilização social na luta histórica pela educação de qualidade. Portanto, percebe-se que as discussões em torno do que compreende uma educação de qualidade não são simples nem podem ser definidas unilateralmente por um ator das políticas educacionais.

É a partir dessa compreensão que se questiona como o Ministério Público tem atuado no tema, o que constitui sua concepção de qualidade da educação e, ainda, buscam-se elementos que ampliem sua capacidade nestas ações. Como já apontam Dourado, Oliveira e Santos (2007), a qualidade da educação demanda, para sua construção, aspectos objetivos e subjetivos. As condições objetivas de qualidade já estão, em parte, juridificadas na legislação ou em outras normas, como apontado por Ximenes (2014a). Contudo, há condições subjetivas de qualidade, como as relacionadas aos aspectos de gestão e de organização pedagógica que demandam o conhecimento especializado de profissionais da área. Questiona-se, assim, sobre quais desses aspectos a instituição tem firmado sua concepção de qualidade e quais elementos considera na defesa desse direito.

Assim, afigura-se relevante analisar a construção da capacidade do Ministério Público para atuação nas políticas públicas de qualidade da educação básica, na medida em que se procura identificar a capacidade da instituição para atuação nas políticas de qualidade da educação, tendo em vista seu papel de centralidade no sistema de justiça para a exigibilidade do direito à educação e, consequentemente, de intervenção nas políticas educacionais.

Sendo assim, por meio da pesquisa apresentada neste livro buscou-se analisar as estratégias utilizadas pelo Ministério Público na construção de sua capacidade para atuar nas políticas educacionais e identificar como essa instituição as mobiliza nos procedimentos em que discute a qualidade da educação básica. A fim de atingir esse objetivo, foi necessário identificar a estrutura institucional do Ministério Público dos estados no país para atuar na defesa do direito à educação; analisar como o Ministério Público tem construído sua capacidade para atuar nas políticas educacionais; analisar como o Ministério Público tem atuado em prol da qualidade da educação e o que compreende como qualidade; e analisar a presença das estratégias de construção da capacidade para atuar na política educacional em sua atuação finalística nos procedimentos que discutem a qualidade da educação básica.

Todas essas informações foram coletadas e analisadas em um estudo de casos múltiplos por meio da análise de documentos, utilizando-se estratégias de quantificação para apresentação dos dados coletados. Optou-se pela realização do estudo de caso, pois se trata de um método de pesquisa que visa estudar o que pode se configurar como um fenômeno social complexo. Assim, "o estudo de caso permite uma investigação para se preservar as características holísticas e significativas dos acontecimentos da vida real" (Yin, 2005, p. 20). Saliente-se que, segundo Yin (2005, p. 20), os estudos de caso contribuem para a análise dos "fenômenos individuais, organizacionais, sociais, políticos e de grupo", permitindo sua compreensão preservando-se as características específicas do objeto estudado.

Para tanto, foi realizada uma pesquisa exploratória documental nos planejamentos estratégicos do Ministério Público dos 26 estados da federação, buscando identificar se e como a proteção do direito à educação era tratada. Após o levantamento, identificou-se que 10 estados continham, dentre seus objetivos estratégicos, a defesa ou a melhoria da qualidade da educação básica, cujos resultados serão melhor detalhados no Capítulo 3. Esses dados foram analisados conjuntamente com os resultados da pesquisa "Efeitos do desenvolvimento institucional do Ministério Público na judicialização das políticas públicas de educação básica no Brasil", já indicada anteriormente, que objetivou analisar os processos de especialização da instituição, bem como a formação das equipes que atuam na temática do direito à educação. Após a análise da disponibilidade de dados e do conteúdo dos objetivos estratégicos, excluiu-se 1 dos 10 estados inicialmente selecionados, formando-se o lócus da pesquisa com 9 estados para a análise: Amapá, Alagoas, Bahia, Espírito Santo, Maranhão, Pernambuco, Rio Grande do Norte, Rondônia e Rio Grande do Sul. O recorte temporal para a coleta e para a análise de dados teve início na vigência dos planejamentos estratégicos de cada estado, finalizando-se no ano de 2019.

Cumpre esclarecer que a decisão de coletar e analisar dados apenas até o ano de 2019 foi necessária em virtude da alteração do perfil de atuação institucional imposto em virtude da pandemia de Covid-19. No ano de 2020, com a superveniência do estado de emergência, o fechamento de escolas e a reorganização dos serviços educacionais em virtude da excepcionalidade levaram os atores do Sistema de Justiça, dentre os quais o Ministério Público, a focar seus esforços quase exclusivamente nessas questões. Como a pesquisa aqui retratada voltava o olhar especificamente para a discussão em torno da qualidade, optou-se por encerrar o recorte temporal no ano de 2019 para que, em pesquisas futuras, seja possível identificar a alteração do padrão de atuação institucional.

A pesquisa desenvolveu-se em cada um dos estados selecionados, por meio da coleta dos dados relativos à especialização institucional, à existência de servidores especializados e de órgãos técnicos e da realização de audiências públicas e cooperações com outros órgãos/instituições, a fim de identificar como o Ministério Público constrói sua capacidade para atuar na política educacional. Após, foram analisados os procedimentos sobre qualidade da educação básica coletados nos portais da transparência do Ministério Público dos nove estados, visando identificar quais temas eram discutidos, bem como se a instituição mobilizava algumas das estratégias identificadas como construção de capacidade na sua atuação finalística. Os métodos utilizados estão mais detalhados no Capítulo 3 deste livro e os resultados encontrados são discutidos nos capítulos 4 e 5.

Sendo assim, o primeiro capítulo deste livro apresenta a discussão acerca da construção da política educacional a partir das categorias da técnica e da participação, analisando o Ministério Público como importante ator das políticas públicas. O segundo capítulo destina-se à importância da participação social para a elaboração das políticas educacionais, dando ênfase à qualidade da educação básica. Na sequência, analiso as discussões teóricas acerca da crítica à capacidade do Ministério Público para atuar nas políticas públicas, considerando a especificidade da temática da qualidade da educação.

O terceiro capítulo apresenta os percursos metodológicos da pesquisa com um panorama da atuação do Ministério Público na temática da educação no Brasil que fundamentaram o recorte analítico adotado. O quarto capítulo destina-se a analisar as estratégias de construção da capacidade do Ministério Público para atuar na política educacional nos estados do Amapá, Alagoas, Bahia, Espírito Santo, Maranhão, Paraíba, Rio Grande do Norte, Rondônia e Rio Grande do Sul, para, no quinto e último capítulo, após analisar os temas de atuação na qualidade da educação básica, identificar sua mobilização na atuação finalística da instituição.

1

O PAPEL DA TÉCNICA E DA DEMOCRACIA NA CONSTRUÇÃO DAS POLÍTICAS PÚBLICAS

Atualmente tem crescido o chamado fenômeno da judicialização das políticas públicas, assim entendido como a substituição dos demais Poderes pelo Poder Judiciário em sua formulação (Barreiro; Furtado, 2015). Tal fenômeno se dá por um conjunto de fatores, dentre os quais a "insuficiência de proteção dos direitos da cidadania" (Smanio, 2018, p. 393) ante a ausência de políticas públicas e sociais que garantam os direitos constitucionalizados (Santos, 2011). A própria institucionalização do sistema de justiça com o fortalecimento de suas instituições – dentre as quais se destaca o Ministério Público – e a cada vez maior utilização desse sistema para garantia de direitos também têm peso importante no seu crescimento (Silveira *et al.*, 2020).

No presente livro analiso parte deste fenômeno, qual seja a atuação do Ministério Público – uma das instituições do sistema de justiça – na temática da qualidade da educação básica. Para tanto, levo em consideração a construção da capacidade dessa instituição para atuar na política educacional. A fim de possibilitar essa discussão específica, o presente capítulo destina-se a compreender, em primeiro lugar, o desenvolvimento das políticas públicas e, na sequência, o Ministério Público como um de seus atores. Apropriar-se destes elementos permite construir o fundamento sobre o qual se poderá refletir, de forma crítica, como essa instituição tem buscado construir sua capacidade na atuação nas políticas educacionais a partir do que é identificado como central no desenvolvimento das políticas públicas.

Entretanto, faz-se necessário compreender que a discussão em torno das políticas públicas é parte de um referencial maior que apresenta reflexões sobre o Estado. As discussões em torno do desenvolvimento do Estado Moderno e suas relações com a economia e com a sociedade ocupam a centralidade de estudos de diversas áreas do conhecimento, como a sociologia, a ciência política, a antropologia, a economia, a história, entre outras. Mais recentemente o ramo das políticas públicas tem se ocupado da "ciência do

Estado em ação" (Muller, 2018, p. 7, grifos no original). Portanto, o estudo e as análises das políticas públicas ocupam uma parcela dos estudos sobre o Estado. E, dentro das análises sobre políticas públicas, há um campo específico dedicado ao estudo das políticas educacionais, cujos estudos são atrelados à área da educação.

Mais específico ainda é o estudo dos atores e, em especial, dos atores do sistema de justiça e sua relação com as políticas educacionais. Dessa forma, o objeto deste livro está inserido em uma discussão maior, vinculada ao Estado, mas tem uma especificidade própria que norteia as escolhas teóricas e metodológicas aqui realizadas, em especial o referencial teórico analítico selecionado, tendo sempre em vista a vinculação do objeto às políticas educacionais.

1.1 O DESENVOLVIMENTO DAS POLÍTICAS PÚBLICAS

Para a compreensão da concepção das políticas públicas como ação do Estado (Muller, 2018), inicialmente faço neste tópico uma discussão acerca da caracterização do termo, seguida de discussões sobre o movimento de especialização e democratização do Estado. Saliento que, portanto, volto o olhar para o Estado a partir de sua ação e, mais especificamente, de sua ação nas políticas educacionais de melhoria da qualidade da educação básica por meio da atuação do Ministério Público, que é um de seus atores.

A definição das políticas públicas é objeto de desenvolvimento de seu campo de estudo, ou seja, do campo de estudo próprio das políticas públicas, que apresenta discussões sobre diversas concepções acerca de seu conteúdo e como o Estado se organiza para sua elaboração, sendo relevante a noção atinente à atuação estatal para a solução de problemas que passam a ser considerados como públicos (Muller, 2018).

Para Knoepfel *et al.* (2018), as políticas públicas se caracterizam como uma série de ações e de decisões consubstanciadas em atos formais, tomadas por atores públicos, e que objetivam resolver problemas coletivos, assim definidos politicamente. Para estes autores, é necessário que a política pública vise à modificação da ação de certos grupos em benefício de outros que sofrem as consequências negativas do problema em questão.

A política pública (*public policy*) diferencia-se de outras dimensões da política, quais sejam: a *politics*, assim entendida como a atividade de competição política ou o processo político; e a *polity*, como a "ordem do sistema político, delineada pelo sistema jurídico, e à estrutura institucional do sistema político-administrativo" (Frey, 2000, p. 216). A *policy*, portanto, traduz os conteúdos concretos das decisões políticas em programas e ações – as políticas públicas.

Muller e Surel (2002) apontam a dificuldade de se conceituar o termo "políticas públicas", indicando a heterogeneidade da própria literatura especializada em relação à essa tarefa. Contudo, as definições ora apresentadas apontam para a existência de um problema público ou coletivo compreendido como relevante para que o Estado assuma a tarefa de solucioná-lo, o chamado problema político (Muller, 2018). Assim, identifica-se como questão central para a elaboração de uma política pública a existência de um "problema entendido como coletivamente relevante", para o qual se busca, intencionalmente, uma solução (Secchi, 2017, p. 2).

O que torna um problema em um problema político é uma "construção *social*" que "determina a inserção destes problemas na agenda dos decisores" (Muller, 2018, p. 29, grifos no original), fruto de uma "controvérsia social e política" (Muller, 2018, p. 30). Essas controvérsias são canalizadas para que haja uma decisão de atuação estatal por meio dos atores políticos que traduzem "a linguagem da sociedade para a linguagem política" (Muller, 2018, p. 31). É a partir, portanto, da operação do Estado em problemas sociais que se dá a análise de políticas públicas, ou seja, busca-se a compreensão do "Estado a partir de sua ação" (Muller, 2018, p. 51). Esse papel surge com sua evolução histórica, da qual Muller (2018) destaca dois pontos.

O primeiro deles consiste no processo de monopolização, pelo rei, dos poderes da fiscalização, da moeda, da polícia e da guerra, que permitiram a afirmação de autoridade perante os súditos. O segundo apresenta-se como a "governamentalização", assim entendida como "o conjunto de 'tecnologias'[6] que possibilitaram ao Estado governar os territórios e as populações" (Muller, 2018, p. 12). Segundo Muller (2018), esse fenômeno altera as relações entre o Estado e a sociedade, pois a partir daí o Estado tem sua "legitimidade reconhecida graças à sua capacidade de estabelecer a ordem servindo-se de conhecimentos (como a estatística, por exemplo) e de dispositivos eficazes (luta contra as epidemias, organização do comércio)" (Muller, 2018, p. 12).

Esses pontos marcam a "transição da soberania para o governo" (Muller, 2018, p. 12), modificando a própria identificação e espaço social dos indivíduos e o surgimento de uma sociedade com estruturas complexas,

---

[6] Também indicadas, pelo autor, como "conhecimentos de governo" (Muller, 2018, p. 12).

notadamente pela transformação da sociedade agrária para a industrial. É essa complexificação, segundo Muller (2018), que "explica o nascimento das políticas públicas" (p. 13), inicialmente como resposta aos efeitos do mercado e marcada por seu caráter setorial ante a destinação às parcelas específicas da sociedade. Essa setorialização, muitas vezes precedente à própria política, gera uma disputa pelos escassos recursos necessários à sua garantia, resultando numa desintegração da própria sociedade. As políticas públicas, portanto, apresentam-se como meio de "gerir os antagonismos intersetoriais" (Muller, 2018, p. 15).

Contudo, a setorialização, segundo Muller (2018), acaba por gerar uma atuação técnica do Estado necessária ao desenvolvimento de políticas específicas, mas exclui os "públicos 'inexperientes" (Muller, 2018, p. 15) do seu controle.

> O desafio da análise das políticas públicas vai, portanto, muito além da compreensão dos resultados de decisões do Estado. Trata-se, definitivamente, de interrogar-se sobre o funcionamento da democracia, a partir do momento em que a dimensão técnica (no sentido mais amplo do termo) da ação pública aumenta fortemente, a tal ponto que termina por colocar-se o problema da reintegração do cidadão na "rede da decisão" [*boucle de la décision*] (Muller; Surel, 2002, p. 11, grifos no original).

Percebe-se, assim, que o desenvolvimento da atuação do Estado por meio das políticas públicas tem levado à busca de um aparato técnico que gera, muitas vezes, a exclusão dos próprios usuários da política de seu controle ou até mesmo das discussões necessárias para sua implementação. Muller (2018, p. 118) chama a atenção para a necessidade de reflexão sobre a ação pública e a "dissociação crescente entre a função de elaboração das políticas públicas (*policies*) e a função de representação política (*politics*)".

Isso tem especial relevância na medida em que, retomando a discussão sobre a transformação de problemas em problemas políticos,

> A transformação de um problema em objeto de intervenção política sempre é, portanto, produto de um trabalho específico realizado por atores políticos que podem provir do sindicalismo, da política, do mundo associativo ou de grupos criados pela circunstância. Para compreender a emergência de uma política pública é preciso identificar esses diferentes

atores e compreender as relações que os unem. Frequentemente, observaremos a aliança entre grupos de interesse (as organizações feministas, por exemplo) e uma personalidade emblemática (a ministra Simone Veil, no caso do aborto legalizado) (Muller, 2018, p. 29).

Portanto, percebe-se que a inclusão de um problema como um problema político, merecedor de intervenção do Estado, depende da participação social. Por outro lado, também já apontei que a setorialização das políticas públicas gera uma busca de atuação técnica por parte do Estado para atender as especificidades próprias dessas políticas. Neste ponto questiono em que medida a construção das políticas públicas deve ser uma tarefa técnica ou uma tarefa democrática, especialmente no modelo atual de democracia representativa e da burocratização das atividades do Estado.

Saliento que entendo a democracia como "a forma de governo na qual o poder político é exercido pelo povo" (Bobbio, 2017, p. 177). Segundo Bobbio (2017), a democracia representativa, que é a existente na atualidade, consolida-se com a "extensão da democratização – entendida como instituição e procedimentos que permitem a participação dos interessados nas deliberações de um corpo coletivo" (Bobbio, 2017, p. 203-204). Nessa concepção, a democracia considera o indivíduo não apenas a partir de sua posição política, mas "na multiplicidade de seu *status*", ou seja, considerando seu papel nas diferentes esferas da sociedade. Assim, a participação passa a ser entendida não apenas na esfera política, mas no espaço mais amplo de toda a sociedade. É nessa concepção que o fortalecimento da elaboração das políticas públicas se dá também pela ampliação da representação política nos seus processos de elaboração e execução, por meio da ampliação dos espaços de participação e controle social.

Muller (2018, p. 118, grifos no original) aponta "a dissociação crescente entre a função de elaboração das políticas públicas (*policies*) e a função de representação política (*politics*)". Contudo, esse mesmo autor esclarece que as políticas públicas "constituem o espaço onde determinada sociedade *constrói sua relação com o mundo*" (Muller, 2018, p. 52, grifos no original), indicando a centralidade da sociedade nesta discussão, já que a análise das políticas públicas deve levar em conta as formas como ela compreende e age sobre a realidade. Nesse sentido, considerando-se a sociedade como destinatária das políticas públicas, faz-se necessário considerar seu papel nessa construção:

> Durante todo o ciclo de uma política pública é possível identificar que o protagonismo deve ser dos destinatários daquela política. São os futuros beneficiários que poderão identificar o problema vivenciado; indicar a necessidade de formação de uma agenda para a criação da política; formular as alternativas viáveis para a execução; estimular e exigir a tomada de decisão e implementação; participar do processo de avaliação e indicar se os objetivos foram atingidos; ao ponto da política tornar-se desnecessária e justificar sua extinção (Cardoso, 2017, p. 6).

Wampler (2011), ao discutir sobre o papel de influência de conselhos e conferências nas políticas públicas, indica a necessidade de que as decisões políticas dos governos sejam tomadas considerando-se as informações fornecidas por cidadãos e por lideranças comunitárias. Por sua vez, Silva (2011) esclarece que a capacidade de incidência das instituições participativas nas políticas sociais tem relação com a forma com que o governo gerencia essas políticas: a centralização da agenda e o tecnicismo exacerbado em reuniões com a sociedade podem limitar sua participação e, por consequência, sua capacidade de incidência.

Faria e Ribeiro (2011, p. 125) apontam como o processo de redemocratização no Brasil gerou uma institucionalização da participação social, produzindo a "crença de que eles impulsionariam a democratização das relações sociais e dos processos políticos e, simultaneamente, proporcionariam maior eficácia à gestão das políticas públicas". Contudo, as autoras pontuam que essas expectativas nem sempre corresponderam à realidade.

Essa institucionalização se constitui como característica própria da democracia moderna. Dahl (2012) indica como a democracia moderna difere totalmente da ideia de democracia na Antiguidade, monística. No modelo atual, de larga escala, a democracia só se aperfeiçoa por meio do sistema representativo, fazendo-se necessário um "sistema político pluralista" por meio de "associações autônomas" e "interesses e grupos de interesse" (Dahl, 2012, p. 45). Consequência desse novo modelo, segundo o autor, é a necessidade do conflito político e a fragmentação do bem comum em interesses individuais e, portanto, da institucionalização da participação. Contudo, cabe apontar, especialmente, que o processo de redemocratização no Brasil não está totalmente aperfeiçoado e passa por um movimento pendular, como aponta Avritzer (2018), passando por momentos de avanços, seguidos de retrocessos, sem que haja uma efetiva consolidação das instituições democráticas.

Questiona-se, assim, em que medida essa institucionalização serve a permitir a inclusão democrática da sociedade nos processos de políticas públicas. Para isso, é necessário pontuar que o Estado – campo das políticas públicas – também possui relação com as lutas de classes e entre as frações de classes. Poulantzas (1980) indica que o estudo do Estado capitalista só é possível mediante sua relação com as lutas políticas: a relação do Estado com as classes sociais e a luta de classes se dá por meio das relações de produção (propriedade e posse, que no Estado capitalista são dissociadas do produtor direto), que possuem o primado sobre o processo de trabalho, ou seja, sobre as forças produtivas.

> Deste primado decorre a presença das relações políticas (e ideológicas) no seio das relações de produção. As relações de produção e as ligações que as compõem (propriedade econômica/posse) traduzem-se sob a forma de *poderes* de classe que são organicamente articulados às relações políticas e ideológicas que os consagram e legitimam (Poulantzas, 1980, p. 31, grifos no original).

Segundo o autor, portanto, os poderes que resultam das relações de produção geram um Estado que "concentra, materializa e encarna as relações político-ideológicas nas relações de produção e sua reprodução" (Poulantzas, 1980, p. 32), estando, então, presente na luta de classes. Assim, para além de seu papel de "exercício da repressão física organizada", caberia ao Estado "um papel específico na organização das relações ideológicas e da ideologia dominante" (Poulantzas, 1980, p. 33)[7], que, por meio de seu aparelho, divulga e reproduz essa ideologia.

Contudo, Poulantzas (1980) esclarece que o papel do Estado não se reduz à dupla repressão/ideologia. Independentemente do regime de governo – até mesmo o mais autoritário –, necessita do consenso das massas em relação ao poder. Assim, o Estado utiliza uma série de medidas positivas – o que não exclui a atuação ideológica e até mesmo o "engodo" das massas, bem como sua exploração, nas palavras do autor – que também caracterizam sua ação. As políticas públicas, portanto, enquanto o Estado em ação (Muller, 2018), poderiam se caracterizar como resultado da luta de classes e entre as frações de classes, presente no seio do Estado, que se materializam enquanto concessões das classes dominantes para garantir a perpetuação de seu poder.

---

[7] Importa esclarecer que, para Poulantzas (1980), não existe ideologia neutra, apenas ideologia de classe, sendo que a ideologia dominante é aquele poder da classe dominante.

Entretanto, cabe a ressalva de que o poder não se perpetua apenas e tão somente no Estado – há outros lugares de poder, em especial um conjunto de aparelhos de hegemonia, onde se reproduz. Contudo, é o Estado que "[...] baliza desde então o campo de lutas, aí incluídas as relações de produção [...]" (Poulantzas, 1980, p. 45), uma vez que "[...] todo poder (e não somente um poder de classe) só existe se materializado nos aparelhos (e não somente nos aparelhos de Estado)" (Poulantzas, 1980, p. 51). Porém, a primazia não é do aparelho sobre as lutas, mas sim destas sobre aquele.

No caso específico do Estado moderno enquanto aparelho que materializa o poder, Poulantzas (1980, p. 61) incorpora a divisão relativa entre o político e o econômico, que caracteriza sua instrumentalidade. A reorganização própria deste Estado está "[...] implicada na total espoliação do trabalhador direto nas relações de produção capitalista". Essa "[...] *reorganização prodigiosa da divisão social do trabalho* [...]" (Poulantzas, 1980, p. 61, grifos no original), condição do Estado moderno, tem efeitos em seu aparato, sendo um deles a reprodução da divisão do trabalho manual e do trabalho intelectual. Essa separação se traduz, segundo Poulantzas (1980), na cristalização do trabalho intelectual em seus aparelhos, legitimando o saber e o discurso da ideologia dominante em favor das classes dominantes que estão no poder.

Gera-se, assim, uma monopolização do trabalho intelectual por parte do Estado. Apresenta-se por meio da ideologia jurídico-política, em que agentes do Estado são tidos como detentores de um saber particular que legitima suas práticas, interna e externamente, gerando uma "racionalidade intrínseca" e, por fim, sua transformação em "ideologia tecnocrática" (Poulantzas, 1980, p. 64). Por outro lado, as massas populares são cada vez mais "[...] separadas e excluídas dessas funções organizacionais" (Poulantzas, 1980, p. 63). Neste ponto a técnica se mostra oposta à democratização, já que a ciência (que aperfeiçoa a relação do saber) é um dos fundamentos utilizados para a legitimação do Estado moderno.

> Enfim, essa relação poder-saber se traduz por técnicas particulares de exercício do poder, por dispositivos precisos, inscritos na trama do Estado, de distanciamento permanente das massas populares dos centros de decisão por uma série de rituais de formas de discurso, de modos estruturais de tematização, de formulação e tratamento dos problemas pelos aparelhos de Estado de maneira tal (monopolização do saber) que as massas populares (nesse sentido trabalho manual) ficam de fato à parte disso (Poulantzas, 1980, p. 67-68).

Portanto, a decisão técnica afasta cada vez mais a sociedade dos centros de decisão da política, em especial das políticas públicas, como já apontado anteriormente. Contudo, a técnica não é a única faceta do Estado. Como visto, o Estado é o lugar em que se materializam as lutas de classes, em que nasce também a individualização[8]. Essa individualização é, segundo Poulantzas (1980, p. 81), "[...] o canal de poder do Estado moderno", que cria "barreiras absolutas" ao seu poder gerando, assim, um limite.

> Esse limite é conhecido: chama-se democracia representativa, que por mais mutilada que seja pelas classes dominantes e pela materialidade do Estado, não deixa de ser uma marca no seio dessa materialidade das lutas e resistências populares. Não sendo o único limite ao poder do Estado nem por isso é menos importante. Provavelmente não tem significação absoluta, na medida em que nasce em terreno capitalista, porém permanece uma barreira ao poder que sem dúvida conta enquanto o Estado e as classes durarem. O mesmo ocorre quanto aos direitos do homem e do cidadão que não são uma conquista do indivíduo face ao Estado e, sim, conquista das classes oprimidas (Poulantzas, 1980, p. 82).

Assim, a democracia representativa, com todos os seus limites, apresenta-se como forma de limitar o poder das classes dominantes materializada no Estado. A partir desse entendimento, portanto, pode-se construir a concepção de que a política, de forma geral, e as políticas públicas, de forma específica, para atender aos interesses da sociedade, devem ser pensadas de forma mais democrática do que técnica – concebendo-se a técnica como forma de legitimação da dominação no aparelho estatal.

O Estado constitui-se, então, enquanto um campo de disputa; e a democracia representativa apresenta-se como alternativa às classes dominadas, especialmente quando se considera, conforme ensina Poulantzas (1980), que o Estado não se constitui em um bloco monolítico, homogêneo e uniforme. Ademais, embora o Estado perpetue a dominação das elites, é a luta das classes dominadas que assegura as funções sociais do Estado – funções essas que se apresentam sob a forma de políticas públicas –, ainda que essas concessões sejam, em última medida, tomadas visando à manutenção da dominação e estratégia de controle da força de trabalho (Poulantzas, 1980).

---

[8] Poulantzas (1980, p. 71) aponta a individualização como resultado do "desapossamento do trabalhador direto de seus meios de trabalho".

Entretanto, não se pode desconsiderar o papel da técnica na gestão do Estado moderno, tal como configurado. A "complexificação de suas tarefas nas sociedades" (Poulantzas, 1980, p. 228) exige sua gestão por especialistas[9]. Bobbio (2017) também aponta que a necessidade da técnica e o aumento do pessoal especializado no aparato burocrático do Estado advém da complexificação dos problemas políticos que passam a exigir respostas técnicas[10]. Contudo, faz a ressalva de que a técnica é oposta à democracia, uma vez que na técnica a decisão cabe aos especialistas. A democracia pressupõe que todos os cidadãos podem decidir sobre todos os problemas (Bobbio, 2017).

Poulantzas (1980) propõe a criação de uma democracia direta na base das massas populares, visando à transformação para um Estado socialista. Embora não se constitua objeto do presente livro a discussão sobre vias de transformação do Estado, a proposta de Poulantzas (1980) de integrar o controle das massas em relação à gestão técnica do Estado apresenta importantes discussões a respeito inclusive da gestão de "política de justiça social" por meio de grupos de cidadãos.

Portanto, em relação ao atual modelo de Estado, as contribuições de Poulantzas (1980) mostram a impossibilidade de se dissociar a técnica, exercida por especialistas que formam um corpo burocrático, da gestão do Estado. Contudo, para uma perspectiva de busca de justiça social, especialmente considerando-se o Estado como uma condensação da relação de lutas de classes, faz-se necessária a participação da sociedade por mecanismos de democracia, sobretudo no controle da gestão. Não se pode desconsiderar que o modelo de democracia vigente no Brasil é o da democracia representativa[11], no modelo de Estado atual, com uma grande quantidade de cidadãos (Bobbio, 2017; Dahl, 2012).

Considerando-se, assim, que o desenvolvimento de políticas públicas deve se dar levando em conta os conhecimentos especializados – aqui identificados como a técnica – e também a participação social dos destinatários da política – a democracia –, questiona-se se essas duas faces são

---

[9] A necessidade de se considerar a técnica na gestão do Estado inclusive já foi prevista no ordenamento jurídico brasileiro, como se percebe na figura dos Conselhos Técnicos previstos na Constituição de 1934 (artigo 103), que deveria colaborar na elaboração dos planos de solução dos problemas nacionais com o Senado Federal, formando uma dupla rede administrativa (Brasil, 1934).
[10] Boito Júnior (2019) discute as divergências presentes entre os pensamentos de Bobbio e Poulantzas. Contudo, neste ponto, apresenta-se o pensamento de Bobbio justamente pela sua concepção da necessidade da técnica no Estado, ainda que a apresente como contraposta à democracia.
[11] Ainda que, no caso do Brasil, haja previsão de instrumentos de democracia direta, como o referendo, o plebiscito e a edição de leis de iniciativa popular (Brasil, 1988).

consideradas por todos os atores das políticas públicas e, especialmente, da política educacional, que se refere especificamente às políticas públicas elaboradas e implementadas em relação à educação.

1.2 O MINISTÉRIO PÚBLICO COMO ATOR DAS POLÍTICAS EDUCACIONAIS

A construção teórica realizada até aqui se apresenta no sentido de que as políticas públicas têm se constituído, historicamente, como uma tarefa técnica, mas que, numa perspectiva de justiça social, depende da participação democrática. Contudo, não é possível realizar uma análise de políticas públicas sem considerar seus atores, as estratégias que utilizam e as causas de seus comportamentos, especialmente se levando em conta os limites de sua capacidade para atuar na política[12] (Muller, 2018). Dentre os atores que vêm ganhando força nas últimas décadas encontra-se o sistema de justiça e, mais especificamente, o Ministério Público. Assim, esta seção dedica-se a discutir como essa instituição vem se constituindo enquanto ator das políticas educacionais no Brasil.

Arantes (2019a) aponta como o processo de redemocratização dos países latino-americanos levou à ampliação do poder legislador do Poder Executivo[13] como forma de garantia de governabilidade. Em contrapartida, aumentaram as instâncias e a autonomia para seu controle, o que é peculiar no caso brasileiro.

> Pode-se dizer que o Brasil que emergiu na Constituição de 1988 é um caso exemplar dessa dupla modificação e há quem tenha visto, nessa combinação de poderes legislativos e de agenda do presidente com órgãos de fiscalização e controle autônomos, a fórmula perfeita para *"making Brazil work"* [...] (Arantes, 2019a, p. 104).

Como atesta Motta (2012), esse movimento leva ao fortalecimento do Poder Judiciário e das instituições do sistema de justiça, gerando o fenômeno da judicialização da política, que se consubstancia como o deslocamento de decisões próprias dos Poderes Executivo e Legislativo para o Poder Judiciário, segundo esse autor. O autor aponta que esse fortalecimento, aliado à

---

[12] Esta discussão será melhor desenvolvida no próximo capítulo.
[13] Este fenômeno já fora identificado por Poulantzas (1980) ao tratar do fortalecimento do Poder Executivo em detrimento do Poder Legislativo.

"[...] crise de representação do Legislativo e o crescimento da intervenção econômica e regulatória do Executivo [...]" (Motta, 2012, p. 198), coloca o sistema de justiça, de forma geral, em papel de destaque na democracia contemporânea, especialmente ante a defesa de interesses difusos e coletivos. Contudo, faz a ressalva de que a crise do Estado de bem-estar, aliada ao crescimento da economia de mercado nos países latino-americanos, a busca da solução de conflitos e a redistribuição da justiça social, também colaborou para essa transformação do papel das instituições do sistema de justiça.

Dentre os conflitos que passam a ser levados ao sistema de justiça encontram-se os relacionados aos direitos sociais, entre os quais está o direito à educação. A multiplicação de demandas sobre a temática gera, entre os estudiosos do campo, a concepção da existência do fenômeno denominado judicialização da educação:

> [...] o envolvimento das instituições do sistema de justiça em decisões sobre políticas educacionais, cuja definição e implementação são atribuições primárias dos legisladores, políticos e gestores públicos. A atuação judicial ou extrajudicial dos diferentes atores do sistema de justiça (Judiciário, MP, DP) e a consequente interação entre poderes, atores e instituições resultam em influência e/ou modificação das políticas públicas de educação (Silveira *et al.*, 2020, p. 721).

Para Ximenes e Silveira (2019, p. 310), o crescimento do fenômeno ocorre em virtude da crescente juridificação "de diferentes aspectos da educação, o que amplia também a possibilidade de seu controle pelo sistema de justiça, cujas instituições vêm ampliando constitucionalmente suas funções e garantias" – como o caso do Ministério Público, que será especificamente abordado neste capítulo.

Este fenômeno apresenta-se na esteira da nova visão do Poder Judiciário, enquanto ator político, e no seu papel no controle de políticas públicas. Para Arantes (2007), a construção de um sistema que permitia o controle da lei ao Judiciário, em lugar de uma estrita aplicação, confere-lhe seu poder político, que é o modelo adotado no Brasil.

> A condição de poder político do Judiciário nos tempos modernos decorre de sua capacidade da controlar os atos normativos dos demais poderes, especialmente as leis produzidas pelo

parlamento. Essa função, conhecida como *judicial review* ou *controle de constitucionalidade das leis*, coloca o Judiciário em pé de igualdade com os demais poderes, exatamente naquela dimensão mais importante do sistema político: o processo decisório de estabelecimento de normas (leis e atos executivos) capazes de impor comportamentos (Arantes, 2007, p. 82).

Arantes (2007) aponta, ainda, que essa função do controle de constitucionalidade, peculiar no caso brasileiro ante a sua descentralização[14], permite que as minorias políticas exerçam o veto contra leis e atos dos demais poderes, consolidando ainda mais seu poder político. Alie-se a isso a transformação desta arena "[...] em instância de implementação de direitos sociais e coletivos [...]" (Arantes, 2007, p. 96). Por conta disso, faz-se necessário considerar esse poder na análise das decisões governamentais e os resultados de sua atuação nas políticas públicas (Taylor, 2007). Nesta análise também devem ser consideradas as demais instituições que compõem o sistema de justiça (SILVEIRA *et al.*, 2020), dentre as quais o Ministério Público.

Segundo Taylor (2007, p. 248), "[...] tribunais e juízes influenciam o tipo de políticas que são implementadas e julgam a legalidade dessas políticas dentro da sua visão das regras legais existentes e das normas e tradições vigentes". O autor esclarece como o Poder Judiciário já é reconhecido como ator político, utilizado pelos legitimados legais para discussões sobre a política, e como esse poder não atua apenas com base em fundamentos legais, utilizando-se de outros critérios no julgamento de determinadas questões, em especial as que envolvem as políticas públicas. Embora a análise deste autor direcione-se ao Poder Judiciário, percebe-se que, ante a crescente atuação do Ministério Público nas políticas públicas, essa instituição também vem se configurando enquanto um ator político (Arantes, 2019a; Motta, 2012).

Contudo, os estudos sobre o fenômeno indicam que os atores do sistema de justiça muitas vezes desconsideram as especificidades e o caráter próprio das políticas educacionais em sua atuação.

---

[14] Arantes (2007) indica que essa peculiaridade advém do fato de o controle de constitucionalidade no Brasil poder ser realizado pela via difusa – mediante questionamento de constitucionalidade de leis perante qualquer juiz, a partir de sua aplicação no caso concreto – e pela via concentrada – questionamento da constitucionalidade de leis pela via abstrata, diretamente perante o Supremo Tribunal Federal. Alie-se a isso o amplo rol de legitimados previstos na CF/88 com legitimidade para utilizar-se da via do controle concentrado de constitucionalidade.

> Essa perspectiva, entretanto, não costuma ser compartilhada por agentes tradicionais do sistema de justiça (juízes, promotores de justiça, defensores públicos e advogados), formados na sólida tradição dogmático-normativa de estudos jurisprudenciais. Segundo essa tradição, os estudos sobre a atuação do Judiciário nas políticas públicas se restringem a analisar o conteúdo em si das decisões judiciais e, quando muito, o seu cumprimento pelos órgãos públicos. Nessa abordagem, em geral, não há espaço para o caráter multifacetado das políticas em questão. Quando aplicado ao controle jurisdicional de políticas educacionais, a dogmática jurídica tradicional serve para justificar a alienação do sistema de justiça quanto à complexidade de fatores políticos-pedagógicos que compõem o processo de políticas públicas nesse ramo específico da ação estatal (Ximenes; Silveira, 2019, p. 311).

Portanto, é necessária uma análise da atuação das instituições do sistema de justiça como atores políticos, refletindo sobre esse caráter multifacetado das políticas para além da mera aplicação da lei, considerando-se a complexidade dos problemas sociais oriundos de políticas educacionais, especialmente em sua atuação envolvendo o tema da qualidade da educação básica – ante sua complexidade e polissemia. A ausência dessa lógica gera, segundo Ximenes e Silveira (2019, p. 312), problemas nos impactos dessa atuação pela falta de "compreensão sobre o processo de produção de políticas públicas educacionais e a frágil interlocução dos órgãos de justiça com o campo educacional".

Esses mesmos autores resgatam o histórico do litígio do direito à educação, apontando o que caracteriza o fenômeno contemporaneamente: o crescimento de litígios por acesso; a maior diversidade dos litígios que têm sido levados ao conhecimento dos tribunais; e, por fim, o fortalecimento do Ministério Público para atuação na temática ante sua crescente especialização, que gera um protagonismo na litigância do direito à educação (Ximenes; Silveira, 2019).

Percebe-se, assim, que o crescimento do fenômeno vem colocando o Ministério Público na centralidade deste debate como um de seus principais atores. Ademais, como se verá mais adiante, o tema da qualidade da educação básica tem constituído a centralidade da agenda de atuação da instituição em diversos estados do país, o que gera o questionamento acerca das concepções sobre o tema em virtude da multiplicidade de aspectos a serem considerados e da necessidade de que sua definição se dê considerando os anseios sociais. Assim, e tendo em vista que o fenômeno da judicialização da educação não está dissociado do fenômeno mais amplo da judicialização de políticas públicas, a sequência deste capítulo se destinará a discutir o papel desse ator em relação às políticas públicas e seu papel democrático.

1.2.1 A atuação do Ministério Público nas políticas públicas

A atuação do Ministério Público em políticas públicas compõe um movimento de ampliação do controle da administração pública no país. Arantes (2019a) aponta que, para além do sistema próprio de freios e contrapesos existente no sistema tripartite de poderes, há uma disseminação de órgãos e de instituições de controle após a redemocratização – como já apontado – que conferiu uma dinâmica institucional em que os controles "são tão ou mais fortes do que aqueles responsáveis pela formulação e gestão das políticas públicas" (Arantes, 2019a, p. 103). Essa ampliação de órgãos gera uma estatização da cidadania política, de forma que a defesa dos interesses sociais passa a ser delegada às instituições dentro da própria estrutura do Estado em lugar de ser deixada ao encargo da sociedade civil, como se verá mais adiante (Arantes, 2019a).

Dentre essas instituições de controle encontra-se o Ministério Público. Houve uma grande ampliação de suas funções com a inauguração da nova ordem constitucional em 1988[15], no período de redemocratização do país, que é fruto de um movimento de atuação da própria instituição para seu fortalecimento, iniciado ainda durante o regime militar (Arantes, 2019a; Silveira, 2006), que indica que o perfil de independência do Ministério Público só pode ser visto nos períodos democráticos, o que coincide com o novo perfil percebido a partir da CF/88.

Ao Ministério Público compete atualmente "a defesa da ordem jurídica, do regime democrático e dos interesses sociais e individuais indisponíveis" (Brasil, 1988, art. 127). Segundo Goulart (2013), a defesa da ordem jurídica pela instituição faz-se necessária em virtude da "nova ordem social delineada na Constituição", uma vez que "ainda vivemos numa sociedade injusta e antidemocrática" (Goulart, 2013, p. 110). O cumprimento dessa função se dá, dentre outros meios, pela defesa dos direitos fundamentais, o que pode ocorrer mediante o controle de políticas públicas, uma das dimensões de atuação dos órgãos de justiça sobre a política, como ensina Arantes (2019a).

---

[15] Uma vez que, anteriormente, sua principal função residia na persecução penal e na fiscalização da lei, como *longa manus* do Estado (Goulart, 2013).

Já em relação à defesa do regime democrático, a atuação do Ministério Público destina-se à proteção dos "institutos da democracia política" (Goulart, 2013, p. 112), garantindo o pluralismo político e as instâncias e os instrumentos democráticos do país. Para tanto, cabe à instituição a garantia da participação popular nas definições orçamentárias e de políticas públicas, por exemplo. Quanto à defesa dos interesses sociais e individuais indisponíveis, trata-se da proteção daqueles direitos sociais e fundamentais que são essenciais para a realização do "projeto constitucional de emancipação social" (Goulart, 2013, p. 114). Contudo, questiono como a instituição tem exercido esse papel, uma vez que, conforme aponto neste livro, tem atuado muito mais no sentido do que os seus membros acreditam que seja a defesa da sociedade, do que propriamente visando à garantia de sua participação, olhando especificamente para as políticas públicas.

O Ministério Público tem, dentre suas funções, a defesa dos interesses coletivos e individuais homogêneos e a defesa dos interesses sociais e individuais indisponíveis, o que pode gerar a atuação desta instituição nas políticas públicas sem, inclusive, a necessidade de ser provocado (Asensi, 2010). "No âmbito das políticas públicas, o Ministério Público intervém em diversos segmentos, cobrando dos órgãos governamentais a implantação dos direitos garantidos pela Carta Constitucional de 1988" (Ferraresi, 2013, p. 494). Mas, para além da atuação judicial, ou seja, levar ao conhecimento do Poder Judiciário lesões ou ameaças a direitos, o Ministério Público, como órgão autônomo, pode atuar de forma extrajudicial visando à resolução de conflitos sem a interferência do Poder Judiciário. Assim, a instituição "[...] tornou-se um articulador das políticas públicas concretizadoras de direitos sociais" (Goulart, 2013, p. 81).

Smanio (2018) aponta como a configuração do Ministério Público brasileiro gera sua atuação nas políticas públicas e permite que a mesma se dê independente do Poder Judiciário. Alguns estudiosos, inclusive membros da própria instituição, defendem a necessidade de que o Ministério Público priorize a atuação extrajudicial por meio de procedimentos administrativos, inquéritos civis e termos de ajustamento de conduta (TAC), ou seja, mediante uma atuação resolutiva (Goulart, 2013; Martins, 2018; Santiago, 2018), especialmente porque o Poder Judiciário não estaria aparelhado suficientemente para tomar decisões relacionadas às políticas públicas, especificamente as de caráter coletivo, em virtude da complexidade das mesmas e da necessidade de mensurar os custos e os recursos necessários ao seu atendimento (Smanio, 2018). Contudo, questiono se o Ministério Público estaria aparelhado para atuar nas políticas públicas pela via extrajudicial, de forma a eximi-lo das críticas direcionadas ao Poder Judiciário. Saliento, inclusive, que essa atuação é questionada na literatura, uma vez que gera a "intervenção do MP e dos juízes em atividade reservada historicamente a políticos e administradores" (Arantes, 2019a, p. 108).

Ademais, voltando-se o olhar para as funções institucionais estabelecidas na CF/88, Lei Orgânica do Ministério Público da União (LOMPU) e Lei Orgânica Nacional do Ministério Público (LONMP), percebe-se que algumas delas dão base jurídica para a atuação do Ministério Público nas políticas públicas. A legislação de regência indica, entre outras, que integram as funções da instituição: zelar pelos serviços de relevância pública aos direitos assegurados na CF/88 (art. 129, II); promover o inquérito civil e a ação civil pública para proteção de interesses difusos e coletivos (CF/88, art. 129, III; art. 6.º, VII, LOMPU; art. 25, IV, LONMP) e dos direitos constitucionais (art. 6.º, VII, LOMPU); promover ação coletiva para proteção de direitos individuais homogêneos (art. 6.º, XII, LOMPU); expedir recomendações visando à melhoria dos serviços públicos ou de relevância pública e o respeito aos bens e aos direitos, cuja defesa é de sua competência (art. 6.º, XX, LOMPU); bem como a defesa dos direitos constitucionais (art. 27, LONMP) (Brasil, 1988; Brasil, 1993a; Brasil, 1993b). "Assim, assume o Ministério Público, por mandamento constitucional, a defesa da cidadania, devendo assegurar seus direitos fundamentais, bem como o regime jurídico estabelecido em sua defesa pela Constituição Federal" (Smanio, 2018, p. 383).

L. A. Gonçalves (2018) defende que, para o fomento das políticas públicas, faz-se necessária a mobilização da sociedade civil, a fim de dar efetividade às normas legais garantidoras de direitos. Para o autor, nesse ponto o Ministério Público deve atuar como um agente construtor da mobilização social mediante a criação de "[...] condições econômicas, técnicas e profissionais [...]" para a viabilização do movimento, bem como "[...] conduzir as negociações que vão lhe dar legitimidade política e social [...]" (Gonçalves, L. A., 2018, p. 415). Contudo, isso só seria possível mediante a atuação da instituição diretamente no meio social, o que é dificultado pela falta de qualificação dos promotores de justiça para essa atuação.

> No processo de mobilização social, o Ministério Público, por intermédio de seus representantes, deve estabelecer alianças com a sociedade civil e, desta maneira, identificar os problemas a serem enfrentados por meio da formulação de políticas públicas.

> [...] O grau de participação e a solidez destes movimentos fazem com que os meros eleitores ascendam ao patamar de efetivos cidadãos. O empoderamento dos direitos pelos cidadãos no processo de mobilização social com fins à formulação de políticas públicas os legitima a influir nas decisões políticas, concretizando o ideal da democracia participativa (Gonçalves, L. A., 2018, p. 415-416).

Essa concepção traduz-se de especial relevância quando se considera que o Ministério Público tem elegido diversas áreas de políticas públicas como atuação prioritária da instituição. Contudo, como indica Arantes (2019a), essa atuação, em geral, é eleita pela própria instituição sem consulta aos interesses da sociedade e a partir de avaliações e estratégias de seus próprios membros, sem quaisquer mecanismos de *accountability*.

Para melhor compreender como as funções da instituição foram se ampliando até chegar à da representação da sociedade, desenvolvida endogenamente, a seguir faço uma discussão acerca de seu protagonismo nesse processo histórico no Brasil durante seu período de redemocratização.

1.2.2 Ampliação das funções do Ministério Público no Brasil

Embora não seja o objetivo do presente livro analisar minuciosamente a história do Ministério Público, é necessária a retomada de seu protagonismo na ampliação de suas funções no Brasil, a fim de possibilitar a compreensão de como a instituição transformou-se de um órgão que defendia "os interesses da Coroa e da Administração, e, contemporaneamente cumpre a função de defender os valores democráticos e os interesses do povo" (Goulart, 2013, p. 82).

Para Goulart (2013), essa evolução acabou por firmar a instituição como defensora "dos interesses disponíveis da sociedade, desvinculando-se do Estado-Administração" (Goulart, 2013, p. 81), o que significa dizer que deixou de ser um órgão de defesa dos interesses do governo ou dos governantes para se tornar um defensor dos interesses da própria sociedade. Com as novas configurações e funções previstas na CF/88, a instituição passou a ter um papel mais ativo e independente na defesa dos interesses sociais, dentre os quais uma atuação visando à realização de "políticas públicas concretizadoras de direitos fundamentais" (Goulart, 2013, p. 81). A previsão da instituição em um capítulo separado na CF/88 ressalta a autonomia e a independência que lhe foram conferidas (Silveira, 2006). Esta nova forma de atuar levou os membros do Ministério Público a privilegiar, na esfera cível, a solução extrajudicial de conflitos por meio de procedimentos administrativos e inquéritos civis (Goulart, 2013).

A função de atuação na defesa dos interesses difusos[16] e coletivos[17], prevista originalmente na Lei de Ação Civil Pública (Brasil, 1985), aprimorou suas funções na defesa da sociedade. Silva (2001) relata o processo envolvido na elaboração e na votação do projeto de lei de referida norma, indicando os esforços envidados pelo próprio Ministério Público na aprovação do diploma legal, que geraria uma ampliação em suas funções institucionais. A autora relata como, após duas propostas apresentadas, o Ministério Público do Estado de São Paulo utilizou-se do anteprojeto desenvolvido por Ada Pelegrini Grinover, Cândido Dinamarco, Kazuo Watanabe e Waldemar Mariz de Oliveira Junior – que colocava a instituição apenas na função de intervenção para o controle da atuação das associações civis, principais legitimadas para a proposição das demandas judiciais – para apresentar um novo anteprojeto ampliando a proteção dos interesses difusos. Contudo, esse anteprojeto apresentado colocou a instituição na centralidade da defesa desses direitos, inclusive com a previsão de novos instrumentos, como o inquérito civil, que confere ao promotor de justiça a realização dos procedimentos investigatórios (Silva, 2001).

Esses esforços encontraram seu ápice no período que antecede a Assembleia Nacional Constituinte. Em diversos encontros, os membros do Ministério Público no país organizaram-se no sentido da defesa de ampliação de suas funções na nova constituição a ser promulgada, culminando na "Carta de Curitiba", "um anteprojeto que todos os representantes estaduais e federais do Ministério Público se comprometeram a defender na Assembleia Nacional Constituinte" (Silva, 2001, p. 55). Embora a proposta não tenha sido totalmente incorporada na CF/88, houve um importante trabalho de *lobby* da Confederação Nacional do Ministério Público de defesa da mesma perante as comissões responsáveis (Silva, 2001).

> É preciso reconhecer que o Ministério Público foi sendo paulatinamente modificado por legislações anteriores à Constituição. De órgão "auxiliar do governo", a instituição foi se transformando em "cooperador" da justiça e, finalmente, em

---

[16] Assim entendidos aqueles interesses ou direitos cuja titularidade pertence a uma coletividade de pessoas indeterminadas e que são ligadas por circunstâncias de fato (Brasil, 1990b).

[17] Os interesses ou direitos que são da titularidade de um "grupo, categoria ou classe de pessoas ligadas entre si ou com a parte contrária por uma relação jurídica base" (Brasil, 1990b).

> instituição "essencial à função jurisdicional". Mas é a partir da Constituição de 1998 que o Ministério Público adquire um novo perfil institucional [...] (Silva, 2001, p. 56).

Contudo, essa ampliação de poderes não foi isenta de críticas. Silva (2001) retrata como juristas brasileiros apontavam a inadequação do Ministério Público para a defesa de interesses difusos ante a falta de especialização de seus membros para uma atuação eficaz. A resposta à crítica era no sentido de que as demais carreiras jurídicas (magistratura e advocacia) careciam da mesma especialização, bem como que, empiricamente, o ajuizamento de ações coletivas por associações civis era inexpressivo em comparação com a atuação da instituição.

Silva (2001, p. 30) ainda esclarece que "[...] as demandas e conflitos protagonizados por movimentos sociais tornaram-se uma importante referência na reavaliação do funcionamento da estrutura da justiça brasileira [...]", que gerou debates visando à ampliação dos direitos individuais e coletivos, bem como a criação de mecanismos garantidores de sua exigibilidade. A crescente especificação dos direitos e o surgimento e o aumento das demandas sobre políticas públicas levadas ao conhecimento do Poder Judiciário culminaram na necessidade de democratização do sistema de justiça. Esse movimento, aliado à ação de atores desse próprio sistema visando ao desenvolvimento de propostas de procedimentos judiciais inovadores, gerou o crescimento da importância política do Ministério Público e do próprio Poder Judiciário. É importante considerar que o desenvolvimento político do Ministério Público se deu justamente como uma resposta à necessidade da "[...] representação legal de interesses coletivos [...]" (Silva, 2001, p. 37).

Portanto, a resposta às demandas sociais, fruto de mobilizações da sociedade civil organizada, não resultou numa capacitação da sociedade para buscar a exigibilidade perante o sistema de justiça, mas, sim, na ampliação das funções do próprio sistema de justiça, que, especialmente no papel do Ministério Público, atua como defensor da sociedade. Essa é uma construção brasileira, uma vez que em outros países, como nos Estados Unidos da América, o litígio envolvendo políticas educacionais se dá exclusivamente pela atuação de particulares e associações da sociedade civil (Rebell; Block, 1982), visto que inexiste um órgão dentro da estrutura do próprio Estado com funções de defesa dos direitos fundamentais, a exemplo do Ministério Público brasileiro. Para Arantes (2019a), essa peculiaridade advém da afirmação institucional de carreiras estruturadas dentro do próprio Estado com o fim de realizar as atividades de controle da administração pública.

Arantes (2019a) aponta que, historicamente, competia ao Ministério Público a promoção da justiça criminal, fruto do monopólio do Estado na gestão penal. Contudo, a atuação na esfera cível constituiu-se como prerrogativa excepcional dada a característica própria da "vida civil, caracterizada pela autonomia individual e pleno exercício da liberdade, preferencialmente sem a intervenção estatal" (Arantes, 2019a, p. 97), com a não intervenção como regra em prol da garantia da soberania individual.

> Na esfera cível, por sua vez, não cabe pensar em interferência semelhante de um órgão de Estado, muito menos de um órgão burocrático fora do controle dos cidadãos que exercem na vida civil a representação de seus próprios interesses e direitos. Assim, na maioria dos países é improvável encontrar a presença institucional do MP em temas de direito civil, área em que vigora o princípio da autonomia individual, assim como na terceira dimensão apontada anteriormente – a da cidadania política –, uma vez que ela diz respeito mais à sociedade civil do que ao Estado, mais à participação coletiva do que à interferência estatal, mais à autonomia política dos cidadãos do que à tutela por parte de terceiros caídos do céu ou selecionados por concurso público (Arantes, 2019a, p. 97-98).

Embora se tenha percebido no Brasil uma ampliação das funções da instituição em relação ao âmbito civil, a inovação que marca sua singularidade refere-se à sua atuação no que Arantes (2019a, p. 99) denomina de "espaço da participação e da cidadania política", por meio da defesa de direitos difusos e coletivos. Essa ampliação, fruto da atuação dos próprios membros da instituição – como já demonstrado –, permitiu que o Ministério Público ascendesse "[...] à esfera intermediária das relações entre Estado e sociedade, angariando o papel singular de representante extraordinário de direitos e interesses que em outros países remanescem nas mãos da cidadania política" (Arantes, 2019a, p. 99).

O protagonismo da defesa desses direitos é, então, fruto da inscrição legal na lei da Ação Civil Pública, de sua legitimidade, no mesmo momento em que ocorria a redemocratização no país e a necessidade de fortalecimento da sociedade civil. Contudo, em lugar de equipar a sociedade para a defesa de seus próprios direitos, fortaleceu-se uma instituição do próprio Estado para fazê-lo, criando-se o movimento do Estado litigando contra o Estado. Para Arantes (2019a), então, a noção de hipossuficiência da sociedade brasileira é fruto do fortalecimento institucional realizado pelo próprio Ministério Público, que cria uma representação que está fora do controle dos cidadãos.

Com a nova configuração da instituição a partir de 1988, que veio se formando historicamente e continua a ser moldada pela legislação infraconstitucional, foi se formando um novo perfil do Ministério Público no Brasil, mais ativo. "Nesse aspecto, o modelo brasileiro de MP (Ministério Público) é singular, seja pelo acúmulo de competências cíveis e criminais, seja pela autonomia alcançada por e para seus membros individuais" (Arantes, 2019a, p. 101).

> Embora a construção desse complexo arranjo não tenha obedecido a um plano prévio e deliberado, as histórias de transformação do MP, DP e PF revelam um padrão de afirmação institucional comum, baseado num comportamento estratégico das categorias profissionais que integram essas instituições, configurando um fenômeno de consequências teóricas ainda não sistematizadas pela ciência política. Trata-se do ativismo político de atores estatais empenhados em conquistar e manter poder vis-à-vis outras instituições, muitas vezes rivais, no interior do Estado (Arantes; Moreira, 2019, p. 100).

Ressalto, em relação ao Ministério Público, a conquista de independência em relação aos demais poderes, inclusive com a conquista de autonomia funcional, administrativa e financeira, o que acrescenta ainda mais características à peculiaridade dessa instituição em comparação às existentes em outros países (Sadek, 2009), motivo pelo qual é conhecida como a jabuticaba brasileira (Arantes, 2019b).

Saliento que a literatura aponta críticas a esse processo, que ocorreu desacompanhado da criação de mecanismos de *accountability*. Arantes (2019a) compara as garantias recebidas pelos promotores e pelos procuradores àquelas concedidas aos juízes, ressaltando, contudo, que os membros do Ministério Público podem atuar sem provocação e alcançaram "rara condição de independência para agir discricionariamente e perseguir fins a que eles mesmos se propõem, muitas vezes de maneira individual" (Arantes, 2019a, p. 102).

> Em resumo, o modelo brasileiro do MP se destaca por sua independência em relação aos demais poderes de Estado, pelo amplo leque de direitos difusos e coletivos que é capaz de representar e pela discricionariedade de ação de seus membros individuais. Tal situação chegou a ensejar a ideia

de que estaríamos diante de um quarto poder. Entretanto, a ausência de mecanismos de prestação de contas, de legitimação e responsabilização de seus atos e que assegurem representatividade às suas escolhas cotidianas tem disso crescentemente questionada (Arantes, 2019a, p. 103).

Atualmente a CF/88 conta com um órgão criado para fiscalizar o cumprimento dos deveres funcionais dos membros do Ministério Público e realizar o controle administrativo e financeiro da instituição: o Conselho Nacional do Ministério Público (CNMP). Previsto pela Emenda Constitucional (EC) n.º 45/2004 – conhecida como a Reforma do Judiciário –, o órgão também tem como funções zelar pela autonomia funcional e administrativa do Ministério Público, zelar pela moralidade administrativa de seus membros e pela legalidade dos atos administrativos por ele praticados, o recebimento de reclamações e aplicação de sanções contra seus membros, inclusive com a possibilidade de revisão dos processos disciplinares, além da incumbência de realização de relatório anual das atividades do Ministério Público no país.

Portanto, o CNMP constitui-se como uma importante figura no âmbito do Ministério Público, uma vez que por possuir a atribuição de fiscalizar o cumprimento dos deveres funcionais acaba por exercer o papel de orientar a atuação da instituição em todo o país. Contudo, como apontado por Oliveira, Lotta e Vasconcelos (2020), a atuação do CNMP vem ocorrendo muito mais no sentido de afirmação institucional e ampliação da autonomia dos membros do Ministério Público do que na *accountability* da instituição, o que reforça a crítica apontada por Arantes (2019a), especialmente ante a possibilidade de que seus membros ajam por iniciativa própria, uma vez que não se aplica à instituição o princípio da inércia, próprio do Poder Judiciário.

Nessa seara, a crescente atuação do Ministério Público, especialmente por meio da via resolutiva extrajudicial, tem se apresentado como um fenômeno de ampliação do poder da instituição. Embora haja a necessidade de uma via de exigibilidade de políticas públicas, inclusive perante o sistema de justiça, que gere soluções mais adequadas à prática social, próximas à sociedade e de forma mais célere, essas críticas também são realizadas por membros da própria instituição, especialmente quando a atuação do Ministério Público é pautada numa concepção de hipossuficiência da sociedade para a defesa de seus próprios direitos (Silva, 2001), que inicialmente se constituiu com base no voluntarismo político de seus membros para o controle das políticas públicas, mas atualmente tem se configurado como planos de atuação mais gerais, ainda que sua implementação se configure em um desafio (Arantes, 2019a).

Silva (2001) já apontara em seus estudos como os promotores de justiça percebiam a sociedade como frágil e incapaz de buscar a proteção de seus direitos. Caberia, portanto, ao Ministério Público essa defesa, quer pela fragilidade da sociedade em sua defesa, quer pela baixa capacidade de organização para esse fim. "A fragilidade da 'sociedade' justifica um Ministério Público forte e independente" (Silva, 2001, p. 105).

Embora a concepção de hipossuficiência da sociedade seja fundamento para a ampliação da atuação do Ministério Público, é necessário pontuar que, como indica Carvalho (1998), no Brasil os direitos sociais foram garantidos antes da consolidação dos direitos políticos, em um momento em que estes não estavam em operação. Dessa forma, diferentemente do ocorrido em outros países, a conquista dos direitos sociais aqui não se deu pelo exercício dos direitos políticos. A consequência desse processo, para Carvalho (2001), é a baixa incorporação da sociedade civil e a exclusão de parcela da população do gozo dos direitos individuais, o que gera uma nação sem tradição civil ativa, um poder público que não garante o direito de todos e "uma complexa rede clientelista de distribuição particularista de bens públicos" (Carvalho, 2001), a que o autor chama não de cidadania, mas sim estadania.

Alie-se a isso o fato de que a ampliação dos direitos sociais se deu em períodos autoritários no Brasil, gerando um fortalecimento do Poder Executivo e uma relação da população com o Estado diretamente por esse Poder, sem a mediação representativa proporcionada pelo Poder Legislativo. Como consequência, percebe-se o desenvolvimento do Estado brasileiro com baixa interação com a sociedade, um Estado privatista. Nessa concepção, estudos futuros podem avaliar como a formação da cidadania no país dá base à baixa atuação da sociedade na defesa dos seus próprios direitos, dando fundamento a essa concepção de hipossuficiência que leva à ampliação dos poderes do Ministério Público em sua defesa.

O Ministério Público, assim, protagonizou os debates em relação à ampliação de suas funções com base na concepção de hipossuficiência da sociedade e incapacidade de organização para defesa de seus direitos. Contudo, em outros momentos, indica conquistas – inclusive as relacionadas às próprias atribuições institucionais – como resultados das lutas sociais. Ferraresi (2013), ao discutir a legitimação para a proposição de ações coletivas, manifesta que a tese acerca da necessidade de que o Ministério Público prepare a sociedade para o exercício coletivo dos direitos trata-se tão somente de uma "manipulação ideológica e reserva de mercado" (Ferraresi, 2013, p. 501), a fim de manter a defesa dos direitos coletivos exclusivamente ao cargo da instituição.

No entanto, é importante considerar que, independentemente da defesa do protagonismo para a atuação nas políticas públicas, diversos estudiosos da atuação do Ministério Público defendem a necessidade de que a instituição se aproxime da sociedade a fim de que "a discussão não se limite ao âmbito técnico-processual, mas, sim, atenda aos escopos sociais e políticos do processo" (Ferraresi, 2013, p. 497). Uma estratégia seria a realização de audiências públicas, que Ferraresi (2013) defende como necessárias para que haja um diálogo entre os atores da política pública e os operadores do direito, além da aproximação com a própria comunidade a fim de identificar os interesses prioritários da população para nortear sua atuação. "[...] O papel do Ministério Público no controle das políticas públicas também deve partir de uma opção política, escolhida juntamente com a sociedade" (Ferraresi, 2013, p. 499). Essa concepção também se afigura relevante na esteira da concepção da necessidade de participação social na construção de políticas públicas, uma vez que elas são levadas ao conhecimento do sistema de justiça e que este interfere em sua elaboração.

> Ou seja, na democracia, a escolha de prioridades é realizada por políticos eleitos diretamente pelos cidadãos. Quando essa escolha é feita não pelo embate político, mas transformada em questão jurídica ou técnica, perde-se uma dimensão importante da participação e interferência popular. Assim, a judicialização da política – a transformação de questões tradicionalmente tratadas pelos Poderes Executivo e Legislativo em ações judiciais – caminha juntamente com a negação da política presentes nos discursos que desconfiam de partidos e políticos e depositam fé nos técnicos de bancos centrais, agências reguladoras e toda sorte de instituições com pouca possibilidade de interferência da soberania popular (Kerche, 2009, p. 69).

Portanto, a ausência da participação social na atuação do Ministério Público nas políticas públicas gera a transformação de uma questão que primordialmente deveria ser democrática em uma questão jurídica ou técnica, retirando a sociedade da centralidade do debate. Nesse sentido, cabe retomar a discussão sobre a democracia representativa. Como visto anteriormente, é o único modelo de democracia viável na configuração atual do Estado, com ampla população. Motta (2012, p. 200) ressalta que esse modelo acaba gerando "[...] um baixo nível de participação do cidadão e de um baixo nível de efetiva fiscalização do processo de tomada de decisão governamental". O autor segue indicando que esse modelo acaba gerando a multiplicação de formas de representação social, inclusive na própria estrutura estatal, como é o caso do Ministério Público.

Nessa seara, compreendendo-se o Estado como uma relação de forças, como já apontado, em que se condensam conflitos de interesses entre os diversos poderes, mas também internamente entre as instituições, é necessário ressaltar que o Estado condensa a relação de forças entre os blocos no poder e as massas dominadas (Poulantzas, 1980). Nessa concepção, essa luta se materializa nas instituições estatais que são conformadas para atender aos interesses das classes dominadas (Motta, 2012), a fim de assegurar o poder das classes dominantes. Questiono, então, se a representação social feita contra o Estado pelas próprias instituições estatais – e, no caso em análise, o Ministério Público – não seria o resultado da própria acomodação, na estrutura estatal, das lutas das classes populares.

Ainda que se filie a essa perspectiva a representação social por estruturas e instituições no próprio seio do Estado, poderia servir aos interesses das massas dominadas sem que essas tivessem qualquer tipo de voz nessa representação? Se considerada a concepção de Poulantzas (1980) de que, embora o Estado condense a luta das classes, seu aparelho reproduz a dominação, uma representação da sociedade por uma instituição no seio do Estado não serviria apenas para manter a dominação e as classes dominantes no poder?

Tendo em vista que o Ministério Público brasileiro protagoniza a defesa dos direitos sociais em detrimento da sociedade civil organizada, faz-se necessário pensar em que medida essa representação se dá, atendendo efetivamente os interesses da sociedade. Como indica Poulantzas (1980, p. 101, grifos no original), o *"corpo de juristas especializados* [...] é ele que melhor representa, como rede 'separada' da sociedade, o trabalho incorporado do Estado". A crítica desse autor é que os agentes do Estado possuem o domínio da lei e exigem do cidadão comum seu cumprimento, sendo que este não pode alegar seu desconhecimento. Contudo, apenas os representantes do Estado detêm o conhecimento intelectual jurídico da lei e de sua aplicação.

> Esta máxima expressa assim a dependência-subordinação face aos funcionários do Estado, ou seja, aos fazedores, os guardiães e os aplicadores da lei, das massas populares cuja ignorância (o segredo) da lei é uma característica desta lei e da própria linguagem jurídica. A lei moderna é um *segredo* de Estado, fundadora de um saber açambarcado pela razão de Estado (Poulantzas, 1980, p. 101-102, grifos no original).

Portanto, o monopólio da lei pelos operadores do direito serve para a manutenção da subordinação das massas às instituições estatais que o representam, o que encaixa, no caso específico ora estudado, na função do Ministério Público de representação na defesa dos direitos sociais, que resulta em sua atuação nas políticas públicas. Para Motta (2012), esse papel gera uma maior burocratização do Estado e uma perspectiva limitada de democratização, uma vez que coloca as instituições estatais como árbitros dos conflitos sociais.

Aliando-se essa noção à crescente judicialização das políticas públicas com a transferência das decisões tradicionalmente tomadas pelos Poderes Executivo e Legislativo para o Poder Judiciário e considerando que o Ministério Público tem crescentemente assumido esse papel, especialmente mediante uma atuação resolutiva extrajudicial, percebe-se cada vez mais um domínio da lei nas decisões políticas (Motta, 2012), o que é característica própria do corpo jurídico especializado do Estado, nos termos de Poulantzas (1980).

Dessa forma, a partir do desenvolvimento do Ministério Público na defesa dos direitos da sociedade, com sua atuação cada vez mais crescente nas políticas públicas, e considerando a especificidade de ser uma instituição de Estado exercendo a representação da sociedade em face do próprio Estado, abro o questionamento acerca de sua capacidade para atuação nesta matéria, que será o cerne do próximo capítulo.

2

POLÍTICAS EDUCACIONAIS: O MINISTÉRIO PÚBLICO POSSUI CAPACIDADE PARA ATUAR NA QUALIDADE DA EDUCAÇÃO BÁSICA?

A discussão teórica realizada no capítulo anterior a respeito da configuração das políticas públicas levou às reflexões sobre a gestão técnica do Estado e à necessidade da participação democrática. Também se discutiu a respeito da necessidade de se considerar os atores das políticas públicas em suas análises, demonstrando como o Ministério Público vem se consolidando enquanto ator das políticas educacionais em virtude do crescente fenômeno da judicialização da educação.

A partir dessa teorização, o presente capítulo destina-se à discussão acerca do papel da participação social na construção das políticas educacionais no Brasil, bem como de sua importância ao se olhar para o tema da qualidade da educação básica. Na sequência, se discutirá as críticas em torno de o Ministério Público possuir capacidade para atuar nas políticas educacionais e, mais especificamente, na qualidade da educação básica, assim como o que é necessário para a construção dessa capacidade.

2.1 DEMOCRACIA PARTICIPATIVA NO BRASIL: A PARTICIPAÇÃO SOCIAL NAS POLÍTICAS EDUCACIONAIS

Considerando-se as políticas públicas como o "Estado em ação", bem como que a própria atuação técnica é fruto da complexificação dos problemas sociais, como apontado no capítulo anterior, percebe-se a relevância da discussão da participação social nas políticas públicas. Dessa forma, considerando-se a especificidade do objeto tratado neste livro, esta seção destina-se a pontuar a discussão em torno da participação social, focando o olhar nos mecanismos de participação vinculados às políticas educacionais.

Inicialmente importa pontuar que a nova ordem constitucional inaugurada em 1988 trouxe, conforme ensina Piovesan (1999), a consagração dos direitos sociais mediante sua consolidação e ampliação na lógica dos direitos fundamentais. Para a autora, a nova carta constitucional não apenas consagra os direitos fundamentais, mas altera a topografia constitucional existente nas cartas anteriores, ao privilegiar os direitos e garantias constitucionais em relação à organização do Estado. Nesse sentido, não é mais a sociedade que está a serviço do Estado, para fins de garantir seu funcionamento; mas o Estado que está a serviço da sociedade e se organiza para esse fim, buscando a justiça social (Piovesan, 1999). Nessa concepção, a atuação do Estado mediante a concretização dos direitos fundamentais, dentre os quais estão os direitos sociais, por meio de políticas públicas, deve se dar considerando a participação social, uma vez que se trata do Estado a serviço da sociedade, e não o inverso.

Vieira (2001, p. 14) indica que a garantia da soberania popular em um Estado democrático não se dá apenas por meio do voto, mas também por meio do "controle social da administração pública". O mesmo autor esclarece a importância da participação da sociedade nas decisões públicas para garantir a democratização:

> A democracia não constitui um estágio, ela constitui um processo. O processo pelo qual a soberania popular vai controlando e aumentando os direitos e os deveres é um processo prolongado, implicando avanço muito grande dentro da sociedade. Quanto mais coletiva é a decisão, mais democrática ela é. Qualquer conceito de democracia, aliás há vários deles, importa em grau crescente de coletivização das decisões. Quanto mais o interesse geral envolve um conjunto de decisões, mais democráticas elas são. O Estado e o governo sofrem processo de democratização ou de antidemocratização. Quanto menos interesses coletivos, quanto menos coletivização existe nas decisões e, portanto, quanto mais particularização existe nas decisões, menos democrático ou nada democrático é o governo (Vieira, 2001, p. 14).

Esse processo tem sofrido, no Brasil, uma erosão nos últimos anos como resultado das violações institucionais dos direitos e garantias fundamentais previstos da CF/88 e das tensões entre os poderes, bem como das "fortes divisões políticas, crise econômica e profundo desacordo em relação ao projeto de país" (Avritzer, 2018, p. 275). Portanto, não se pode desconsiderar que o processo de democratização é pendular, nas palavras de Avritzer (2018), passando por momentos de progressos, mas também de retrocessos, conforme se verá na sequência.

Segundo Madureira e Gouveia (2019), o processo de redemocratização no Brasil ocorrido na década de 1980 impulsionou a sociedade civil a acompanhar e a controlar as políticas sociais, em especial por meio de conselhos e conferências, gerando uma institucionalização da participação social. Esses mecanismos têm sido constantemente atacados após o golpe de 2016 que resultou no impeachment da presidenta da República, Dilma Rousseff, com a ascensão da extrema direita ao poder no executivo federal.

Ainda durante o afastamento de Dilma Rousseff da presidência da República, no curso do processamento do impeachment, Michel Temer revogou ato anterior que designava membros para as duas câmaras do Conselho Nacional de Educação (CNE), que haviam sido escolhidos mediante processo democrático (ANPED, 2016). Esse primeiro ato marcou uma série de ações subsequentes, durante a presidência de Michel Temer e, posteriormente, de Jair Bolsonaro, de desmonte da participação social nas políticas sociais e, em especial, nas políticas educacionais, tais como as alterações no Fórum Nacional de Educação (FNE) e na Conferência Nacional de Educação (CONAE), com a ampliação da participação governamental e empresarial e a redução da representação da sociedade civil (ANFOPE *et al.*, 2017) e a extinção de canais de participação social em políticas públicas (Brasil, 2019). No ano de 2022, a eleição de Luís Inácio Lula da Silva à Presidência da República inicia a retomada desses mecanismos, com a criação do Conselho de Participação Social (Brasil, 2023a). Outras diversas medidas foram adotadas, tais como a recomposição do FNE (Brasil, 2023c) e a convocação da CONAE (Brasil, 2023b), por exemplo.

Mesmo nos períodos de retrocesso mais intenso, há espaços de institucionalização legalmente instituídos, especialmente do controle social dos recursos educacionais, como mostra o trabalho de Madureira e Gouveia (2019). Institucionalização essa que é fruto da própria luta dos movimentos sociais em prol da educação pública no período da redemocratização, ocorrida em grande parte em fóruns e conferências que tiveram um papel fundante nas reflexões acadêmicas acerca da qualidade da educação pública (Antonini; Resende, 2017).

A participação institucionalizada, em especial em órgãos como o Fórum Nacional em Defesa da Escola Pública (FNDP)[18], gerou influência direta na redação do capítulo destinado à educação na CF/88, bem como nas discussões relativas à edição de uma nova lei de diretrizes e bases. Bollman

---

[18] Originalmente Fórum Nacional Constituinte, criado em 1986 durante o processo de redemocratização.

(2010) aponta que o FNDP apresentou uma proposta de lei ao Congresso Nacional que

> [...] foi intensamente discutido com os educadores brasileiros, com a finalidade de serem contemplados conteúdos que expressassem os princípios e conquistas da sociedade civil – concepção de educação pública, gratuita, laica, democrática e de qualidade social, como direito de todos e dever do Estado, em cumprimento ao compromisso do resgate da imensa dívida social para com a educação da população de baixa renda, acumulada nos diferentes governos e divulgada pelos dados de órgão oficiais como o Instituto Nacional de Estudos e Pesquisas Educacionais (INEP) e Instituto Brasileiro de Geografia e Estatística (IBGE) (Bollman, 2010, p. 660).

Contudo, o referido projeto foi substituído pelo projeto de lei do Senador Darcy Ribeiro, que culminou na aprovação da Lei de Diretrizes e Bases da Educação Nacional (LDB) de 1996, com texto diferente daquele discutido com a sociedade civil por meio do FNDP.

Antonini e Resende (2017) mostram que na década de 1990 a pauta governamental era a da reforma do Estado, sendo que as propostas amplamente discutidas pelos movimentos sociais em prol da educação não foram implementadas, em especial aquelas discutidas em fóruns e conferências. Em contrapartida, as propostas do Ministério da Educação (MEC) visavam à melhoria da qualidade da educação a partir de concepções internacionais de avaliação de resultados. Esse é o mote das políticas públicas nesse período, que passam a ter uma maior vinculação "[...] aos interesses do setor privado, caracterizando-se pela adesão, principalmente na década de 1990 e nos anos 2000, pelo domínio econômico das políticas de ajuste estrutural dos organismos internacionais [...]" (Bollman, 2010, p. 662), característica da política neoliberal da época.

Percebe-se que o tema da qualidade da educação possui relevância nesse debate. As políticas de reforma educacional que vinham sendo implementadas visavam à descentralização da gestão para as localidades e as escolas, acompanhadas de instâncias de participação social. Contudo, essas instâncias de participação exerciam mais um papel de legitimação da gestão do que de mobilização social. E a descentralização veio, também, acompanhada de avaliação do rendimento escolar, fruto das políticas do governo federal que buscavam a melhoria da qualidade em uma perspectiva de resultados mensuráveis de avaliações externas, como fruto da influência de mecanismos internacionais, já na década de 1990 (Antonini; Resende, 2017).

Isso gerou uma reação de movimentos sociais e de setores à esquerda da sociedade, visando "[...] construir uma frente de intervenção na política de inclusão social e nela a de educação, a partir da organização da sociedade civil" (Bollman, 2010, p. 663). Bollman (2010) trata do importante papel de organização social em torno do resgate das lutas em prol de uma educação pública de qualidade na edição de uma Proposta de Plano Nacional de Educação (PNE), amplamente discutida nos Congressos Nacionais de Educação (1996, 1997 e 1999). Salienta-se a organização democrática desses congressos com participação ativa de diversos segmentos da sociedade civil organizada, não obstante o projeto advindo dessas discussões não ter sido aprovado, mas sim aquele apresentado pelo governo (Lei 10.172/2001) (Brasil, 2001). Bollman (2010) ressalta que, ainda que não tenha sido a proposta da sociedade aquela aprovada, a organização e os debates motivaram o Governo Federal a dar cumprimento à norma do art. 214 da CF/88. Ainda "[...] garantiram algumas das exigências da classe no texto final do PNE, votado no Congresso [...]", embora tenham sido vetados os artigos que previam a destinação de recursos (Antonini; Resende, 2017, p. 89), em muito inviabilizando o cumprimento do plano.

> Afirma-se, portanto, que as ações de mobilização e participação social devem ser constantes, sobretudo no que se refere aos setores sociais. Em contrapartida, os governos também devem estar atentos à necessidade e à possibilidade de estabelecimento de consensos, pactos e acordos em torno das mais variadas políticas públicas, sobretudo, no campo educacional, na medida em que a efetividade das mesmas dependerá em grande parte da identificação dos atores sociais com a referida política estabelecida (Antonini; Resende, 2017, p. 94).

Percebe-se, portanto, até aqui, um histórico das políticas educacionais no período pós-redemocratização que é marcado pela mobilização social, mas que nem sempre reverbera na juridificacão (inscrição em normas legais) daquilo que é discutido com a sociedade, em especial olhar as questões relacionadas à qualidade da educação básica. Diferentemente das concepções de qualidade social, as políticas aqui indicadas apontam para uma perspectiva neoliberal de qualidade vinculada aos resultados educacionais, sem considerar as discussões realizadas tanto por parte dos especialistas da área quanto nas mobilizações sociais.

As definições sociais em torno da qualidade afiguram-se de especial relevância quando se volta o olhar para seu conceito, que é polissêmico e forjado de acordo com o contexto e com a temporalidade na qual se insere (Dourado; Oliveira, 2009).

> [...] a qualidade da educação é um fenômeno complexo, abrangente, que envolve múltiplas dimensões, não podendo ser apreendido apenas por um reconhecimento da variedade e das quantidades mínimas de insumos indispensáveis ao desenvolvimento do processo de ensino-aprendizagem; nem, muito menos, pode ser apreendido sem tais insumos. Em outros termos, a qualidade da educação envolve dimensões extra e intraescolares e, nessa ótica, devem se considerar os diferentes atores, a dinâmica pedagógica, ou seja, os processos de ensino-aprendizagem, os currículos, as expectativas de aprendizagem, bem como os diferentes fatores extraescolares que interferem direta ou indiretamente nos resultados educativos (Dourado; Oliveira, 2009, p. 205).

Portanto, a definição de um conceito de qualidade ou de quais parâmetros devem ser definidos para seu alcance não é uma tarefa que pode ser atribuída a uma única pessoa, instituição ou ente. Identificar, ainda, as ações necessárias para se atingir uma educação de qualidade afigura-se tão complexo quanto conceituá-las. Tanto é assim que a luta pela qualidade da educação pública não é recente e vem sempre marcada pelos debates sociais em torno do tema.

> Efetivamente, a luta dos educadores pela qualidade da educação pública começa na década de 1920, com a fundação da Associação Brasileira de Educação (ABE), em 1924; adquire visibilidade com o lançamento do Manifesto dos Pioneiros da Educação Nova, em 1932, e com a Campanha em Defesa da Escola Pública, na virada da década de 1950 para os anos de 1960, na fase final da tramitação do projeto de LDB; prossegue com as Conferências Brasileiras de Educação da década de 1980 e com o Fórum Nacional em Defesa da Escola Pública na Constituinte e na nova LDB; desemboca na elaboração da proposta alternativa de Plano Nacional de Educação nos Congressos Nacionais de Educação de 1996 e 1997; e se mantém com grandes dificuldades neste início

do século XXI, na forma de resistência às políticas e reformas em curso e na reivindicação por melhores condições de ensino e de trabalho para os profissionais da educação (Saviani, 2007, p. 1243).

Embora não se pretenda fazer aqui uma digressão histórica, é essencial pontuar importantes marcos de organização da participação social que levaram à juridificação de importantes elementos da qualidade educacional. O primeiro deles foi a aprovação do PNE de 2014 realizada por meio de um amplo processo colaborativo, por meio da CONAE (Lima, 2018). Saliente-se o papel de interlocução que as CONAEs geram entre a sociedade e o Estado, tendo em vista a atuação conjunta de órgãos do Poder Legislativo, do Poder Executivo (CNE) e as comissões organizadoras da CONAE na realização dos seminários regionais e nacional, que permitiu a ampla participação no processo de elaboração do PNE (Ronca; Ramos, 2010).

O segundo foi a intensa organização da sociedade civil em torno da constitucionalização do Fundo de Manutenção e Desenvolvimento da Educação Básica (FUNDEB) – ocorrida na EC 108/2020 – com o protagonismo Campanha Nacional pelo Direito à Educação, da Associação Nacional de Pesquisa em Financiamento da Educação (FINEDUCA) e da ampla mobilização realizada pela Confederação Nacional dos Trabalhadores em Educação (CNTE), especialmente na luta pela garantia do custo-aluno qualidade (CAQ), demonstrando, novamente, a centralidade dos debates sobre a temática, sobretudo relacionado ao financiamento educacional. Reafirma-se, contudo, esse é um debate eivado de disputas e contradições.

Como já discutido por Oliveira e Araujo (2005), há no Brasil três noções do que seria uma educação de qualidade. A primeira concepção de qualidade estaria atrelada à oferta limitada. Nesse cenário, a educação de qualidade seria aquela que possibilitasse o acesso de todos. Uma segunda concepção estaria vinculada ao fluxo, dado a defasagem entre a quantidade de sujeitos que entram e concluem as etapas educacionais. Assim, seria de qualidade aquela educação que permitisse a progressão escolar. E, uma terceira concepção, mais recente, advém da noção do sucesso escolar medido pelos resultados em testes padronizados, que é essa evidenciada nas políticas educacionais a partir da década de 1990. Contudo, os autores ressaltam a necessidade da busca de um conceito de qualidade que possa ser caracterizado como uma dimensão do direito à educação.

Essa terceira concepção tem pautado muitas discussões recentes sobre a qualidade da educação, como já apontado, ante a elaboração de políticas que "enfatizam os escores quantitativos, usando procedimentos classificatórios em função desses resultados, introduzindo nas instituições de ensino o modelo de avaliação como medida" (Cappelletti, 2015, p. 96), utilizando-se a avaliação como um instrumento de controle e dissociado de uma perspectiva crítica a serviço da formação por desconsiderar outros resultados da educação que não podem ser mensurados. Essa concepção de vincular a qualidade aos resultados escolares, portanto, tem como consequências o estreitamento do currículo a partir do que se avalia nos exames, as estratégias de "marketing" das escolas com base nos resultados obtidos, a facilitação dos processos de privatização[19] e a concepção da educação a partir de uma perspectiva mercadológica (Cappelletti, 2015).

> No entanto, cabe perguntar: qualidade educacional se traduz apenas por esses resultados? Evidentemente que não. A qualidade da educação passa por questões como a existência de uma filosofia educacional e, pela consciência do papel social da educação – não só seu papel instrumental, de utilidade, por exemplo, para o trabalho, mas seu papel para a civilização humana, para a constituição de valores de vida e convivência, seu papel no desenvolvimento de sensibilidades ao outro, ao meio ambiente, às expressões humanas de cultura. Portanto, passa por elementos formativos que transcendem, embora não dispensem de modo algum, a aquisição de conhecimentos apenas (Gatti, 2007, p. 3).

Portanto, a construção do conceito de qualidade educacional não pode ser restrita. Há diversos fatores necessários para que se compreenda seu conteúdo enquanto um direito, que não pode ser definido tão somente por uma pessoa ou um grupo de pessoas que observem apenas uma dimensão técnica, muitas vezes marcada pela defesa de apenas um grupo de interesse.

Processos históricos, portanto, interferem diretamente no que se entende por uma educação de qualidade. Beisegel (2005) indica os processos e as controvérsias que giraram em torno da aprovação da Lei 5.692/1971, que ficou conhecida como a lei de reforma do ensino de primeiro e segundo graus, e como a pressão pela ampliação do acesso, aliada à escassez de recursos materiais, financeiros e humanos, resultou em "distorções no crescimento da

---

[19] Assim entendidos como a subordinação, direta e indireta da "[...] educação obrigatória aos interesses de corporações ou de organizações a estas associadas" (Adrião, 2018, p. 9).

rede de escolas" (Beisegel, 2005, p. 101). Isso gerou, por exemplo, discussões em torno da democratização do acesso e de como a quantidade influenciou na qualidade do ensino. Contudo, ressalta-se que o autor esclarece que essas discussões são fundadas num modelo pretérito de educação sem considerar a nova realidade social instaurada. Essas reflexões confirmam a importância de que o contexto seja considerado para a avaliação da qualidade da educação.

> A escola, hoje, em todos os níveis, abriga contingentes extraídos das mais diversas camadas da sociedade e passa a reproduzir, na esfera limitada da educação escolar, todas as dificuldades inerentes à preparação de uma imensa e heterogênea coletividade para a convivência nesse mundo novo que começa a constituir-se no país. É bem compreensível que esta nova sociedade, já visualizável em seus contornos estruturais, ou que a nova situação escolar inerente a esta sociedade não corresponda aos ideais dos diferentes educadores. Mas, esta sociedade e esta escola são reais e uma escola aberta a todos não pode elidir os desafios que esta massa heterogênea inevitavelmente coloca para a educação escolar (Beisegel, 2005, p. 107).

O conhecimento, portanto, da realidade social e da educação é imprescindível para que se possa buscar a melhoria da qualidade da educação básica. É nesse contexto que se afigura relevante que este seja um debate plural, contando com a participação social. O trabalho de Dourado e Oliveira (2009) já indica, no ano de 2009, as disputas e os desafios no sentido de se compreender o que é necessário para a garantia de uma educação de qualidade. Os autores esclarecem que o conceito é polissêmico, ou seja, eivado de múltiplos significados, pois "a concepção de mundo, de sociedade e de educação evidencia e define os elementos para qualificar, avaliar e precisar a natureza, as propriedades e os atributos desejáveis de um processo educativo de qualidade social" (Dourado; Oliveira, 2009, p. 202).

Há inúmeros desafios para se assegurar indicadores comuns de garantia de uma educação de qualidade para todos: o grande número de regulações; a desconcentração e a descentralização das políticas educacionais; a priorização histórica da ampliação das oportunidades educacionais sem que haja paralelamente o avanço da adjetivação da qualidade; e a ausência da temática nos programas, projetos e ações governamentais (Dourado; Oliveira, 2009). Por fim, defende-se que a definição a respeito da qualidade deve se dar mediante um movimento nacional e articulado.

Dentre os desafios citados por Dourado e Oliveira (2009) cabe ressaltar que os órgãos educacionais têm, em alguma medida, expedido documentos, pareceres e recomendações sobre temas que podem auxiliar à definição do que seria uma educação de qualidade. Em trabalho anterior, analisei os documentos expedidos pelo MEC no que se refere à qualidade da educação infantil (Taporosky; Silveira, 2022). Contudo, grande parte desses documentos não se constituem em normas juridificadas, passíveis de exigibilidade perante a administração pública.

Cardoso, Taporosky e Frantz (2018), ao realizarem estudo sobre as normas expedidas pelos conselhos estaduais de educação, indicam que, em geral, inexistem regulamentações acerca dos padrões necessários à garantia da qualidade da educação básica, ainda que seja de sua competência essa regulamentação, nos termos do art. 25 da LDB (Brasil, 1996). Nos poucos casos em que há indicação sobre o tema, as normas apenas mostram a necessidade de determinados padrões, sem que haja qualquer quantificação ou especificação.

Uma importante vitória, nesse sentido, foi a aprovação da Emenda Constitucional n.º 108/2020, que instituiu o FUNDEB permanente. Referida alteração constitucionalizou o CAQ como padrão mínimo de qualidade do ensino (Brasil, 2020a). A Lei 14.113/2020, que regulamenta o FUNDEB, prevê que as diferenças e as ponderações para os cálculos dos valores do Fundo deverão ter como referência o CAQ. Contudo, delega sua regulamentação a outra lei, ainda não editada (Brasil, 2020b). Não obstante seja um ponto central na definição dos parâmetros que compõem uma educação de qualidade e se defenda sua regulamentação e implementação é necessário compreender que a garantia de uma educação de qualidade não se limita aos insumos, como apontado por Dourado e Oliveira (2009).

Já Ximenes (2014a), em seu trabalho, após análise da legislação nacional, apresenta sete dimensões do conteúdo jurídico do direito à qualidade da educação no Brasil, dimensões essas que contêm elementos devidamente juridificados: estudantes, ambiente escolar, condições de infraestrutura e insumos básicos, conteúdos, processos educacionais relevantes, resultados e financiamento público. Contudo, o autor ressalta que "as dimensões e elementos do direito à qualidade não se restringem as formas de juridificação efetivamente encontradas no exercício de aplicação ao direito positivo brasileiro" (Ximenes, 2014a, p. 401).

Como defendido por Ximenes (2014b), a análise da garantia de um padrão de qualidade enquanto um princípio de direito, a partir de uma teoria dos direitos fundamentais, indica a compreensão de que o seu conteúdo jurídico não é delimitado apenas pelo que está juridificado em determinado ordenamento jurídico. "Essas regras são, na realidade, manifestações (empíricas) do direito definitivo – no sentido que a teoria dos princípios atribui a essa categoria –, portanto, são passíveis de avaliação, de monitoramento e de controle de constitucionalidade" (Ximenes, 2014b, p. 1037).

Assim, embora o conteúdo jurídico da qualidade da educação seja mais amplo e não esteja adstrito às normas e às regras juridificadas, a juridificação dos parâmetros de qualidade permite uma atuação mais precisa do sistema de justiça na busca de sua realização (Oliveira; Araujo, 2005), embora não se negue que, enquanto um princípio de direito, sua proteção não está circunscrita somente ao juridificado. E, em verdade, considerando-se o caráter do conceito de qualidade da educação, há aspectos que idealmente não deveriam ser juridificados. Percebendo-se a importância da participação da sociedade na definição e na busca da qualidade da educação, a juridificação congela dimensões em um texto escrito, ainda que passível de exigibilidade. Embora a mesma seja necessária para sua garantia como direito e, especialmente, para que os cidadãos possam exigi-la perante o Estado, ela pode apresentar-se, novamente, como uma dimensão técnica do Estado que consubstancia seu papel de trabalho intelectual, podendo gerar um distanciamento da sociedade (Poulantzas, 1980).

Ademais, Poulantzas (1980) aponta que há um enfraquecimento do parlamento e um fortalecimento do Poder do Executivo, que se dá mediante o governo deste por meio de seu poder regulamentar. Essa realidade aponta, no país, para um afastamento cada vez maior da sociedade do centro de decisão sobre as políticas educacionais, em virtude, como já apontado, das estratégias pós-golpe relacionadas à redução da participação social em importantes canais de decisão governamental.

É sabido que a organização social – como foi o caso visto na aprovação da EC 108/2020 – pode gerar efeitos no processo de juridificação. Contudo, com o fortalecimento histórico do Poder Executivo (Poulantzas, 1980), a execução da política educacional – juridificada em normas aprovadas pelo Poder Legislativo – tem sido cada vez mais realizada nos centros de poder e cada vez menos na participação ampla da sociedade, especialmente considerando-se o próprio enfraquecimento do Legislativo como local de representação popular.

No mesmo sentido, políticas educacionais juridificadas pelo Legislativo não necessariamente serão executadas pelo Executivo. Nesse caso, a própria legislação prevê mecanismos de exigibilidade, entre os quais se encontra o acesso ao sistema de justiça. E o sistema de justiça busca dar cumprimento a este direito com base nas normas legais, editadas pelo Legislativo, que é sua função própria. Entretanto, considerando-se que os elementos do direito à qualidade da educação não devem se restringir ao juridificado, a proteção a esse direito pelo sistema de justiça, se considerar tão somente os textos juridificados emanados pelo Poder Público, é suficiente à sua proteção integral?

Questiono, portanto, se o sistema de justiça, especificamente o Ministério Público, possui capacidade de atuar nas políticas educacionais e, em especial, de qualidade da educação básica, tendo em vista a necessária participação social em sua construção. A partir da discussão teórica realizada no capítulo anterior, percebe-se a necessidade da participação da sociedade no debate em torno da qualidade. Contudo, por não serem os órgãos do sistema de justiça reconhecidamente participativos, como se dá sua atuação neste tema? E, para além da discussão sobre participação, como a instituição lida com a complexidade própria das demandas educacionais? Assim, na próxima seção, será realizada a discussão em torno da capacidade da instituição para atuar nas políticas educacionais.

2.2 MINISTÉRIO PÚBLICO E CAPACIDADE INSTITUCIONAL PARA ATUAÇÃO NAS POLÍTICAS EDUCACIONAIS

Como visto até aqui, a construção da política educacional brasileira conta, em diversos momentos, com a participação popular. Em específico, a construção da discussão em torno da qualidade da educação se apresenta como um tema relevante nos debates dos movimentos sociais que lutam em prol do direito à educação.

Por outro lado, a defesa desse direito vem cada vez mais se consolidando por meio da atuação do sistema de justiça e, em especial, do Ministério Público (Taporosky; Silveira, 2019), ante a ampliação de suas funções que ocorre no movimento de redemocratização brasileiro. Contudo, conforme se argumentou anteriormente, questiona-se em que medida a instituição se capacita para exercer esse papel de representação, especialmente considerando que se trata de um órgão da estrutura estatal pleiteando contra o próprio Estado em favor da sociedade. Esse questionamento guarda semelhança com a crítica à capacidade institucional do Poder Judiciário para atuar em políticas públicas. Dessa forma, inicialmente se buscará discutir a crítica existente aplicada ao Poder Judiciário, para, posteriormente, ser possível pensá-la sob a ótica do Ministério Público.

O crescente papel do Poder Judiciário, enquanto ator político, acabou por gerar um novo modelo de litigância em relação aos direitos sociais, em especial nas causas relacionadas ao direito à educação. Essa mudança de paradigma tem gerado críticas à intervenção judicial nas políticas educacionais, que são organizadas em duas categorias: a legitimidade e a capacidade do Judiciário em intervir nas políticas educacionais (Rebell; Block, 1982).

O debate em torno da legitimidade de o Poder Judiciário intervir em políticas educacionais reúne discussões acerca do princípio da separação dos poderes, das limitações do Poder Judiciário tomar decisões apenas com base em princípios, ou se pode decidir também a partir de questões políticas (o que geraria, portanto, uma maior intervenção e ativismo judicial) (Rebell; Block, 1982), o que se aproxima das críticas sobre a discricionariedade administrativa. A discussão sobre essas críticas já é amplamente abordada na literatura brasileira, sendo inclusive tema de trabalho que desenvolvi anteriormente (Taporosky; Silveira, 2019).

A segunda categoria de críticas à judicialização das políticas educacionais diz respeito à capacidade. Diferentemente das críticas à legitimidade, já amplamente discutidas pela literatura, há poucos trabalhos que se dedicam a discutir a capacidade do Poder Judiciário para a atuação nas políticas públicas e, mais especificamente, nas políticas educacionais no Brasil (Marinho, 2018).

> A capacidade aqui significa a aptidão *comparativa* dos tribunais de lidar de forma eficaz e eficiente com problemas sociais que tradicionalmente eram tratados exclusivamente pelos poderes legislativo e administrativo. Nesse sentido, as principais preocupações são a capacidade dos tribunais de obter e compreender informações factuais complexas ("apuração de fatos"); e elaborar e implementar recursos adequados para os problemas sociais em estudo ("remédios") (Rebell; Block, 1982, p. 11, tradução nossa, grifos no original)[20].

Portanto, a crítica à capacidade do Poder Judiciário refere-se à apuração de fatos e à elaboração de remédios relacionados aos problemas sociais.

---

[20] "Capacity here means the *comparative* ability of the courts to deal effectively and efficiently with social problems that traditionally were handled exclusively bi the legislative and administrative branches. In this regard, the key concerns are the courts' ability to obtains and comprehend complex factual information ("fact-finding"0; and to devise and implement appropriate remedies for the social problems under consideration ("remedies")".

Marinho (2018) faz uma revisão dos trabalhos que se dedicam, no Brasil, a discutir a temática da capacidade institucional[21] – cujo conceito indicado pela autora assemelha-se ao de Rebell e Block (1982) para capacidade antes apresentado –, indicando que são poucos trabalhos que enfrentam essa crítica. A partir dessa leitura, percebe-se que toda a discussão gira em torno da figura do Poder Judiciário, não havendo citação de qualquer trabalho que faça menção ao Ministério Público.

A crítica à capacidade institucional refere-se à "limitação do poder judiciário brasileiro em sua moldura institucional tradicional para lidar com os direitos sociais" (Marinho, 2018, p. 15). Na mesma perspectiva, Rebell e Block (1982), analisando o contexto de litigância da educação nos EUA, discutem se os tribunais possuem condições de lidar de forma eficaz e eficiente com os problemas sociais, em razão da necessidade de ler e de interpretar dados que alteram a realidade social, dando-lhes uma solução adequada.

Rebell e Block (1982) indicam como esta crítica tem se constituído na discussão sobre o controle judicial de políticas educacionais. Um de seus principais fundamentos reside no fato de as cortes terem como fontes de informação para seu convencimento os conhecimentos pessoais dos julgadores e os casos prévios julgados. A crítica aponta essas fontes como limitadas a capacitar o julgador para uma interferência adequada da política pública em questão, uma vez que seria necessária uma análise que leve em consideração a produção técnica específica da área da política, que supera a leitura simples da lei. Esse é um fato potencializado pela formação generalista de juízes que, sob o argumento da imparcialidade, não gera o treinamento e a experiência especializados para a interferência nas políticas públicas de forma adequada. No caso brasileiro, especialmente, Santos (2011) indica como a formação dos operadores de direito nas faculdades tem se dado de forma genérica, concentrada no conhecimento do sistema jurídico e sem o diálogo com as demais áreas do saber necessárias para a defesa dos direitos.

Saliente-se que Santos (2011) indica a necessidade de que a formação inicial e continuada dos operadores do direito leve em conta a complexidade da sociedade atual e sua transformação. O autor aponta como a formação desses profissionais tem se dado a partir de três ideias:

---

[21] "A discussão sobre capacidade institucional envolve tanto uma questão formal de (i) o judiciário normativa/institucionalmente ter poderes e meios para resolver questões políticas que, a princípio, deveriam ser decididas pelos poderes políticos; como uma questão de (ii) habilidade, capacidade substantiva ou instrumental, de as cortes conseguirem compreender determinado problema e darem uma resposta satisfatória a ele" (Marinho, 2018, p. 17-18).

> [...] a autonomia do direito, a ideia de que o direito é um fenômeno totalmente diferente de tudo o resto que ocorre na sociedade e é autônomo em relação a essa sociedade; uma concepção restritiva do que é esse direito ou do que são os autos aos quais o direito se aplica; e uma concepção burocrática ou administrativa dos processos (Santos, 2011, p. 83).

Assim, formam-se profissionais com uma "cultura normativista, técnico-burocrática" (Santos, 2011, p 83), que, para além de uma visão generalista, não possuem interação com a sociedade, não tendo competência para interpretar o direito em sua função social, dada a incapacidade de interpretação da realidade. O que se percebe é uma formação a partir de

> [...] uma cultura de extrema indiferença ou exterioridade do direito diante das mudanças experimentadas pela sociedade. Enquanto locais de circulação dos postulados da dogmática jurídica, têm estado distantes das preocupações sociais e têm servido, em regra, para a formação de profissionais sem um maior comprometimento com os problemas sociais (Santos, 2011, p. 87).

Portanto, no caso brasileiro, a crítica seria potencializada, dada a formação dos profissionais que integram o sistema de justiça e operam a aplicação das normas legais.

Contudo, Rebell e Block (1982) apontam que os estudiosos contrários a essa crítica indicam como o próprio processo de mudança institucional das cortes e a nova forma de julgar os casos de direito público – o que também é apontado por Taylor (2007), como já visto – permitem a criação de mecanismos de apuração de fatos que possibilitem ao Judiciário um bom conhecimento da questão. Nessa seara, o processo judicial dialógico, que permite o embate entre as partes, possibilitaria apresentar às cortes os elementos necessários à compreensão da realidade social.

Outro ponto da crítica diz respeito à inadequação dos remédios tradicionais utilizados pelos tribunais para pôr fim aos conflitos que lhe são submetidos, uma vez que os problemas sociais são muito mais complexos. "Frequentemente, isso envolve o tribunal na supervisão prolongada da implementação de novas políticas e práticas destinadas a superar os problemas expostos pelo caso"[22] (Rebell; Block, 1982, p. 14, tradução nossa). A

---

[22] "Frequently, this involves the court in prolonged supervision of the implementation of new policies and practices designed to overcome the problems exposed by the case" (Rebell; Block, 1982, p. 14).

resposta a essa crítica estaria vinculada à necessidade de flexibilização das ordens judiciais observando-se a política pública concreta, modificando-as de acordo com as necessidades identificadas no curso da ação.

O surgimento da crítica à capacidade institucional, segundo Marinho (2018), remonta ao conceito de especialização institucional de Louis Brandeis, mediante o qual "um bom governo deveria não apenas elaborar a melhor política, mas descobrir qual era a instituição mais capacitada para tomar determinada decisão e como as diferentes instituições se inter-relacionam" (Marinho, 2018, p. 34). Nesse mesmo sentido, Arguelhes e Leal (2014) apontam que a crítica à capacidade institucional deve se dar sempre de forma comparativa, buscando identificar, dentre as instituições existentes, qual a mais capacitada para determinada decisão política.

Contudo, não me dedico a essa análise comparativa, apenas utilizando-me da crítica com o objetivo de identificar a construção da capacidade pelo Ministério Público para intervir na política educacional. Cabe apenas ressaltar que Rebell e Block (1982) apontam a inexistência de elementos de que o Poder Legislativo seria mais capaz do que o Poder Judiciário para compreender as questões técnicas especializadas das políticas educacionais. Após realizar um estudo comparativo, esses autores concluíram que as audiências realizadas pelo Poder Legislativo nos EUA tinham predominantemente um objetivo de se conseguir apoio político e não necessariamente de gerar conhecimento de fatos relevantes para a melhor decisão a respeito da política educacional. Por outro lado, o Poder Judiciário, naquela pesquisa, demonstrou tomadas de decisões mais analíticas, uma vez que, havendo a produção de provas relevantes no curso do processo, as mesmas eram utilizadas para fundamentação das decisões a partir da leitura das normas legais.

Salienta-se, nesse sentido, que não se pode levar a crítica à capacidade a um extremo: independentemente do Poder que esteja decidindo sobre a política pública, é possível haver falhas em sua estrutura e análise que gerem distorções em sua implementação. Dessa forma, quando as diferenças políticas no Poder Legislativo são irreconciliáveis, a capacidade técnica jurídica do Poder Judiciário, aliada à produção das provas técnicas especializadas das ciências sociais, justificaria ser ele o responsável pela decisão da política pública (Rebell; Block, 1982).

Cabe ressaltar, contudo, que Rebell e Block (1982) fazem a discussão da crítica na experiência norte-americana, em que o litígio das políticas educacionais é realizado por particulares e associações da sociedade civil.

Nesse contexto, os litigantes possuem o domínio dos temas da política levados ao julgamento perante o Poder Judiciário e possuem o conhecimento necessário para a adequada instrução processual, com a produção das provas necessárias a capacitar o julgador para melhor conhecer a questão.

Essa não é a realidade do caso brasileiro. Como visto, o protagonismo da litigância das políticas educacionais, no Brasil, é do Ministério Público, que é uma instituição capacitada de forma técnico-jurídica[23], assim entendida a interpretação e a aplicação da lei. Nesse caso, a instituição atua de forma a representar a sociedade, sendo que nem sempre dela surgem as demandas que orientam a atuação ministerial, mas sim do voluntarismo de seus membros (Arantes, 2019a). Outra diferença referente ao contexto norte-americano do brasileiro refere-se à lógica processual.

Marinho (2018) aponta como, nos EUA, a existência do instrumento da *injunction*[24] permite uma discussão e uma redefinição das decisões pelas próprias partes no curso do processo. Contudo, trata-se de um instrumento próprio da *common law* para garantir equidade. A autora aponta a ausência de instrumentos como esse no ordenamento jurídico brasileiro. Portanto, tem se apresentado como obstáculo do desenvolvimento desse pensamento estrutural em relação aos direitos coletivos por parte do Sistema de Justiça brasileiro a própria diferença entre o *common law* e o *civil law* e o histórico relacionado ao desenvolvimento do conceito de jurisdição adotado neste país.

Em seu trabalho, Violin (2013) demonstra como a evolução histórica das concepções sobre a função jurisdicional foram influenciadas e delineadas a partir da Revolução Francesa, levando a um apego à lei escrita. Ainda que tenham ocorrido diversas modificações nessas concepções no curso na história, o autor aponta a influência do positivismo jurídico na forma de julgar os casos concretos. Assim, como já indicado, é necessária uma modificação na forma de se pensar como o direito pode ser garantido quando submetido ao Judiciário, para que os julgamentos sejam comprometidos com a realidade social.

---

[23] Esse termo, aqui, é cunhado a partir das reflexões de Poulantzas (1980) no sentido de que os servidores públicos passam a deter o conhecimento técnico em torno da lei. Esse conhecimento é diferente daquele apontado por Muller (2018) como o conhecimento técnico fruto da governamentalização e especialização do Estado para atuar nas especificidades das políticas públicas, ao que se atribui, neste livro, o termo de técnica especializada.

[24] "A *injunction* é uma ordem contínua de obrigações futuras em que, ao longo do tempo, as partes vão a juízo para modificar a ordem à luz da alteração das circunstâncias. Na *injunction*, os interesses conflitantes das partes podem ser ponderados, abrindo espaço para negociação sobre um arranjo de interesses ou um programa de ações [...]. Ao elaborar esse decreto, a função judicial assemelha-se à de um planejador de política pública ou administrador" (Marinho, 2018, p. 49-50).

Para tanto, Violin (2013) faz referência ao neoconstitucionalismo como necessário para se repensar a lógica da função jurisdicional, dando-se atenção aos direitos a partir dos princípios. Os direitos sociais devem ser interpretados não a partir da norma jurídica escrita, tão somente, mas a partir dos princípios e valores estabelecidos constitucionalmente. Essa noção está presente, por exemplo, em trabalhos anteriores que reconhecem a qualidade da educação como um princípio de direito que deve nortear as decisões de políticas educacionais (Ximenes, 2014b; Taporosky, 2017).

A discussão a respeito da evolução da compreensão acerca da função jurisdicional tem relação com a diferença entre os sistemas da *civil law* e da *common law* justamente pela diferença das fontes: no sistema da *civil law* a principal fonte é o direito escrito[25]; já na *common law* são os costumes[26]. Dessa forma, no Brasil, a tradição histórica sobre a função jurisdicional, influenciada diretamente pelo positivismo jurídico e pela adoção do sistema da *civil law*, gera um apego à lei escrita e aos procedimentos de análise dos problemas sociais pelos Tribunais sob a lógica da submissão do fato à norma, sendo esparsas e recentes as iniciativas voltadas à busca de um procedimento que efetivamente altere a realidade social, mediante a "reforma das condições sociais, com o objetivo de concretizar os direitos fundamentais" (Violin, 2013, p. 66). Nessa esteira, tanto a análise de casos concretos por meio do sistema de justiça quanto as disputas em torno dos direitos se dão em torno de sua juridificação, uma vez que é a base de proteção para sua exigibilidade, ante o apego à lei escrita, fruto da forma de desenvolvimento da função jurisdicional no país.

Tradicionalmente, a lógica dos processos em que se discutem as políticas públicas no Brasil é, em geral, a dos direitos individuais e não a partir da compreensão dos direitos coletivos. Isso pode ter origem no próprio conceito de direito subjetivo, que nasceu, historicamente, a partir das bases do individualismo moderno e atrelado à noção da propriedade privada. Portanto, suas características estão relacionadas às relações exis-

---

[25] "O conceito de 'civil law' deriva da influência que o Direito Romano exerceu sobre os países da Europa Continental e suas colônias, pois o direito local cedeu passagem quase que integralmente aos princípios do Direito Romano, dando ensejo à elaboração de leis, códigos, constituições" (Galio, 2014, p. 234). Entretanto, é necessário considerar que mesmo no Direito Romano as normas codificadas eram primeiramente extraídas do caso concreto por meio dos julgamentos realizados (Violin, 2013; Galio, 2014).

[26] O *common law* advém do "direito comum". "O direito era 'comum', pois vinha dos Tribunais de Westminster, cujas decisões vinculavam toda a Inglaterra, em oposição aos direitos particulares de cada tribo" (Galio, 2014, p. 234). É baseado em regras não escritas, vinculado à tradição, e possui vinculação direta com as decisões judiciais (Galio, 2014).

tentes entre duas partes privadas, o que complica sua compreensão em relação aos direitos coletivos (Lopes, 2002).

Para Lopes (2002), os direitos coletivos e os direitos subjetivos, individuais, diferem-se ante a exigência de "remédios distintos", uma vez que aqueles exigem uma prestação para sua solução, enquanto estes, em geral, uma ordem de não interferência. Essa distinção permite "a discussão da justiça geral e da justiça distributiva" (Lopes, 2002, p. 127). O autor prossegue indicando que os direitos sociais não são fruíveis individualmente – ainda que possam ser assim exigidos, judicialmente –, uma vez que sua eficácia depende da atuação conjunta do Executivo e Legislativo para a elaboração das políticas públicas adequadas.

Violin (2013) esclarece que a diferença no enfrentamento, perante o Judiciário, dos direitos sociais sob a lógica de direitos individuais ou coletivos se dá tanto no reconhecimento do direito quanto nos efeitos da decisão, uma vez que conceder um direito a um único indivíduo diverge de reconhecê-lo a toda coletividade. Na segunda situação será necessário o reaparelhamento estatal para dar cumprimento a esse direito.

Dessa forma, faz-se necessário conceber-se uma outra lógica processual para o atendimento eficaz e eficiente dos direitos sociais ante o caráter policêntrico e plurilateral das questões de justiça distributiva (Gotti; Ximenes, 2018). A melhor solução, portanto, não advém da atuação exclusiva do Poder Judiciário, mas de seu diálogo com as outras instituições envolvidas no problema social, de forma que elas – partes – sejam responsáveis pelo planejamento e pela execução da política pública discutida (Marinho, 2018; Violin, 2013; Gotti; Ximenes, 2018). Isso poderia se dar no curso de ações coletivas, como a ação civil pública, ou da realização de audiências públicas em que outras partes interessadas e especialistas da área fossem ouvidas.

Algumas iniciativas nesse sentido já têm se apresentado no Brasil, como o ingresso de entidades profissionais na condição de *amicus curiae*[27] na ADIN em que se discutiu a lei de criação do piso salarial profissional (Ximenes; Silveira, 2019) ou a audiência pública realizada na ADIN sobre ensino religioso (Brasil, 2015), além do caso da ação civil pública sobre vagas em creches no município de São Paulo, que realizou diversas audiências públicas

---

[27] O *amicus curiae* é previsto no art. 138 do Código de Processo Civil (Brasil, 2015) e se refere a uma pessoa natural ou jurídica, órgão ou entidade especializada, com representatividade adequada, que pode ser chamada ou admitida nos processos judiciais para intervir em causas que sejam identificadas como de matéria relevante, dada a especificidade do tema ou objeto ou a repercussão social da controvérsia. A atuação específica do *amicus curiae* no processo é definida pelo juiz responsável, em cada caso.

no curso do processo (Marinho, 2018), ainda que se trate de exceções. Nos EUA é comum em causas como essas a oitiva de especialistas favoráveis e contrários à tese questionada na ação, iniciativa ainda não identificada nas ações judiciais sobre políticas educacionais no Brasil (Scaff; Pinto, 2016; Taporosky, 2017). Rebell e Block (1982) apontam, como já indicado, que a oposição das partes no processo judicial e a coleta de informações em audiências públicas permitem o conhecimento de fatos relevantes para o julgamento da política educacional.

> Em última análise, a força e a fraqueza dos tribunais como mecanismo de apuração de fatos dependem do sistema adversário, que é sua força motora. Se a parte adversária perante o tribunal completar o registro factual que coloca em disputa as principais questões de ciência social, o tribunal parece razoavelmente bem equipado para avaliar de forma eficaz dados conflitantes da ciência social. Se, no entanto, uma das partes não apresentar argumentos ou informações de contraprova potencialmente significativas (como com as estatísticas de impacto discriminatório em *Chance* e o relatório Glass nas disparidades de desempenho estudantil em *Otero*), o tribunal, sem um conhecimento especializado independente da área, naturalmente baseará sua decisão sobre os fatos e argumentos antes dele e sobre os próprios "julgamentos de senso comum"[28] (Rebell; Block, 1982, p. 207, tradução nossa).

Essas considerações indicam como o julgamento de problemas sociais pelas cortes está diretamente relacionado com os dados e com as informações produzidos pelas partes no curso da ação. Dessa forma, a ampla participação multipolar, ou seja, com diversas partes intervindo na demanda, apresenta-se relevante para possibilitar a abertura das decisões judiciais e o aumento dos recursos para coleta de dados e de fatos sobre os problemas sociais (Rebell; Block, 1982). Em pesquisa realizada em 65 casos julgados pelas *federal courts* dos EUA, no período entre 1970 e 1977, Rebel e Block

---

[28] "In the final analysis, the strength and the weakness of courts as a fact-finding mechanism depends on the adversary system, which is its motor force. If the opposing adversary place before the court complete factual record which puts in contention the major social science issues, the court seems reasonably well equipped to undertake competent assessments of the conflicting social science data. If, however, one of the parties fails to present potentially significant countervailing arguments or information (as with the discriminatory impact statistics in *Chance* and the Glass report in student achievement disparities in *Otero*), the court, lacking an independent specialized knowledge of the area, will naturally base its decision on the facts and arguments before it and on its own "common-sense judgments" (Rebell; Block, 1982, p. 207).

(1982) indicaram que a autorização judicial para ingresso de múltiplas partes interessadas, em ações coletivas, não interferiu no andamento eficiente do processo judicial. Contudo, como já apontado, a superação do modelo tradicional da jurisdição no Brasil apresenta-se como um desafio para a ocorrência deste novo modelo processual.

Ainda que se pense na modificação das concepções sobre a forma como o processo e a função jurisdicional são encarados, isso não é suficiente a garantir a capacidade institucional do Poder Judiciário para o controle de políticas públicas, como defendido por Marinho (2018). Como visto no capítulo anterior, a construção das políticas públicas pelo Estado tem se configurado como uma tarefa cada vez mais técnica. Mas, para atingir a justiça social, deve contar com a ampliação da participação da sociedade em todo o seu processo de elaboração e implementação. Embora não seja função própria do sistema de justiça a elaboração das políticas públicas, ao ser chamado para nelas atuar não deveria, também, considerar os aspectos técnicos e de participação?

Como visto até aqui, a crítica à capacidade institucional do Poder Judiciário parece estar vinculada ao seu poder de decisão sobre a política pública. A solução apresentada pela literatura envolve a participação de especialistas e da sociedade civil organizada no curso dos litígios, pelo qual os tribunais poderiam ter elementos apresentados pelas partes e por demais intervenientes para compreender elementos técnicos da política, além dos efeitos de sua decisão[29]. Caberia, então, pensar no Ministério Público sob esse mesmo viés?

Para pensar a crítica faz-se necessário retomar a discussão acerca das formas de atuação da instituição: judicial e extrajudicial. Judicialmente, o Ministério Público pode atuar como órgão agente ou como órgão interveniente:

> A instituição figura como *órgão agente* quando provoca o Poder Judiciário, propondo entre outras, ações civis públicas em defesa de interesses difusos, coletivos e individuais homogêneos, ações de inconstitucionalidade e ações de nulidade de ato jurídico – em caso de fraude de leis. O Ministério Publico age também como *órgão interveniente*, oficiando em processos

---

[29] O que ocorreu, em determinada medida, em relação ao crescente processo de judicialização das vagas em educação infantil no município de São Paulo, por meio de uma atuação estratégica envolvendo Ministério Público, Defensoria Pública, organizações não governamentais e advocacia, de forma atípica no sistema de justiça brasileiro, como analisam os trabalhos de Gotti e Ximenes (2018), Marinho (2018) e Oliveira, Silva e Marchetti (2018).

> que exigem sua participação quando: a. a parte envolvida encontra-se em situação que exige o zelo pelos seus interesses, como ocorre com incapazes, índios, vítima de acidente de trabalho etc.; b. existe interesse público envolvido, a exemplo de causas relativas à família, testamento, meio ambiente etc. (Silva, 2001, p. 59, grifos no original).

Em sua atuação judicial, portanto, o Ministério Público pode atuar como se parte fosse propondo a demanda; ou mediante a intervenção em demandas em andamento para defesa de interesses específicos. Sob a ótica, portanto, do processo judicial, o Ministério Público teria o papel de trazer aos autos elementos necessários à atuação adequada na política pública. Contudo, para Violin (2013), o Ministério Público não seria a instituição com melhor capacidade para representar a sociedade em juízo ante a ausência do domínio técnico especializado necessário sobre os problemas sociais que se busca resolver.

Há, também, uma crescente e relevante atuação extrajudicial do Ministério Público que também deve ser avaliada. Leal (2014) aponta como o Poder Judiciário tem perdido a centralidade nas discussões sobre as políticas públicas para outras instituições que compõem o sistema de justiça, entre as quais se encontra o Ministério Público. Essas instituições têm, muitas vezes, privilegiado a atuação direta mediante negociações com o Estado para a concretização dos direitos sociais que prescindem de intervenção judicial. É essa atuação direta a característica do chamado Ministério Público resolutivo.

> Na esfera cível, assume o papel de agente político que lhe foi confiado pela sociedade, superando a perspectiva meramente processual de suas intervenções. Ao politizar sua atuação, ocupa novos espaços, habilita-se como negociador e indutor de políticas públicas, age integradamente e em rede com os demais sujeitos políticos coletivos nos mais diversos níveis – local, regional intraestatal, estatal, regional supraestatal e global (Goulart, 2013, p. 202-203).

Percebe-se, assim, uma organização da instituição no sentido de buscar a resolução de problemas sociais pela via extrajudicial, de forma que se coloca, inclusive, como *indutora* de políticas públicas. Feldman e Silveira (2018, p. 1037) já mostram como as estratégias extrajudiciais têm sido utilizadas pela instituição para o "controle da atuação do poder público".

A necessidade de se pensar o processo de judicialização da política educacional por meio do Ministério Público, especialmente no que se refere à sua capacidade para tanto, faz-se necessária ante as recentes críticas de que a atuação dessa instituição tem ocorrido visando mais a interesses próprios de consolidação institucional, o que não gera, necessariamente, uma melhor representação política da sociedade ou equalização de direitos (Arantes; Moreira, 2019).

> Afora o conhecido problema de ser uma instituição do Estado agindo em nome da sociedade (sem delegação específica e sem formas de responsabilização), o próprio MP se ressente da ausência de mecanismos e práticas que permitam aferir a direção de suas ações no campo das políticas públicas. Se considerarmos que o bem público não existe *in natura*, nem pode ser encontrado por simples revelação, mas é algo que precisa ser construído politicamente, identificar a direção correta das ações deixa de ser uma questão trivial e os manuais de direito não serão suficientes para dirimi-la. Especialmente se o resultado final não puder ser uma soma positiva da qual todos os interessados se beneficiem – o que de fato raramente acontece –, a escolha do curso de ação será necessariamente parcial, sujeita a erros e oposições de toda ordem. Assim, um promotor que realmente quisesse contribuir para a produção do bem público teria que ouvir os diferentes atores e, eventualmente, mergulhar em conflitos de interesses que podem ser inconciliáveis. Mas abrir-se a este tipo de dinâmica seria permitir o ingresso da política no campo das ações que se pretendem técnicas e jurídicas (quando muito derivadas de princípios constitucionais), e por isso raramente os membros do MP cedem espaço aos representados que buscam representar. São agentes, nesse sentido, de uma representação que procura se legitimar mais pelos resultados, ou talvez pelo simples agir, e menos pela capacidade de identificar e ouvir os potenciais interessados (Arantes, 2019a, p. 112, grifos no original).

Arantes (2019a), portanto, aponta que a atuação do Ministério Público se dá primordialmente por meio da aplicação da lei, ou seja, do que denomino de técnica jurídica – quando, para a melhor proteção dos interesses sociais demandaria outros conhecimentos especializados e a garantia da participação para gerar benefícios a todos os interessados. A característica própria da gestão das políticas públicas – participativa e aberta a atores da sociedade civil – se perde, portanto, no processo de judicialização, o que tem especial relevância na atuação do Ministério Público nesse papel de representação da sociedade. É importante salientar que, como já apontado neste capítulo, entendendo a necessidade da participação social na definição da educação de qualidade, questiono como a instituição tem atuado na temática sendo que há pouco espaço para os representados.

Arantes (2019a) indica, ainda, que o ciclo de judicialização leva as instituições do sistema de justiça a orientarem as políticas públicas, mesmo que lhes faltem os mecanismos de coordenação que, tradicionalmente, as orientam. Ademais, como já indicado anteriormente, os operadores do direito, em especial o Ministério Público, não possuem o conhecimento técnico especializado aplicável às questões que integram o âmbito das políticas públicas. Essa, inclusive, é uma das críticas à atuação do Ministério Público na implementação das políticas públicas (Silva, 2001; Violin, 2013). O conhecimento apenas da lei não é mais suficiente ao desempenho das funções institucionais (Goulart, 2018).

Percebe-se, aqui, novamente a dupla técnica e a democracia na elaboração de políticas públicas. Demonstrei, até aqui, a relevância da atuação do Ministério Público de forma dialogada com a sociedade, a fim de garantir uma atuação adequada nas políticas educacionais e, especialmente, na defesa da qualidade da educação básica. Contudo, há também o necessário papel técnico especializado na construção dessas políticas, que também deve ser considerado em sua atuação.

Goulart (2018) aponta que, ao realizar consulta para definir as prioridades para o Plano Geral de Atuação da instituição para o ano de 2013, 11% dos membros do Ministério Público do Estado de São Paulo indicaram a necessidade de especialização e 10% de apoio técnico, sendo o segundo e o terceiro subtemas mais indicados para o desenvolvimento institucional. O mesmo autor ainda esclarece que a atual organização espacial do Ministério Público dificulta a especialização e o conhecimento minimamente necessários para que os membros da instituição possam intervir em processos, procedimentos e inquéritos específicos, sendo necessária uma reorganização que possibilite a especialização e o aperfeiçoamento institucional.

> O direito tem se mostrado insuficiente para sopesar todas as peripécias do Ministério Público, multifuncionais, multissetoriais e multidisciplinares, e, lhe nortear o futuro de forma multiangular. Há necessidade de se adotar uma nova

> estratégia e abordagem da instituição, com um enfrentamento metajurídico. Assim, a instituição deve também ser objeto de estudo e construção de outras ciências, fora do direito; estudo que se pretende reflexivo, crítico e construtivo. A administração, economia, sociologia, filosofia, ciências políticas, assistência social, junto com o direito, são capazes de aumentar seu espectro de valoração científica, enriquecendo o debate em torno do seu aperfeiçoamento (Santiago, 2018, p. 47).

A necessidade de conhecimentos técnicos específicos se dá justamente pela transdisciplinaridade própria da atuação da instituição, que necessita de conhecimentos técnicos especializados. Ademais, em muito auxilia a divisão da atuação da instituição seguindo uma "*perspectiva temática*" (Santiago, 2018, p. 49, grifos no original), possibilitando que se criem órgãos de apoio e de execução específicos a partir das temáticas a serem objeto de defesa. Santiago (2018, p. 54) defende a necessidade de que se criem estruturas auxiliares na instituição com vistas à especialização temática, inclusive com a previsão de "consultores técnicos extrajudiciais (para informar e colaborar na construção de políticas públicas a serem reivindicadas externamente pela instituição [...])". O autor ainda ressalta a necessidade de articulação da instituição com os responsáveis, no Poder Executivo, pela implementação de políticas públicas das áreas específicas.

Nessa perspectiva, a LONMP prevê como um dos órgãos auxiliares do Ministério Público os Centros de Apoio Operacional (CAOP). Suas funções estão previstas no art. 33 da LONMP e destinam-se ao estímulo à integração e ao intercâmbio dos órgãos de atuação na mesma área de atividade da instituição; remessa de informações técnico-jurídicas, de caráter consultivo; estabelecimento de intercâmbio com órgãos e com entidades fora da instituição que atuem no âmbito de áreas afins da temática, para obtenção de conhecimentos técnicos especializados; elaboração de relatório para suas atividades; e vedação da realização de qualquer atividade destinada aos órgãos de execução do Ministério Público (Brasil, 1993b).

Portanto, a legislação prevê a existência de um órgão, na estrutura funcional da instituição, destinado exclusivamente a prestar o apoio técnico necessário para as matérias especializadas que compõem o âmbito de atuação do Ministério Público. Dou destaque à função de intercâmbio com outras entidades e órgãos a fim de gerar a obtenção de conhecimentos técnicos especializados pelos membros da instituição, o que corrobora com a necessidade de que o Ministério Público leve em conta, em sua atuação, a produção da área especializada. O que ressalta a preocupação do legislador com o conhecimento especializado é justamente a previsão de um órgão que é responsável tão somente pela especialização do conhecimento, a fim de informar e orientar os membros atuantes na temática, sem atribuições de execução – ou seja, sem que sejam responsáveis por inquéritos, procedimentos e ações judiciais.

Entretanto, a previsão de um órgão de coordenação poderia contar, dentre suas funções, com atribuições voltadas à relação da instituição com a sociedade civil para a adequada representação na defesa dos direitos. Contudo, a previsão legal limita-se à técnica especializada, desconsiderando o caráter de participação democrática dos representados, sem a preocupação de identificar os interesses dos beneficiados, como apontado por Arantes (2019a).

Mas, ainda que se voltasse o olhar apenas para a técnica especializada, a existência de estruturas internas da instituição não parece se demonstrar suficiente para uma atuação especializada, especialmente quando se destinam tão somente a organizar os quadros de membros do Ministério Público – sem profissionais especializados nessas estruturas. Pelo menos no âmbito judicial verifica-se que raramente os processos nos quais o Ministério Público atua levam em consideração estudos especializados das áreas do conhecimento – como no caso da educação –, conforme apontam os estudos de Scaff e Pinto (2016) e Taporosky (2017).

> [...] o Ministério público brasileiro ainda não mantém uma interlocução competente e permanente com a sociedade civil, não fez e não faz um planejamento estratégico de modo a ouvir e ponderar, suficientemente, as interpelações e demandas da sociedade civil. Ao contrário, muitos Ministérios Públicos brasileiros, antes de ouvirem as universidades públicas, os centros de pesquisas e estudos e movimentos sociais comprometidos com o interesse público, contrataram empresas para dizerem o óbvio, para afirmarem o texto constitucional (Berclaz, 2018, p. 112).

Percebe-se, dessa forma, que a atuação do Ministério Público ainda está pautada numa análise dogmático-jurídica vinculada ao texto legal – o que confirma o que fora apontado por Poulantzas (1980). Ademais, embora o ordenamento jurídico brasileiro contenha normas que autorizam a atuação do Ministério Público no controle de políticas públicas, há críticas acadêmicas, produzidas inclusive por membros da própria instituição, em relação à capacidade da instituição para o exercício desse papel, especialmente ante uma maior necessidade de especialização, de apoio técnico e de interlocução com a sociedade. Nesse sentido se discute em que medida o Ministério Público tem capacidade suficiente para lidar com demandas complexas sobre direitos sociais e, mais especificamente, demandas sobre a qualidade da educação básica, considerando-se a peculiaridade e a complexidade do tema.

Como já indicado neste capítulo, a discussão sobre a qualidade da educação se constrói socialmente e se altera historicamente, não sendo dado a uma única pessoa ou a um grupo de pessoas definirem o que é uma educação de qualidade. Dessa forma, questiono como o Ministério Público atua na temática e se considera a técnica especializada e a participação nessa atuação.

Sendo assim, a partir da construção teórica realizada, considero que a capacidade do Ministério Público para atuar na qualidade da educação básica deve se dar mediante a interlocução da instituição com a sociedade civil e com a técnica especializada – dois elementos que compõem a construção das políticas públicas. É a partir dessa concepção de capacidade que passo a identificar como o Ministério Público a constrói para atuação nas políticas educacionais, o que orientará a análise empírica realizada nos próximos capítulos.

3

PERCURSOS DA PESQUISA

Para a análise da construção da capacidade do Ministério Público dos estados foram tomadas diversas decisões para o encaminhamento e a coleta de dados para a construção da pesquisa ora retratada neste livro. Portanto, o presente capítulo se destina a apresentar os percursos metodológicos adotados, bem como alguns dados que orientaram a escolha dos casos e justificam o objeto escolhido.

Inicialmente, opto por indicar em linhas gerais como o Ministério Público se estrutura no Brasil, a partir da forma de organização prevista na CF/88. O art. 128 da Carta Magna apresenta a divisão do Ministério Público em Ministério Público da União e Ministério Público dos estados (Figura 1), cuja organização, atribuições e estatuto são objetos de leis infraconstitucionais específicos (Art. 128, §5.º da CF/88) (Brasil, 1988), quais sejam, a LOMPU e a LONMP (Brasil, 1993a; Brasil, 1993b).

Figura 1– Ministério Público no Brasil

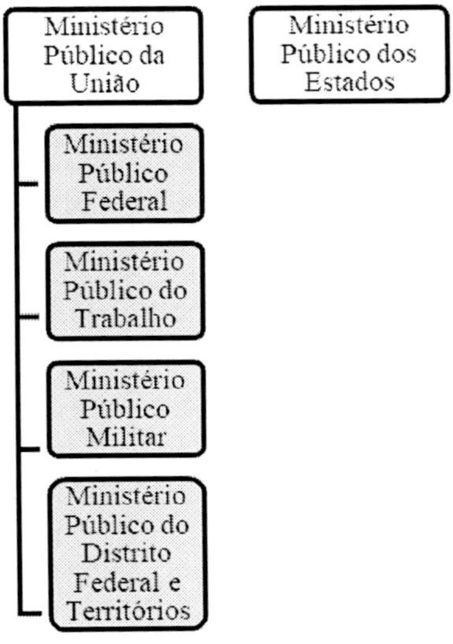

```
┌─ Ministério Público da União        Ministério Público dos Estados
│
├─ Ministério Público Federal
│
├─ Ministério Público do Trabalho
│
├─ Ministério Público Militar
│
└─ Ministério Público do Distrito Federal e Territórios
```

Fonte: elaborado pela autora a partir de Brasil (1988)

De uma forma geral, a principal diferença entre as atribuições desses dois órgãos está relacionada à competência territorial de seu âmbito de atuação: enquanto o Ministério Público da União possui competência para atuar no âmbito da União e nos órgãos judiciais especializados a ele vinculados, o Ministério Público dos estados possui competência para atuação no âmbito interno de cada estado, enquanto unidade federativa. De acordo com o art. 128, I, da CF/88, o Ministério Público da União é composto pelo Ministério Público Federal, pelo Ministério Público do Trabalho, pelo Ministério Público Militar e pelo Ministério Público do Distrito Federal e Territórios (Brasil, 1988). Segundo Silveira (2006), ainda é possível a existência de um Ministério Público especializado que atuará junto aos Tribunais de Contas, nos termos do art. 130 da CF/88. Contudo, esta carreira possui uma disciplina diferenciada, a ela aplicando-se tão somente as normas referentes a direitos, vedações e forma de investidura (Brasil, 1988).

O Ministério Público do Trabalho e Militar atuam na justiça especializada, ou seja, apenas em causas relacionadas às relações de trabalho e julgamento de militares, respectivamente. Então, a eles, via de regra, não é atribuída causa relacionada à temática da educação.

Já em relação ao Ministério Público Federal e o Ministério Público do Distrito Federal e Territórios sua atuação se dá perante a justiça federal. Isso significa que possuem atribuições para atuar nas causas descritas no art. 109 da CF/88, ou seja, aquelas envolvendo a União, empresa pública ou entidade autárquica federal, causas envolvendo entidades internacionais, entre outras. O Ministério Público dos estados, por sua vez, atua perante a justiça comum. Dessa forma, é sua a atribuição para atuar nas causas envolvendo a educação básica, que é de responsabilidade de municípios e estados, nos termos do art. 211 da CF/88. Portanto, uma vez que o objeto investigado pela pesquisa aqui relatada está relacionado à qualidade da educação básica, optou-se por realizá-la tão somente no âmbito do Ministério Público dos estados.

Contudo, inicialmente se buscou compreender a dinâmica central de atuação do Ministério Público no país mediante análise de órgãos nacionais. Tendo em vista a previsão constitucional do CNMP como o órgão competente para o controle da atuação administrativa e financeira da instituição, bem como a existência do Colégio Nacional de Procuradores Gerais de Justiça (CNPG) como uma "instância de caráter voluntário, que aparenta maior legitimidade entre os pares no âmbito dos estados, cumprindo papel de articulação interfederativa e de disseminação horizontal na temática da educação" (Stuchi *et al.*, 2021, p. 21), realiza-se a seguir uma breve discussão da atuação desses órgãos, a fim de compreender sua influência na atuação do Ministério Público dos estados.

Stuchi, Jurkstas e Ximenes (2019) já apontam como o fenômeno da centralização administrativa ocorrido em órgãos nacionais do Ministério Público, CNMP e CNPG, vem gerando efeitos nas ações adotadas nas demais instâncias da instituição no país, especialmente para a atuação na temática da educação. Com efeito:

> Percebe-se, pelo levantamento realizado, que o MP passou a criar instâncias temáticas, sobretudo na área da educação, com a pretensão de estudar iniciativas, ações e estratégias não só para contribuir com a formação funcional de seus membros, como para orientar a conduta destes em casos concretos, inclusive com propostas de atuações coordenadas. Ao que parece, as iniciativas pretendem gerar modelos de atuação replicáveis pelos demais membros da instituição em suas respectivas áreas de atribuição de fiscalização (Stuchi; Jurkstas; Ximenes, 2019, p. 5).

Os autores indicam, ainda, que essa atuação pode revelar uma maior discricionariedade do Ministério Público para intervenção nas políticas educacionais com o favorecimento das estratégias extrajudiciais de forma resolutiva. Essas iniciativas podem gerar reflexos nas estruturas encontradas nos estados no que se refere à sua atuação finalística e em suas instâncias de especialização (Stuchi; Jurkstas; Ximenes, 2019).

Tanto o CNMP quanto o CNPG possuem ações que coordenam a atuação do Ministério Público na temática da educação. Ximenes *et al.* (2022), ao olharem para a especialização temática da instituição, apontam que esse fenômeno é resultado das orientações e dos modelos centralmente emanados dessas instâncias, o que induz à judicialização das políticas educacionais – quer pela via judicial, quer pela extrajudicial. Esses autores destacam, por exemplo, as recomendações n.º 30/2015 e 44/2016 do CNMP, que indicam a necessidade de atuação do Ministério Público para garantia da oferta da educação infantil e no controle do gasto mínimo com a educação, respectivamente, demonstrando uma orientação clara de priorização da temática na atuação da instituição. Também ressaltam as orientações do CNPG para a criação de promotorias especializadas na temática da educação, nas Cartas de Recife em 1998 e no Encontro de Aracaju em 2013, resultando no enunciado 09/2014 que sugere a implementação desses órgãos. Percebe-se, assim, que o fenômeno da atuação do Ministério Público na política educacional não está descolado de um movimento maior, centralizado por instâncias nacionais.

3.1 MINISTÉRIO PÚBLICO DOS ESTADOS: CONTEXTO DE ATUAÇÃO NA TEMÁTICA DA EDUCAÇÃO

Isso posto, realizei uma pesquisa exploratória no Ministério Público dos estados buscando identificar a existência de institucionalização da atuação na temática da educação. Para isso, buscaram-se os planejamentos estratégicos do Ministério Público nos 26 estados da federação.

O CNMP editou a Resolução n.º 147/2016, que institui o desenvolvimento do planejamento estratégico no âmbito do órgão e em todas as unidades e ramos do Ministério Público. Os planejamentos precisam conter, ao menos, a visão, a missão, os valores, os objetivos estratégicos, os indicadores e as metas da instituição, por força do art. 7.º da citada norma (Conselho Nacional do Ministério Público, 2016). Dessa forma, a análise dos planejamentos estratégicos pode indicar se a instituição tem elegido a educação como tema central para sua atuação, bem como o que se privilegia na defesa desse direito.

A opção de coleta apenas do planejamento estratégico institucional não significa que inexistem outros documentos ou projetos da instituição em que o tema da educação é tratado. Contudo, tendo em vista que o planejamento tem por finalidade direcionar as áreas prioritárias para a atuação da instituição, a previsão da educação dentre seus objetivos e estratégias teria o potencial de indicar a priorização da temática, pelo menos em tese.

Berclaz (2010) defende a necessidade de construção desses planos para permitir a orientação e a fiscalização das atividades dos membros da instituição necessárias para uma atuação institucional articulada. O autor ressalta que a criação dos planejamentos institucionais observa tanto o princípio da unidade institucional quanto da independência funcional, na medida em que permite a eleição, pela instituição, dos temas de ação prioritários, sendo que a forma e o conteúdo da atuação finalística são de livre escolha do membro. Nesse sentido, a previsão da defesa à educação, nesses planejamentos, deveria gerar uma maior atuação em prol desse tema pelos promotores de justiça que teriam a responsabilidade de observá-lo, nos termos indicados por Berclaz (2010). A partir dessa concepção, compreende-se que a previsão desse tema em tais documentos pode indicar que a instituição possui uma atuação mais relevante, tanto em termos quantitativos quanto qualitativos, no controle das políticas educacionais.

Para a coleta dos planejamentos foram acessados os sítios eletrônicos do Ministério Público dos 26 estados da federação, buscando-se os documentos que os instituem. Em alguns casos o documento era facilmente acessível, encontrado já nos menus iniciais dos sítios. Em outros era acessível apenas mediante os portais da transparência da instituição. Contudo, em dez casos estavam disponíveis apenas os mapas estratégicos ou os objetivos do planejamento, sem que fosse encontrado o documento completo, que deveria conter todos os requisitos previstos no art. 7.º da Resolução n.º 147/2016 do CNMP (2016). Por fim, em um estado não foi possível encontrar o planejamento, constando a informação de que ainda estaria em fase de elaboração. Estes dados levam à reflexão acerca da transparência da gestão estratégica da instituição, tendo em vista que um documento obrigatório não está facilmente disponibilizado à população em todos os casos.

Na sequência, os documentos encontrados – quer fossem os planejamentos, quer os mapas estratégicos – foram analisados a fim de identificar se havia menção à educação dentre seus objetivos estratégicos. Após, analisaram-se as estratégias que compõem outros objetivos, que não estavam diretamente relacionados à área da educação, com o fim de verificar se dentre elas havia alguma afeta à temática.

Foi realizada a avaliação dos planos em vigor, uma vez que em alguns casos há planos estratégicos cuja vigência já foi encerrada. Em um caso (Amapá) só estava disponibilizado no portal da instituição um planejamento cujo prazo de vigência já foi encerrado, motivo pelo qual foi selecionado para a análise ante a ausência do plano em vigor. Assim, identificou-se que, dentre os 26 estados do país, em 21 há menção à educação, nos objetivos ou como metas/estratégias integrantes de outros objetivos mais gerais. Em quatro casos a educação não integra nenhum objetivo da instituição nesses documentos. E em um caso não foi encontrado o planejamento para análise. A figura a seguir indica a distribuição dessas informações, por estado.

Figura 2 – Previsão da educação nos planejamentos ou mapas estratégicos no Ministério Público dos estados

Fonte: elaborado pela autora com base na pesquisa documental realizada nos planejamentos ou mapas estratégicos do Ministério Público dos estados (2022)

Na sequência, foi realizada a leitura dos objetivos relacionados à área educacional, a fim de identificar qual o âmbito de atuação para a proteção do direito previsto nos documentos. Assim, foram criadas sete categorias a partir do conteúdo dos documentos: 1) a defesa do direito à educação, contemplando aqueles objetivos que apresentam de uma forma ampla e geral a defesa à educação, como, por exemplo, "assegurar o direito à educação" (Pernambuco, Sergipe, Tocantins, Piauí e Minas Gerais); 2) promoção da educação pública, referindo-se aos casos em que o documento previa como objetivo a educação pública especificamente (Acre e Amazonas); 3) os casos categorizados como promoção da permanência escolar indicam aqueles em que o objetivo é atuar diretamente na permanência e na redução da evasão (Mato Grosso do Sul); 4) promoção da qualidade da educação, que contempla aqueles objetivos que visam à realização de uma educação de qualidade (Maranhão, Paraíba, Amapá, Bahia, Rio Grande do Norte, Rio Grande do Sul, Alagoas e Rondônia); 5) promoção da qualidade e controle do financiamento da educação contempla o caso no qual os dois temas estão integrados na meta do planejamento estratégico (Espírito Santo); 6) outros objetivos, em que há casos nos quais o planejamento estratégico não possui um objetivo relacionado à temática da educação, mas é possível encontrar, dentro de outros objetivos, estratégias vinculadas ao tema, casos que foram classificados como "outros objetivos" (Goiás, Santa Catarina, Paraná e Mato Grosso); 7) foi criada, ainda, uma categoria na qual se encontram classificados os estados em que o planejamento estratégico não possui meta ou objetivo relacionado à educação, "não faz menção à educação". A Figura 3 a seguir indica como os objetivos encontrados nos documentos estão distribuídos entre essas categorias.

Figura 3 – Objetivos estratégicos do Ministério Público dos estados relacionados à área da educação organizados por temática

Fonte: elaborado pela autora com base na pesquisa documental realizada nos planejamentos ou mapas estratégicos do Ministérios Públicos dos estados (2022)

Como já apontado, os planejamentos estratégicos do Ministério Público dos estados geralmente se dividem em objetivos e, estes, em estratégias. Há alguns estados em que não há objetivos vinculados à temática da educação. Contudo, há objetivos relacionados à proteção da criança e do adolescente, proteção dos direitos constitucionais e combate ao crime, dentro dos quais se encontram estratégias relacionadas à educação, que devem ser atingidas para o cumprimento do objetivo.

A partir dos dados coletados, percebe-se que em sua grande maioria o Ministério Público dos estados possui algum objetivo ou estratégia visando à proteção deste direito. Por sua vez, a temática que é mais contemplada é a da promoção da qualidade da educação presente nos documentos de dez estados: Alagoas, Amapá, Bahia, Espírito Santo, Maranhão, Paraíba, Rio Grande do Norte, Rio Grande do Sul, Rondônia e Goiás. Nos nove primeiros casos, o tema aparece como objetivo no planejamento; no último caso, a garantia da qualidade da educação é prevista como uma estratégia para a realização do objetivo de garantir a proteção de crianças e de adolescentes. Tendo em vista, portanto, a relevância da temática e uma clara orientação institucional visando à defesa de uma educação pública de qualidade em um terço dos estados brasileiros, este tema foi definido como escopo da pesquisa realizada.

Também foi possível, a partir desses dados, escolher o lócus: tendo em vista o escopo de análise da capacidade institucional do Ministério Público dos Estados para a atuação na qualidade da educação básica, a coleta dos demais dados circunscreveu-se àqueles estados onde há uma clara política institucional para a garantia desse direito, mediante sua previsão nos planejamentos estratégicos. Foram, portanto, selecionados os estados de Alagoas (MPAL), Amapá (MPAP), Bahia (MPBA), Espírito Santo (MPES), Maranhão (MPMA), Paraíba (MPPB), Rio Grande do Norte (MPRN), Rondônia (MPRO), Rio Grande do Sul (MPRS), que contém objetivos estratégicos na temática, e Goiás (MPGO), que possui a garantia da qualidade da educação como uma estratégia para a realização do objetivo de garantir a proteção de crianças e de adolescentes. Salienta-se que não se desconsidera que nos demais estados possa haver uma atuação relevante da instituição em relação à qualidade da educação básica. Contudo, o recorte da pesquisa foi feito a partir da orientação institucional, de forma central, da instituição no estado.

3.2 FONTES E COLETA

Para a coleta e análise dos dados em cada um dos estados selecionados, a partir da reflexão teórica, estabeleceram-se dois pontos centrais de análise: um primeiro, relacionado à construção da capacidade da instituição para atuação na política educacional; e um segundo, relacionado à atuação específica para a promoção da qualidade da educação básica. A análise da construção da capacidade, ainda, se deu em três categorias distintas, a partir do referencial teórico construído nos capítulos anteriores: capacidade técnica jurídica; capacidade técnica especializada; e participação. O quadro a seguir indica o que se pretendeu analisar em cada um dos pontos, em quatro categorias (as três primeiras relacionadas especificamente à análise da construção da capacidade, e a última à atuação na qualidade da educação básica), bem como as fontes consultadas para esse fim.

Quadro 1 – Fontes consultadas para análise da empiria

Categorias de análise	Objetivos	Fontes
Capacidade técnica jurídica	Analisar a especialização da estrutura institucional.	Dados da pesquisa "Efeitos do desenvolvimento institucional do Ministério Público na judicialização das políticas públicas de educação básica no Brasil" (Ximenes *et al.*, 2022).
Capacidade técnica especializada	Verificar a existência de servidores com formações específicas, diversas do direito; verificar a existência de órgãos de apoio técnico especializado na estrutura institucional.	Quadro de servidores dos portais da transparência; informações do sítio institucional; normativas de criação de órgãos técnicos no âmbito do Ministério Público dos estados.
Participação	Analisar a interação da instituição com a sociedade e órgãos externos ao Ministério Público para sua atuação na temática da educação.	Atas de audiências públicas disponíveis nos portais da transparência; termos de convênios e cooperação disponíveis nos portais da transparência.
Atuação na qualidade da educação básica	Analisar como se dá a atuação da instituição para a promoção da qualidade da educação básica e se as estratégias de construção da capacidade são mobilizadas em sua atuação finalística.	Procedimentos preparatórios, inquéritos civis, termos de ajustamento de conduta e recomendações disponíveis no Portal da Transparência.

Fonte: elaborado pela autora (2022)

Nesta pesquisa não foi realizada busca de ações judiciais propostas pelo Ministério Público, uma vez que, em geral, a propositura da demanda é precedida de alguma investigação prévia feita pela instituição, havendo, em tese, procedimentos administrativos que as embasem. Parti do pressuposto, portanto, que eventuais elementos de capacidade institucional já foram previamente utilizados na fase preliminar à propositura da demanda para a formação do convencimento do promotor de justiça responsável. Contudo, há casos em que foram encontrados procedimentos que culminaram na propositura de demandas judiciais, sendo que foram consideradas na análise, mas apenas a partir dos elementos constantes nos portais da transparência do Ministério Público. Ademais, não se desconsidera que esta capacitação ocorra, também, no curso das demandas, o que eventualmente poderá ser analisado em pesquisas futuras.

Em relação aos documentos constantes nos portais da transparência, em especial procedimentos preparatórios e inquéritos civis, a Resolução n.º 89/2012 do CNMP, que regulamenta a lei de acesso à informação no âmbito do Ministério Público, prevê, em seu artigo 7.º, VIII, XII, XIII, XIV e §3.º, que o Portal da Transparência deverá apresentar informações sobre termos de ajustamento de conduta firmados, recomendações expedidas, audiências públicas realizadas e registro dos procedimentos preparatórios e inquéritos civis, entre outros documentos relacionados à atividade-fim da instituição.

No ano de 2016 o CNMP publicou o "Manual do Portal da Transparência", no qual padroniza os portais da transparência que deverão ser disponibilizados por cada ramo do Ministério Público, com uma estrutura específica de organização dos sítios eletrônicos. O referido manual indica que, no caso dos TAC e recomendações expedidas, deverão ser disponibilizados os arquivos dos mesmos, bem como o número do procedimento que os originou. No item "audiências públicas", deverão estar disponibilizados os editais de convocação, a ata detalhada da audiência e a lista de participantes. Nos demais casos o manual prevê a necessidade de que haja "uma relação de todos eles em ordem cronológica, com uma ferramenta de busca que lhe permita localizar determinado procedimento ou inquérito por nome, tema, objeto ou qualquer outro identificador" (Conselho Nacional do Ministério Público, 2016, p. 28).

A partir dessas previsões, em tese seria possível ter acesso aos procedimentos e aos documentos relevantes da atuação do Ministério Público em sua atividade-fim, inclusive com a busca temática dos procedimentos. Por conta disso, optei por utilizar os portais da transparência como fontes documentais de coleta das informações da atividade-fim nos dez estados selecionados mediante consulta aos termos de ajustamento de conduta, recomendações expedidas, audiências públicas, procedimentos preparatórios e inquéritos civis relacionados à temática da educação. Salienta-se que os demais itens que constam relacionados à atividade-fim não foram consultados por se tratar de informações estatísticas gerais de movimentações processuais ou por se referirem à temática de outro campo, como os casos dos inquéritos policiais.

Contudo, apresentaram-se alguns problemas. Embora a Resolução n.º 89/2012 e o Manual do Portal da Transparência prevejam a necessidade de disponibilização de todas as informações, também faz exceção para os casos de segredo de justiça (Conselho Nacional do Ministério Público, 2012; Conselho Nacional do Ministério Público, 2016). De forma geral, os feitos que tratam da temática da educação não se referem às questões relacionadas ao ato infracional, ao estado de filiação, aos alimentos e à guarda, não se encaixando nas hipóteses dos artigos 27, 143, 144 e 247 do ECA (Brasil, 1990a), que preveem a necessidade do segredo de justiça. Contudo, não é incomum o Ministério Público instaurar o segredo de justiça em feitos que envolvam quaisquer direitos de crianças e de adolescentes, de forma que alguns deles não estão disponíveis para consulta pública. Embora não se tenha constituído enquanto óbice à coleta de dados, não é possível afirmar que todos os procedimentos da temática da educação tenham sido coletados nos portais da transparência, de forma que os aqui apresentados se referem tão somente àqueles disponibilizados e publicizados nos referidos portais.

Da mesma forma, embora o Manual do Portal da Transparência preveja a necessidade de que seja possível a realização de busca por tema, nem sempre essa opção estava disponível nos portais consultados. Embora nos dez estados a estrutura do nível "atividade-fim" nos portais da transparência siga aquela indicada no manual, a forma de apresentação e de busca das informações em cada um dos itens diverge muito de estado para estado e mesmo de item para item dentro de um mesmo Portal da Transparência. Assim, só foi possível realizar a seleção e a coleta de informações nos casos em que, de alguma forma, havia a disponibilidade do tema tratado nos procedimentos.

Outra questão relevante se refere à taxonomia dos procedimentos, que se trata da padronização e da uniformização dos temas e das classes no âmbito do Ministério Público. Prevista na Resolução n.º 63/2010 do CNMP, deveria ser implementada até 31 de dezembro de 2011, por meio de tabelas unificadas (Conselho Nacional do Ministério Público, 2010). A partir da padronização da classificação temática dos procedimentos seria possível uma consulta padronizada nos diferentes estados. Contudo, como apontado por Silva (2018, p. 142), "[...] as Tabelas Unificadas do CNMP ainda não foram integralmente implementadas e que a taxonomia, no que diz respeito aos direitos sociais e ao direito à educação, é bastante falha". O autor esclarece, ainda, que há falhas no sistema proposto pelo CNMP, em especial na temática da educação. Embora haja notícias a respeito da conclusão do projeto, a mesma não estava implementada na época da coleta dos dados aqui analisados (Conselho Nacional do Ministério Público, 2021).

Da análise empírica realizada na pesquisa percebe-se que não há padronização alguma na taxonomia de estado para estado. Portanto, a busca temática foi realizada olhando-se especificamente para os temas que guardavam alguma relação com a educação e que serão apresentados estado a estado no Quadro 2 a seguir, que traz uma síntese das informações que foram passíveis de coleta em cada estado, bem como o procedimento metodológico adotado, realizado em observância às especificidades próprias dos formatos dos sites institucionais ou dos portais da transparência. Sendo assim, é importante afirmar que pode haver algum procedimento relacionado à educação que tenha seguido uma classificação temática diversa e, portanto, não tenha sido coletado, o que se constitui em uma limitação da pesquisa.

A coleta e a seleção dos procedimentos disponibilizados no campo "atividade-fim" dos portais da transparência deram-se em relação aos TAC, às recomendações expedidas, ao registro de procedimentos preparatórios com seu andamento e aos inquéritos civis e seu andamento – que, no decorrer deste livro, serão genericamente identificados como "procedimentos", a fim de dar fluidez à leitura. De forma geral, a busca foi realizada a partir das informações relacionadas ao tema desses procedimentos, conforme informações disponibilizadas em cada um dos itens. Caso não estivesse disponibilizada a informação referente ao tema, eram tentadas outras estratégias de identificação.

Em alguns casos, as informações disponibilizadas apresentavam tão somente o andamento processual do procedimento na instituição. Nesses casos a coleta não foi realizada, pois para possibilitar a análise de informações sobre a capacidade institucional é necessária, ao menos, a consulta de algum documento produzido no âmbito desses procedimentos. Com isso, em alguns estados não foi possível a coleta de nenhum procedimento preparatório ou inquérito civil. Contudo, optou-se por manter essa via de busca, pois nos estados em que a informação atendia a tais requisitos, a coleta possibilitava o acesso aos procedimentos que culminaram no ajuizamento de ações judiciais por parte do Ministério Público.

Ademais, como já apontado anteriormente, os documentos relacionados à atividade-fim disponibilizados nos portais da transparência não são suficientes a captar todas as formas de atuação da instituição. Silva (2018) indica que há diversas iniciativas institucionais extrajudiciais e autônomas do Poder Judiciário que não são relacionadas em procedimentos administrativos, tais como reuniões, audiências, diagnósticos, estudos interdisciplinares etc., visando ao controle de políticas públicas. O referido autor ressalta a necessidade de organização institucional para a "construção de um acervo organizado e específico de intervenções em casos relevantes" (Silva, 2018, p. 184). Ressalta-se, assim, que a coleta desses documentos não é suficiente a captar toda a dinâmica de atuação institucional na temática da educação, o que se constitui outro limite da pesquisa realizada.

No caso do MPGO, as formas de apresentação e de busca da atividade-fim disponíveis no Portal da Transparência impossibilitaram a coleta de qualquer dado. Dessa forma, tendo em vista que este estado não conta com um objetivo, mas apenas com uma estratégia vinculada à promoção da qualidade da educação, e que a ferramenta para coleta das fontes não possibilitou a coleta de nenhum dado relevante em relação à sua atividade-fim, optou-se por excluir o MPGO da análise dos dados. Sendo assim, após a coleta, a presente pesquisa foi redefinida para considerar apenas os nove estados em que há o objetivo estratégico de atuação para a promoção da melhoria da qualidade da educação.

Importa esclarecer que, em alguns casos, havia a possibilidade de coleta de todos os documentos disponibilizados no procedimento – nos casos de TAC, recomendações, procedimentos preparatórios e inquéritos civis. A fim de padronizar a análise, priorizou-se a coleta e a leitura das portarias de instauração do procedimento; os TAC e recomendações, quando existentes, e as decisões de arquivamento. Outros documentos só eram lidos caso citados ou indicados expressamente nos documentos previamente analisados. Compreende-se que, caso no curso desses procedimentos tenha sido adotada alguma estratégia que, neste trabalho, é considerada como de construção da capacidade da instituição para atuar na política educacional, a mesma estará indicada nos documentos principais do procedimento. Sendo assim, uma atuação relevante no sentido do convencimento do promotor deverá ser usada como fundamentação para suas principais decisões, estando relatadas nas recomendações, nos TAC ou nas decisões de arquivamento dos procedimentos. Portanto, caso essa informação não esteja relatada nessas principais etapas do processo administrativo, compreende-se que não possuiu relevância para influenciar a atuação institucional naquele caso específico.

Após esta coleta inicial, em todos os portais indicados selecionaram-se os documentos que seriam organizados e analisados. Inicialmente, definiu-se o recorte temporal da análise. Tendo em vista que a seleção dos estados foi realizada a partir da política institucional orientadora da atuação em prol da melhoria da qualidade da educação, compreendeu-se a necessidade de análise da atuação institucional dentro do período de vigência dos planejamentos estratégicos. Dessa forma, a data de início do recorte temporal varia em cada estado, a depender da vigência do planejamento estratégico considerado, nos termos do Quadro 2 a seguir.

Quadro 2 – Período de vigência dos planejamentos estratégicos do Ministério Público de nove estados: recorte temporal adotado

Estado	Ano de início da vigência	Ano de fim da vigência
MPAL	2011	2020
MPAP	2013	2016
MPBA	2011	2023
MPES	2015	2025
MPMA	2016	2021
MPPB	2017	2021
MPRO	2018	2023
MPRN	2013	2020
MPRS	2010	2021
MPPB	2017	2021

Fonte: elaborado pela autora em consulta aos portais institucionais e aos portais da transparência dos Ministérios Públicos dos seguintes estados: MPAL, MPAP, MPBA, MPES, MPMA, MPPB, MPRN, MPRO e MPRS (2020)

Tendo em vista que a coleta foi realizada no período compreendido entre abril e agosto de 2020, a data final de coleta dos procedimentos foi 31 de agosto de 2020, não tendo sido coletados eventuais documentos produzidos posteriormente a essa data. Embora, com exceção do caso do

MPAP[30], em todos os demais estados os planejamentos estratégicos ainda estivessem em vigor no período de realização da coleta dos documentos, optou-se por estabelecer como data final do recorte temporal nos casos do MPAL, do MPBA, do MPES, do MPMA, do MPPB, do MPRO, do MPRN, do MPRS e do MPPB o ano de 2019 e para o MPAP o ano de 2016 – quando se encerrou o planejamento estratégico.

Conforme é de conhecimento geral, no final do ano de 2019 iniciaram-se os casos de Covid-19 na China, que levaram à declaração de pandemia pela Organização Mundial da Saúde (OMS) no dia 11 de março de 2020. Em decorrência disso, houve determinações em todo o país de suspensão presencial das aulas na educação básica e no ensino superior. Durante o período de coleta observou-se que nos estados analisados, a partir dessa data, a maior parte dos procedimentos iniciados tinham relação com o fechamento de escolas, forma de realização das aulas e outras questões decorrentes da pandemia de Covid-19[31].

Embora esse fato não gerasse impedimento à coleta e à análise dos documentos, percebeu-se uma modificação no padrão de atuação, inclusive temática, do Ministério Público na área de educação, uma vez que a principal questão que surge é a garantia de que crianças e adolescentes estariam acessando às aulas, ainda que de forma remota, bem como a garantia de saúde por meio das medidas de distanciamento social. Essa alteração no padrão, inclusive, dificultava a análise das estratégias de capacidade da instituição – uma vez que, dado o cenário, novos temas entram na agenda de atuação, bem como a necessidade de readaptação e novas formas de atuação –, assim como a comparação com os procedimentos realizados em período anterior.

Portanto, tendo em vista o contexto de crise e de anormalidade causado em toda a sociedade com a superveniência da pandemia de Covid-19, bem como que a mesma reflete diretamente na forma de atuação do Ministério Público a partir do ano de 2020, optou-se por estabelecer como final do marco temporal o ano de 2019. A limitação desta pesquisa, nesse sentido, poderá ser suprida por trabalhos futuros que analisem como se deram as alterações institucionais para construção da capacidade de atuação nas políticas educacionais no contexto pandêmico.

---

[30] Uma vez que, como já apontado, não estava disponível no portal institucional o planejamento estratégico posterior, ou em vigor.

[31] Por exemplo, no caso do MPAL foram coletadas recomendações no recorte temporal, ainda considerando o ano de 2020. Das quatro recomendações encontradas referentes à temática da educação básica, uma referia-se ao ano de 2020, cujo conteúdo referia-se às questões relacionadas à Covid-19.

Após a seleção dos documentos dentre os coletados que correspondiam ao recorte temporal estabelecido, selecionei como objeto de análise apenas aqueles procedimentos que se referiam à atuação da instituição de forma coletiva. Como já indicado em pesquisas anteriores (Silveira *et al.*, 2020), a judicialização do direito à educação produz mais efeitos nas políticas educacionais quando se dá pelas vias coletivas[32]. Ademais, há diversos estudos que defendem que os direitos sociais, entre os quais o direito à educação, possam ser exigidos individualmente, mas possuem maior efetividade quando fruídos e exigidos de forma coletiva, visando uma solução homogênea a todos os seus titulares (Bobbio, 1992; Lopes, 2002; Silveira, 2013; Araújo, 2013). Alia-se a isso o fato de que o Ministério Público possui como função constitucional a defesa dos interesses difusos e coletivos (art. 129) (Brasil, 1988), o que deve orientar sua atuação institucional. Dessa forma, considera-se como relevante a atuação da instituição de forma coletiva, justificando-se a opção de não analisar os procedimentos de atuação de forma individual, ou seja, em benefício de uma única pessoa.

Com relação à temática da qualidade, optei por considerar apenas procedimentos nos quais, declaradamente, o Ministério Público indica que a atuação se dá em prol da qualidade da educação. Ou seja, o TAC, a recomendação, o procedimento administrativo ou o inquérito civil apenas eram selecionados para fins de análise qualitativa caso contivessem menção expressa do termo "qualidade". Essa decisão foi tomada levando em conta que o delineamento da pesquisa parte da política institucional na temática. Portanto, para que a instituição atue visando ao seu atendimento, faz-se necessária a menção ao tema.

Da mesma forma, tendo em vista que o termo "qualidade" é polissêmico e se altera temporalmente e contextualmente (Oliveira; Araújo, 2005; Campos; Haddad, 2006), busquei identificar os temas que o Ministério Público compreende como relacionados à qualidade da educação. Dessa forma, não obstante outros temas que a literatura aponta como componentes do direito à educação de qualidade apareçam isoladamente nos documentos coletados, só foram considerados nesta pesquisa se assim declarados pela instituição, até para que fosse possível compreender qual é a concepção do Ministério Público sobre qualidade da educação básica.

---

[32] Salienta-se, contudo, que a multiplicidade de casos individuais também causa efeitos nas políticas educacionais, como apontado pelo trabalho de Silva (2016).

Assim, após a coleta dos documentos nos portais da transparência, foram selecionados apenas aqueles que atendiam ao recorte temporal estabelecido (início da vigência do planejamento estratégico – quadro 2 – até 2019) e que possuíam natureza coletiva, tendo sido coletados 1.188 procedimentos. Procedi, então, à análise de seu conteúdo, tendo sido selecionados 574 procedimentos, nos 9 casos, que indicavam tratar da temática da qualidade. Foram estes, portanto, os procedimentos que compuseram o corpus de análise, distribuídos entre os casos nos termos indicados no Gráfico 1 a seguir.

Gráfico 1 – Procedimentos coletados e selecionados nos portais da transparência do Ministério Público de nove estados (MPAL, MPAP, MPBA, MPES, MPMA, MPPB, MPRN, MPRO e MPRS)

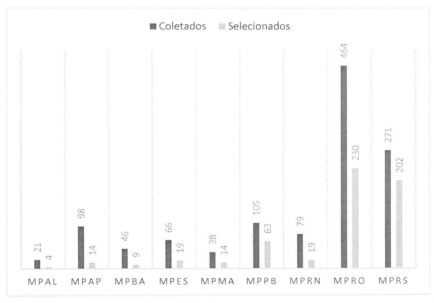

Fonte: elaboração própria a partir dos dados coletados nos portais da transparência do Ministério Público de nove estados (MPAL, MPAP, MPBA, MPES, MPMA, MPPB, MPRN, MPRO e MPRS) (2022)

Portanto, o próximo capítulo será dedicado à discussão da construção da capacidade do Ministério Público para atuar na política educacional, para, na sequência, analisar se essas estratégias são mobilizadas nos procedimentos que versam sobre a qualidade da educação básica.

4

A CONSTRUÇÃO DA CAPACIDADE DO MINISTÉRIO PÚBLICO PARA ATUAR NA POLÍTICA EDUCACIONAL

Para realizar a análise a respeito de como cada Ministério Público constrói sua capacidade para atuar na política educacional e como isso reverbera nas medidas institucionais para promoção da qualidade da educação básica, inicialmente se buscará verificar, de forma geral, como se dá essa construção em relação à política educacional e, na sequência, a atuação específica em prol da qualidade da educação básica.

A partir das discussões realizadas no primeiro e no segundo capítulos deste livro, percebe-se que a construção da política educacional deve se dar de forma democrática, visando dar centralidade à sociedade nos processos decisórios. Contudo, a técnica também se apresenta como necessária à construção da política, sendo impossível dissociá-la da gestão (Poulantzas, 1980).

Contudo, como já problematizado, os membros do Ministério Público são profissionais com formação em Direito e preparados para o exercício da técnica jurídica. A técnica jurídica, entretanto, não é suficiente para a construção da política educacional. Sendo assim, busca-se identificar neste capítulo se este ator tem se utilizado de outras estratégias para construir sua capacidade para atuar na política educacional.

Esta análise é organizada em três categorias: em um primeiro momento busco identificar se há, nas estruturas institucionais, a criação de órgãos especializados para a atuação em matéria educacional, utilizando-me do trabalho de Ximenes *et al.* (2020). Esta primeira categoria busca identificar como a instituição organiza sua técnica jurídica em órgãos que possuem atribuições para atuar na educação.

Na sequência, busco identificar se o Ministério Público constrói sua capacidade também mediante a técnica especializada. Neste ponto viso identificar se há na estrutura institucional profissionais técnicos que possam subsidiar a atuação na política educacional. Analiso a existência destes profissionais tanto nos órgãos especializados identificados na primeira categoria, quanto a existência de órgãos técnicos que possam fornecer elementos específicos da área da educação aos membros da instituição.

Na última categoria procuro identificar se o Ministério Público se utiliza de estratégias para dar voz à sociedade em sua atuação sobre a política educacional. Para esse fim, busco mecanismos de diálogo com a sociedade ou de interação institucional com órgãos externos. São analisados eventuais cooperações e convênios firmados para subsidiar sua atuação e a realização de audiências públicas.

4.1 A TÉCNICA JURÍDICA: ESPECIALIZAÇÃO NA ESTRUTURA INSTITUCIONAL

Como já apontado, para esta seção houve o aproveitamento da pesquisa realizada por Ximenes *et al.* (2022) no bojo do projeto "Efeitos do desenvolvimento institucional do Ministério Público na judicialização das políticas públicas de educação básica no Brasil". Nessa pesquisa é realizada a análise da existência de órgãos especializados em educação no Ministério Público dos 26 (vinte e seis) estados da federação. Para esse fim, os autores realizaram a busca das normativas expedidas pela instituição que criavam os órgãos existentes na estrutura institucional e que possuíam atribuições expressas para atuar na educação[33]. Foram excluídos os órgãos que cumulavam a atuação na educação com matéria penal, sendo que os demais órgãos identificados foram classificados em: especializados exclusivos, quando suas atribuições eram para atuação exclusiva em matéria educacional; especializados não exclusivos, quando, além de atribuições para atuar em matéria educacional, os órgãos possuíam atribuições para atuar em matérias relativas à infância e à juventude; e cíveis, com atribuições para atuar na educação, quando a atuação temática era acumulada com outras matérias de ordem cível.

Para a análise dos dados de Ximenes *et al.* (2022), os órgãos encontrados são agora organizados em: a) órgãos de coordenação: são órgãos existentes na estrutura institucional que visam fornecer apoio às promotorias de justiça, oferecendo informações, subsídios e informações técnicas que auxiliem os

---

[33] Por atribuições expressas consideram-se aquelas que estão descritas na norma institucional do Ministério Público que delimita as atribuições materiais de cada órgão. Não se consideraram aqueles órgãos em que a matéria educacional decorre da mera aplicação do ECA, como os casos de órgãos especializados em infância e juventude/ criança e adolescente, nos quais a atuação em educação não consta expressamente da norma institucional.

membros na atuação temática em educação – trata-se de centros de apoio operacional, coordenações, núcleos e grupos; b) promotorias de justiça: são os órgãos executivos, que possuem a função de iniciar e de acompanhar inquéritos e procedimentos, propor as ações judiciais cabíveis e outras ações para a defesa do direito à educação.

O Gráfico 2 a seguir mostra a quantidade desses órgãos, bem como sua classificação em cada um dos nove estados selecionados. Salienta-se que, em relação aos órgãos de coordenação, optei por não apresentar neste gráfico sua classificação a fim de facilitar a visualização dos dados.

Gráfico 2 – Órgãos com atribuições para atuação em matéria educacional nos Ministérios Públicos de nove estados (2019)

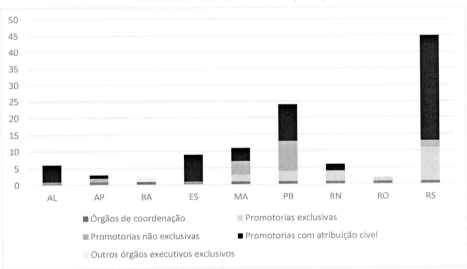

Fonte: organizado pela autora a partir dos dados de Ximenes *et al.* (2022)

Os dados do Gráfico 2 indicam a existência de diferentes arranjos institucionais. Contudo, em todos os casos há ao menos um órgão especializado em educação – quer exclusivo, quer não exclusivo, adotando-se a classificação realizada por Ximenes *et al.* (2022) – o que demonstra que a estratégia de especialização temática na organização institucional está presente nos nove casos analisados.

Em relação aos órgãos executivos, apenas o MPBA não conta com promotorias de justiça com atribuição temática. Contudo, neste caso, a instituição criou um grupo de atuação especial em educação[34], com funções executivas. Entretanto, nenhum outro órgão de execução no estado possui atribuições expressas para atuação na política educacional. Em relação aos demais casos, percebe-se a estratégia da instituição de contar com promotorias de justiça com atribuições para atuar em matéria educacional.

Nos casos do MPAL e do MPES não há promotorias especializadas em educação (Ximenes *et al.*, 2022). Percebe-se que, nesses casos, a estratégia institucional foi a da disseminação da atuação temática em promotorias de justiça previamente existentes, cumulativamente às outras matérias do direito. No caso do MPAP nota-se que há uma promotoria de justiça que possui atribuições expressas cumulativamente apenas à matéria de infância e de juventude. O MPRO conta com uma única promotoria no estado com atribuição temática exclusiva em educação. E, nos demais casos, percebe-se a coexistência de órgãos especializados e não especializados.

Dá-se especial destaque ao MPRS, que conta com dez promotorias de justiça exclusivas para atuação em matéria educacional e com uma grande disseminação de atribuições em outras promotorias do estado. Conforme o levantamento de Ximenes *et al.* (2022), é o estado que conta com a maior quantidade de órgãos especializados do país. Neste caso, a instituição realizou a regionalização da atuação temática: foram instituídas dez promotorias de justiça com atribuições exclusivas para defesa dos direitos difusos e coletivos da educação, que, juntas, têm jurisdição[35] sobre toda a extensão territorial do estado. As promotorias instaladas possuem jurisdição para atuar em mais de uma comarca[36], diferindo da forma tradicional de jurisdição territorial estabelecida nos códigos de organização judiciária. Isso significa dizer que toda a população do estado possui acesso a um órgão dentro da estrutura do MPRS, que pode atuar na sua localidade visando à defesa do direito à educação. Dentre os casos analisados, é o único estado que conta com essa estratégia de regionalização da atuação temática.

---

[34] O citado grupo foi extinto pela Resolução n.º 12/2020 da Procuradoria Geral de Justiça do MPBA. Contudo, uma vez que o recorte temporal desta pesquisa se encerrou em 2019, optou-se pela sua inclusão, uma vez que ainda estava em atuação no período analisado.

[35] A jurisdição é a função atribuída a alguém para exercer o direito, aplicando-o ao caso concreto. Dentre outros princípios, o exercício da jurisdição deve estar adstrito a um dado território geográfico, de forma que o juiz ou o promotor que possui jurisdição sobre um dado território não podem exercê-la fora desses limites (Didier Jr., 2012).

[36] A comarca é a localidade na qual os juízes de direito exercem sua jurisdição e que é replicada por promotores de justiça (Conselho Nacional de Justiça, 2016). Isso significa dizer que, em sua atuação, esses profissionais apenas podem conhecer de demandas que se originem no ou nos municípios que compõem a comarca. A abrangência territorial de cada comarca é definida em cada estado pelos códigos de organização e divisão judiciárias dos Tribunais de Justiça ou pelas leis de organização judiciária (difere de estado para estado).

Há outros dois casos nos quais se verifica a existência de órgãos executivos que possuem jurisdição em todo o estado: MPBA e MPRO. Em ambos os casos há apenas um órgão executivo especializado na estrutura institucional, que tem poderes para atuar em todo o estado – um grupo de atuação e uma promotoria exclusivos de educação, respectivamente. Esse achado, que indica a existência de diferentes arranjos institucionais em três estados, visando possibilitar que toda a extensão territorial seja abrangida por um órgão com atribuições especializadas em educação, é relevante na medida em que a definição de atribuições em uma ou algumas promotorias do estado, sem jurisdição em toda a sua extensão territorial, gera uma desigual proteção do direito pela instituição. Isso porque enquanto há localidades que contam com órgãos especializados permitindo que os membros do Ministério Público neles lotados tenham a maior ou a totalidade do seu tempo dedicado à atuação nessas demandas, em outras localidades o profissional divide sua atuação entre diversas áreas temáticas.

Em relação aos órgãos executivos, consideradas tanto as promotorias de justiça quanto outros órgãos criados nos diferentes arranjos institucionais – como grupos de trabalho, coordenadorias etc. – após sua classificação, o trabalho de Ximenes *et al.* (2022) faz uma análise apenas daqueles especializados exclusivos e não exclusivos, considerando a população abrangida, proporcionalmente, dentro de cada estado, conforme se verifica na Figura 4 a seguir. O cálculo da população abrangida foi feito mediante identificação dos municípios que compõem cada comarca que conta com órgão especializado, com base nas normas estaduais que fazem a organização e a divisão judiciárias. Identificadas as localidades abrangidas nessas comarcas, foi realizada a somatória da população abrangida em cada comarca a partir da projeção populacional realizada pelo IBGE para o ano de 2020, possibilitando o cálculo da proporção da população abrangida por órgãos executivos especializados, em relação ao total do estado.

Percebe-se que há estados onde toda a população possui acesso aos órgãos especializados para atuação na temática – geralmente os casos em que há um órgão executivo com atribuições para atuar em todo o estado ou em que há órgãos regionais que, juntos, abrangem toda a população. Contudo, em grande parte dos casos, os órgãos especializados existentes abrangem no máximo 59,5% da população (Ximenes *et al.*, 2022).

Figura 4 – Proporção percentual da população estadual alcançada por órgãos executivos especializados em educação no Ministério Público dos estados, por faixa – distribuição da população atendida entre órgãos exclusivos e não exclusivos, ano 2019 sobre projeção populacional 2020 (IBGE)

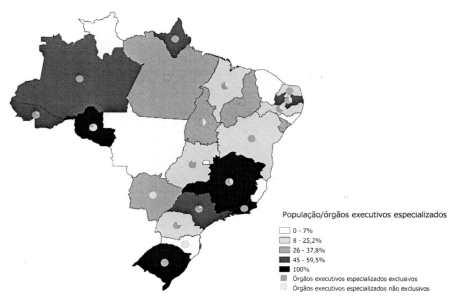

Fonte: Ximenes *et al.* (2022)

Analisando-se os dados representados na Figura 4, percebe-se que, dos nove casos ora analisados, em dois deles há órgãos executivos cujas jurisdições atingem 100% do território do estado: MPRS e MPRO. No caso do MPRO há um grupo de atuação com funções executivas e uma promotoria de justiça, respectivamente, com jurisdição sobre todo o estado, diferentemente do arranjo criado no MPRS, em que há a estratégia de regionalização. MPPB, MPAP e MPRN encontram-se na faixa de 8% a 25,2%; MPES e MPAL não possuem órgãos executivos especializados, apenas órgãos com atribuição cumulada com um conjunto de outras matérias do direito.

Esses dados demonstram como diferentes arranjos institucionais podem gerar diferentes formas de proteção dentro de cada estado. Entretanto, a ausência de um órgão executivo, aqui identificado como especializado, não gera a ausência de proteção ao direito à educação: as localidades não atendidas por esses órgãos são atendidas por outras promotorias de justiça que podem ser acionadas para esse fim.

Mas, para além dos órgãos de execução, cada um dos nove casos analisados conta, em suas estruturas institucionais, com órgão de coordenação da atuação temática, que estão indicados no quadro a seguir.

Quadro 3 – Órgãos de coordenação da atuação em matéria educacional no Ministério Público de nove estados (MPAL, MPAP, MPBA, MPES, MPMA, MPPB, MPRN, MPRO e MPRS) (2019)

Estado	Órgão	Classificação	Matérias que acumula
MPAL	Núcleo de Defesa da Educação do Centro de Apoio Operacional	Exclusivo	Nenhuma
MPAP	Centro de Apoio Operacional da Infância, Juventude e Educação	Não exclusivo	Infância e Juventude
MPBA	Centro de Apoio Operacional de Defesa da Educação	Exclusivo	Nenhuma
MPBA	Grupo de atuação especial em educação	Exclusivo	Nenhuma
MPES	Centro de Apoio Operacional de Implementação das Políticas de Educação	Exclusivo	Nenhuma
MPMA	Centro de Apoio Operacional de Defesa do Direito à Educação	Exclusivo	Nenhuma
MPPB	Centro de Apoio Operacional da Educação	Exclusivo	Nenhuma
MPRN	Centro de Apoio Operacional das Promotorias de Justiça de Defesa da Cidadania	Com atribuições	Cidadania e direito do consumidor
MPRO	Grupo de Atuação Especial da Infância e Juventude e da Defesa da Educação	Não exclusivo	Infância e juventude
MPRS	Centro de Apoio Operacional da Infância, Juventude, Educação, Família e Sucessões	Com atribuições	Infância, juventude, família e sucessões

Fonte: organizado pela autora com base em Silveira, Marinho e Taporosky (2021)

Novamente se percebe a variedade de arranjos institucionais. Contudo, chama a atenção o fato de que, em cinco dos nove casos analisados, os órgãos de coordenação atuam exclusivamente em matéria educacional. Em dois deles ainda se considera a existência de especialização, pois acumulam suas atribuições apenas com a matéria da infância e da juventude. Nos outros dois casos os órgãos de coordenação acumulam a atuação com outros temas do direito.

Dos nove casos, em sete a coordenação da atuação temática é exercida por CAOP. O CAOP trata-se de um órgão auxiliar previsto na Lei Orgânica do Ministério Público (LOMP). De acordo com o art. 33 da LOMP, os CAOP foram criados para auxiliar, mediante apoio técnico e intercâmbios, a atuação dos órgãos de execução, dentre os quais se encontram as promotorias de justiça. Contudo, nos casos do MPAL, MPBA e MPRO percebe-se a criação de outras estruturas institucionais que exercem essas funções em lugar ou complementarmente aos CAOP.

No caso do MPBA, a estrutura institucional conta com um CAOP e, ainda, com um grupo de atuação especial em educação que cumula funções de execução e de coordenação (Ministério Público da Bahia, 2006). Portanto, é o único caso dentre os analisados em que há, na estrutura institucional, dois órgãos de coordenação da atuação temática em educação, ainda que não possua nenhuma promotoria de justiça especializada.

Já nos casos do MPAL e do MPRO, as estruturas institucionais contam com um único CAOP sem especialização temática, que possui a função de apoio e de auxílio aos órgãos de execução de forma genérica. No MPAL integram a esse CAOP diversos núcleos temáticos, dentre os quais há um núcleo de atuação exclusivo em educação. Já no caso do MPRO, até o ano de 2019 havia na estrutura institucional em CAOP de atuação exclusiva em matéria educacional. Naquele ano, a instituição optou pela unificação de todos os CAOP existentes sob o fundamento da necessidade de racionalização das atividades de apoio e da unificação da política institucional, com a interação entre as diversas áreas de atuação. Contudo, criou-se separadamente um grupo de atuação especial da infância, da juventude e da educação não subordinado ao CAOP, que possui a função de prestar auxílio às promotorias de justiça, mas que também possui funções executivas.

Por fim, percebe-se que todos os estados analisados contam, em alguma medida, com a estratégia da especialização funcional para atuação na política educacional.

Quadro 4 – Órgãos especializados em educação no Ministério Público de nove estados (MPAL, MPAP, MPBA, MPES, MPMA, MPPB, MPRN, MPRO e MPRS) (2019)

Estado	Órgãos de coordenação	Quantidade de promotorias exclusivas	Quantidade de promotorias não exclusivas	Quantidade de promotorias com atribuições	Quantidade de órgãos executivos exclusivos
MPAL	Exclusivo	0	0	5	0
MPAP	Não exclusivo	0	1	1	0
MPBA	Exclusivo	0	0	0	1
MPES	Exclusivo	0	0	8	0
MPMA	Exclusivo	2	4	4	0
MPPB	Exclusivo	3	9	11	0
MPRN	Com atribuições	3	0	2	0
MPRO	Não exclusivo	1	0	0	0
MPRS	Com atribuições	10	3	32	0

Fonte: organizado pela autora a partir dos dados de Ximenes *et al.* (2022)

Analisando-se o Quadro 4, percebe-se que todos os nove casos analisados contam com pelo menos um órgão na estrutura funcional que pode ser considerado como especializado em educação, seguindo-se o conceito de especialização proposto por Ximenes *et al.* (2022). Nos casos em que o órgão de coordenação não é exclusivo, há ao menos uma promotoria de justiça especializada, ainda que de forma não exclusiva (quando cumula atribuições para atuação em infância e juventude). Nos casos em que não há órgãos executivos especializados – apenas promotorias de justiça com atribuições específicas –, o órgão de coordenação é exclusivo para a atuação na temática da educação (MPAL e MPES).

Percebe-se, portanto, que há diferentes estratégias de especialização funcional para atuar na matéria da educação nos nove casos analisados. Há casos em que a especialização se dá apenas na coordenação e no apoio aos órgãos de execução, havendo pouca ou nenhuma especialização em promotorias de justiça (MPAL e MPES). Em outros percebe-se que a especialização se dá de forma ampla, tanto nos órgãos de coordenação quanto nos órgãos executivos, ainda que os órgãos executivos não possuam jurisdição, juntos, sobre todo o estado (MPPB e MPMA). Há casos em que, embora haja na estrutura institucional um órgão de coordenação, o mesmo não conta com nenhuma especialização, por cumular a atuação com um grande número de matérias. Contudo, conta com uma ampla especialização nos órgãos de execução (MPRS e MPRN). Há outros casos nos quais há poucos órgãos na estrutura institucional que são considerados especializados, mas são suficientes para a coordenação da atuação e para a execução em todo o estado (MPBA e MPRO). E há um caso em que se percebe a existência de um órgão de coordenação especializado não exclusivo, com uma frágil especialização nos órgãos executivos (MPAP).

O fenômeno da especialização já tem sido estudado na literatura, que o conceitua como "[...] uma concentração de juízes individuais no julgamento de uma variedade limitada de casos, gerando expertise; ou casos de um campo específico concentrados entre um limitado número de juízes [...]" (Madeira *et al.*, 2020, p. 7). A especialização institucional traria, assim, uma maior "eficiência e uniformização" dos órgãos do sistema de justiça (Madeira *et al.*, 2020, p. 7) e a possibilidade de interação com outros importantes atores das políticas públicas, embora também possa produzir efeitos nefastos, como a ausência de decisões diversas e o insulamento na temática, sem diálogo com questões mais gerais que podem impactar nos julgamentos judiciais. Embora esses autores estejam analisando o fenômeno no Poder Judiciário, percebe-se a similaridade com o fenômeno da especialização no Ministério Público.

Silveira, Marinho e Taporosky (2021) já trazem, em seu trabalho, dados que indicam que a especialização funcional, nas estruturas institucionais do Ministério Público, permite uma atuação mais ampla na proteção do direito à educação. As autoras analisaram as normas institucionais de atribuições de órgãos de coordenação da atuação temática e identificaram que quanto mais especializado o órgão, mais detalhadas são suas atribuições em relação à proteção do direito à educação. Contudo, quando o órgão cumula atribuições com outras matérias, aquelas relacionadas ao direito à educação são mais genéricas. Nesse caso, a especialização institucional permitiria, em uma primeira análise, uma atuação mais ampla e específica do Ministério Público no direito à educação.

Dos dados coletados não é possível concluir se a inclusão da temática nos planejamentos estratégicos é causa ou consequência da especialização funcional. Contudo, buscaram-se pistas acerca do assunto na temporalidade dessas medidas. O Quadro 5 a seguir indica o ano de criação do primeiro órgão especializado em cada estado, a partir dos dados coletados por Ximenes *et al.* (2022), e o primeiro ano de vigência do planejamento estratégico, no qual se apresenta o objetivo relacionado à melhoria da qualidade da educação básica.

Quadro 5 – Ano de criação do primeiro órgão com atuação temática em educação no Ministério Público de nove estados (MPAL, MPAP, MPBA, MPES, MPMA, MPPB, MPRN, MPRO e MPRS) e ano de início da vigência do planejamento estratégico em que há objetivo relacionado à qualidade da educação

Estado	Tipo de órgão e classificação	Ano de criação do órgão	Ano de início da vigência do planejamento estratégico
MPAL	Órgão de coordenação exclusivo	2018	2011
MPAP	Órgão de coordenação não exclusivo	2010	2013
MPBA	Órgão executivo exclusivo	2006	2011
MPES	Órgão de coordenação exclusivo e duas promotorias com atribuições	2002	2015
MPMA	Promotoria com atribuições	2011	2016
MPPB	Órgão de coordenação exclusivo	2011	2017
MPRN	Órgão de coordenação com atribuições	2012	2013
MPRO	Promotoria exclusiva	2018	2018
MPRS	Promotorias exclusivas	2002	2010

Fonte: organizado pela autora a partir dos dados de Ximenes *et al.* (2022)

Para a análise dos dados organizados no Quadro 5, é necessário relembrar que apenas foram analisados os planejamentos estratégicos em vigor ou o último disponibilizado no sítio institucional. Portanto, não é possível afirmar que a especialização funcional ocorre antes ou depois da primeira previsão sobre o tema da qualidade da educação nos planejamentos, uma vez que não se tem conhecimento do conteúdo daqueles cuja vigência foi encerrada anteriormente.

Entretanto, os dados do Quadro 5 demonstram, de forma geral, que os movimentos de especialização funcional são mais antigos do que os planejamentos estratégicos em vigor, indicando que a atuação temática já vinha se configurando como pauta nos nove casos por meio da especialização, independentemente da previsão estratégica. As únicas exceções são os casos do MPAL e do MPRO, uma vez que no primeiro caso a criação de órgão especializado é posterior ao planejamento estratégico em vigor; e, no segundo, é concomitante.

Há, portanto, uma grande diversidade de arranjos institucionais para a especialização funcional de atuação em matéria educacional nos nove casos analisados. Percebe-se, assim, que em todos os casos há a busca da técnica jurídica da instituição para atuação na política educacional por meio da organização de seus membros em órgãos que contemplem ou priorizem a temática.

Na sequência busco identificar se, para além da técnica jurídica, é possível encontrar estratégias de busca da técnica especializada nos nove casos analisados.

4.2 A TÉCNICA ESPECIALIZADA: APOIO TÉCNICO NOS QUADROS INSTITUCIONAIS

Como já apontado, a técnica especializada cumpre importante papel no desenvolvimento das políticas públicas, sendo, inclusive, necessária na gestão governamental (Poulantzas, 1980). Como visto anteriormente, ante a crescente setorialização do Estado e as especificidades dos problemas sociais, é necessária a participação dos técnicos especializados para se pensar nas soluções desses problemas, que ocorrem por meio do desenvolvimento de políticas públicas (Muller, 2018).

Sendo assim, busco identificar se o Ministério Público, ao atuar na política educacional, conta em seus quadros com um corpo técnico especializado capaz de oferecer subsídios à sua atuação. Como visto anteriormente, os procedimentos judiciais de exigibilidade do direito à educação raramente contam com o apoio da técnica especializada em educação (Scaff; Pinto, 2016; Taporosky, 2017). Contudo, essa técnica pode estar presente nos quadros internos da instituição, realizando a consultoria e o apoio técnico à atuação dos membros do Ministério Público.

Tejadas (2020) aponta a importância de profissionais especializados nos quadros institucionais para prestar o apoio à atuação do Ministério Público. A autora foca sua análise no papel dos profissionais da assistência social, indicando sua atuação na avaliação de políticas públicas mediante "o

agendamento de entrevistas e visitas institucionais" (Tejadas, 2020, p. 87, grifos no original). Tejadas (2020) indica que a avaliação da política pública para intervenção do sistema de justiça deve se dar "[...] por uma equipe de assistentes sociais ou multidisciplinar, desse modo, constitui-se em etapa fundamental à apropriação pelos profissionais dos conhecimentos necessários sobre a política" (Tejadas, 2020, p. 113-114).

Essa concepção demonstra a necessidade de diferentes profissionais na construção da política educacional e, especificamente, no apoio técnico especializado ao Ministério Público. Nesse grupo multidisciplinar de profissionais, há a necessidade de profissionais da educação. Embora parte da formação profissional dos assistentes sociais permita o monitoramento de políticas educacionais, especialmente as atividades de vistorias e fortalecimento das redes de proteção, faz-se necessário, ante a especificidade do problema social, profissionais que possam lidar com temáticas específicas da organização e da gestão da educação, que integram o conhecimento próprio de profissionais da área educacional.

Portanto, para identificar a busca da capacidade por meio da técnica especializada procuro, nesta seção: a) analisar a composição dos órgãos especializados citados antes, a fim de averiguar se há, em suas estruturas, outros profissionais além do membro do Ministério Público com formação especializada em áreas técnicas, especialmente na educação; b) analisar a existência, nas estruturas institucionais, de quaisquer órgãos criados para prestar apoio técnico especializado ao Ministério Público, bem como a composição de seus quadros.

4.2.1 Quadro de servidores dos órgãos especializados

Nesta subseção são aproveitados os dados coletados na pesquisa "Efeitos do desenvolvimento institucional do Ministério Público na judicialização das políticas públicas de educação básica no Brasil", que, entre outros dados, buscou identificar as equipes que integram cada um dos órgãos especializados no Ministério Público de cada estado da federação. Para isso, foi realizada consulta aos quadros de servidores do Portal da Transparência, identificando-se os servidores lotados nesses órgãos no mês de dezembro de 2019. Naquela pesquisa buscou-se identificar a quantidade e a formação desses servidores.

Na maioria dos casos não foi possível achar informações a respeito dos servidores lotados nesses órgãos. Aquelas encontradas estão demonstradas no Quadro 6 a seguir. Importa esclarecer que grande parte dos órgãos do Ministério Público conta com servidores com formação em Direito, que assessoram os membros[37]. Contudo, o Quadro 6 foi construído buscando apenas identificar os servidores com formação técnica em outras áreas, uma vez que se considera que a especificidade da técnica jurídica, própria dos profissionais do Direito, já é encontrada nos membros do Ministério Público. Dessa forma, não se apresenta a informação da quantidade total de servidores lotados no órgão, apenas a quantidade de servidores identificados com formação diversa do Direito. Há casos em que não foi possível identificar a formação dos servidores, portanto não foram contabilizados.

Quadro 6 – Servidores lotados nos órgãos especializados com formação diversa da área do Direito no Ministério Público de sete estados (MPAP, MPES, MPMA, MPPB, MPRN, MPRO e MPRS) (2019)

Estado	Tipo de órgão e classificação	Quantidade de servidores	Formação
MPAP	Órgão de coordenação não exclusivo	2	Pedagogia
	Promotoria exclusiva	1	Pedagogia
MPES	Órgão de coordenação exclusivo	1	Pedagogia
		1	Serviço Social
MPPB	Órgão de coordenação exclusivo	2	Pedagogia
MPRN	Órgão de coordenação com atribuições	1	Serviço Social
	Promotoria exclusiva	1	Serviço Social
MPRO	Órgão de coordenação não exclusivo	1	Pedagogia
		1	Sociologia
	Promotoria exclusiva	1	Pedagogia
MPRS	Órgão de coordenação com atribuições	1	Serviço Social
MPMA	Órgão de coordenação exclusivo	1	Educação[38]

Fonte: organizado pela autora (2022)[39]

---

[37] Os membros são os formados em Direito, aprovados em concurso público para ingresso na carreira e que integram o quadro específico de promotores ou procuradores na instituição.
[38] Trata-se de uma técnica especialista em educação, conforme consta no quadro de servidores do Portal da Transparência do MPMA, cedida à instituição pela Secretaria Estadual de Educação do MA.
[39] Os dados organizados nesse quadro foram coletados no âmbito da pesquisa "Efeitos do desenvolvimento institucional do Ministério Público na judicialização das políticas públicas de educação básica no Brasil" e compõem o banco de dados de referida pesquisa.

Conforme se verifica no Quadro 6, foi possível encontrar informações a respeito de servidores com formação técnica em outras áreas do conhecimento – que não o Direito – em sete dos nove estados pesquisados. Chama a atenção o fato de que em seis desses órgãos estão lotados profissionais com formação em Pedagogia/Educação. Também chama a atenção o grau de especialização desses órgãos: à exceção do MPRS, em todos os demais casos em que foram encontrados profissionais com formação em Pedagogia, Serviço Social ou Sociologia estavam lotados em órgãos considerados especializados, nos termos da classificação de Ximenes *et al.* (2022). Cumpre salientar, no caso do MPRS, que a profissional com formação em Serviço Social está lotada em um centro de apoio não considerado especializado, mas que presta o apoio técnico às promotorias especializadas existentes no estado.

Ressalta-se, ainda, que há a possibilidade de que outros servidores com formação técnica especializada estejam vinculados a esses ou a outros órgãos das estruturas institucionais dos nove casos analisados e que não foram identificados pela indisponibilidade da informação nas fontes consultadas (sítios institucionais e quadros de servidores disponibilizados nos respectivos portais da transparência).

Esses dados demonstram que ao menos em seis dos nove casos analisados há alguma estratégia institucional de busca da capacidade técnica especializada pelo Ministério Público mediante a contratação, em seus quadros, de profissionais da educação, assistência social ou sociologia. Não foram encontradas informações em relação ao MPAL. Em relação ao MPBA, não há informações relativas ao período de recorte de presente pesquisa – encerrado em 2019. Mas dados atualizados em setembro de 2021 demonstram que o órgão de coordenação exclusivo conta com dois profissionais formados em Pedagogia em seus quadros. É importante esclarecer que, dos dados disponibilizados nas fontes consultadas, não é possível conhecer as funções que estes profissionais exercem nem mesmo como atuam tecnicamente na atividade fim da instituição. Essas informações serão buscadas, posteriormente, na análise dos procedimentos que tratam especificamente sobre a qualidade da educação básica.

Salienta-se que, embora não se exclua a importância do conhecimento multidisciplinar nas demandas envolvendo a temática da educação – sendo que há casos nos quais a intervenção de profissionais da Psicologia e da Assistência Social se demonstram necessárias, dada a especificidade do objeto[40] –, não se pode considerar como equivalente à Pedagogia a existência de profissionais de outros ramos do conhecimento (Psicologia, Assistência Social e Sociologia). Conforme ensinam Tardif e Lessard (2014), o trabalho docente possui especificidades e técnicas próprias em razão das interações humanas próprias da atividade. A educação, como um trabalho interativo, tem nas relações entre os profissionais do campo e as pessoas o seu processo de trabalho. Por isso, nem sempre possui contornos bem delimitados, mas demanda especificidades próprias do saber construído na profissão.

Nesse sentido, a docência entendida como trabalho constitui-se no fundamento das relações sociais da escola, que são baseadas "[...] nas interações cotidianas entre os professores e os alunos" (Tardif; Lessard, 2014, p. 23). Portanto, os estudos e as análises sobre educação não devem considerar apenas os conhecimentos abstratos, mas o trabalho docente e suas implicações no ambiente escolar e os fenômenos que ocorrem em seu âmbito. Essas especificidades, assim, não podem ser apreendidas por profissionais que façam apenas uma abstração em casos que tratam do direito à educação. O conhecimento específico que integra a profissão docente, em suas interações humanas próprias do ambiente escolar, é para a realização dos próprios objetivos da educação (Tardif; Lessard, 2014). Portanto, a atuação do Ministério Público nas políticas educacionais demanda – dada a especificidade temática – os conhecimentos específicos da área que, em diversos casos, são dominados pelos profissionais da educação. Nesse sentido questiono em que medida a instituição constrói a sua capacidade quando não mantém em seus quadros os profissionais da educação.

4.2.2 Órgãos técnicos

Em alguns estados o Ministério Público organiza a técnica especializada em órgãos técnicos, que concentram parte dos servidores da instituição para prestar um apoio aos demais órgãos em suas funções executivas. A obtenção de apoio técnico é, de acordo com a LONMP, função dos centros de apoio operacional (Brasil, 1993a).

Contudo, há orientações do CNMP no sentido de implementação de equipes técnicas especializadas. A Recomendação n.º 33/2016 prevê a implantação de estruturas e de equipes técnicas multiprofissionais nas promotorias de infância e de juventude (Conselho Nacional do Ministé-

---

[40] Como, por exemplo, casos em que se faz necessário o acionamento de redes de acolhimento, ou devem ser considerados aspectos de desenvolvimento emocional, bullying etc.

rio Público, 2016). O CNMP, em 2016, editou a Recomendação de n.º 42, que incentivava a elaboração e a implementação de um aparelhamento técnico e humano para dar suporte ao enfrentamento à corrupção. Esta recomendação pode ter motivado a criação de novos arranjos e organização do pessoal técnico especializado não apenas para atuação na temática da corrupção (Conselho Nacional do Ministério Público, 2016), especialmente considerando o fomento às equipes técnicas multiprofissionais previstas na Recomendação n.º 33/2016, uma vez que é usada como fundamento em normativas do Ministério Público dos estados que criam os órgãos de assessoramento técnico (Ministério Público do Maranhão, 2017).

Busquei, portanto, nos sítios institucionais informações a respeito da existência de quaisquer centros, grupos ou unidades que exercessem as funções de apoio técnico especializado aos órgãos de execução do Ministério Público. Não foram encontradas informações a respeito da existência de órgãos específicos de apoio técnico no caso do MPES. A hipótese, nesse caso, é de que a atuação técnica seja realizada no âmbito do centro de apoio operacional exclusivo em educação, que, inclusive, conta em seus quadros com técnicos especializados, como visto na seção anterior.

As informações aqui analisadas referem-se àquelas disponibilizadas nos sites, nas normativas e nos portais da transparência de cada estado consultado. Sendo assim, a seguir, busco demonstrar a configuração desses órgãos em cada um dos casos analisados. Saliente-se que, no Quadro 7, foram relacionados os órgãos técnicos da instituição e não especificamente os órgãos técnicos criados para atuar na temática da educação. Posteriormente, nos procedimentos analisados, busco demonstrar se esses órgãos foram acionados para auxiliar tecnicamente as disputas em torno da qualidade da educação básica.

Os dados organizados no Quadro 7 foram coletados por meio das normativas existentes nos sítios institucionais que criam os referidos órgãos e pelos dados relacionados aos servidores técnicos constantes nos portais da transparência.

Quadro 7 – Órgãos técnicos no âmbito do Ministério Público de oito estados

Estado	Nome do órgão	Função	Servidores técnicos
MPAL	Núcleo de perícias	Viabilização de perícias técnicas com a finalidade de instruir investigações do Ministério Público.	Tecnologia da informação, gestão pública, contabilidade, transporte, auditoria, desenvolvimento de sistemas, assistência social, biblioteconomia e psicologia.
MPAP	Núcleo de apoio técnico e administrativo	Prestar apoio técnico-científico às Procuradorias e Promotorias de Justiça, em especial quando tratados temas técnicos das áreas de arquitetura, engenharia civil, economia, contabilidade, estatística, pedagogia, psicologia e serviço social.	Economia, psicologia, serviço social, contabilidade, arquitetura.
MPBA	Central de Apoio Técnico (CEAT)[41]	Prestação de apoio técnico ao MPBA em toda a sua atuação por meio de quadros próprios e convênios com outros órgãos ou instituições.	Ambiental, engenharia e contabilidade.
MPMA	Assessoria técnica	A elaboração de perícias, laudos, avaliações, notas técnicas, projetos e outros estudos técnicos para auxiliar nas funções judiciais e extrajudiciais da instituição.	Contabilidade, ciências sociais, administração, medicina, economia.

---

[41] Em 2020 o MPBA editou o regimento interno do órgão, privilegiando a atuação nas áreas do meio ambiente, engenharia, arquitetura, urbanismo e contabilidade (Ministério Público do Estado da Bahia, 2020). Como essa previsão é posterior ao recorte temporal da presente pesquisa, posteriormente busco identificar nos procedimentos analisados se há alguma atuação da CEAT na área da educação. Por outro lado, no ano de 2021 houve uma reestruturação do Centro de Apoio Operacional de Defesa da Educação (CEDUC) com a criação de uma Unidade de Apoio Técnico Interdisciplinar (UNEATI), à qual compete a assessoria técnica aos promotores de justiça que atuam na educação. Nos termos do ato 103/2021 do MPBA, a UNEATI é composta por servidores formados em Pedagogia, Direito e de outras áreas do conhecimento necessárias à sua natureza interdisciplinar. Trata-se, portanto, de um órgão técnico que integra um órgão de coordenação. Tendo em vista que os procedimentos a serem analisados possuem o final de seu marco temporal no ano de 2019 e a UNEATI foi criada no ano de 2021, não será aprofundada a análise desse órgão, que poderá ser objeto de estudos futuros ante a potencialidade de sua relevância na busca da capacidade do MPBA para atuar nas políticas educacionais.

Estado	Nome do órgão	Função	Servidores técnicos
MPPB	Núcleo de apoio técnico	Analisar e sistematizar informações e conhecimentos de natureza técnico-científica necessários à instrução de processos e/ou procedimentos extrajudiciais e judiciais.	Pedagogia; serviço social; contabilidade; engenharia civil; administração; psicologia; economia; odontologia; arquitetura; profissional especializado em licitações; engenharia sanitária e ambiental; medicina.
MPRN	Núcleo de apoio técnico especializado[42]	Visitas, inspeções, estudos de caso, atendimentos especializados e pesquisas, bem como a emissão de pareceres, laudos e relatórios que demandem conhecimento técnico em área diversa da jurídica, em atendimento às solicitações realizadas pelos Grupos de Atuação Especial, Procuradorias de Justiça, Promotorias de Justiça e Coordenadorias Jurídicas da Procuradoria Geral de Justiça.	Psicologia; arquitetura; contabilidade e serviço social.
MPRO	Núcleo de análises técnicas	A realização de perícias, laudos técnicos, estudos, pareceres, informações, esclarecimentos e outras manifestações técnicas especializadas direcionadas ao apoio técnico dos membros do Ministério Público do Estado de Rondônia, na instrução de procedimentos institucionais, mormente de cunho investigativo.	Psicologia; contabilidade; engenharia florestal; geoprocessamento; engenharia civil; serviço social; arquitetura; informações e pesquisas; biologia; pedagogia; engenharia sanitária; redes e comunicação de dados.

---

[42] Em 2020 houve alteração na estrutura institucional com a criação da Central de Apoio Técnico Especializado (CATE), que passou a concentrar as funções de assessoramento com interação com os centros de apoio operacional (Ministério Público do Estado do Rio Grande do Norte, 2020). Contudo, não se aprofunda a análise sobre esse órgão por estar fora do recorte temporal proposto na presente pesquisa.

Estado	Nome do órgão	Função	Servidores técnicos
MPRS	Gabinete de Assessoramento Técnico (GAT)[43]	Mediação e atuação técnica no âmbito do MPRS.	Engenharia química; biologia; engenharia agrônoma; engenharia civil; engenharia florestal. geologia; engenharia sanitária; economia; contabilidade; assistência social.

Fonte: organizado pela autora com base nos dados da pesquisa (2022)

Os dados do Quadro 7 demonstram que em oito dos nove casos analisados há órgãos técnicos que integram a organização institucional do Ministério Público para o fim de dar apoio aos órgãos de execução no que se refere às questões técnicas próprias de áreas específicas do conhecimento e que subsidiam a atuação finalística dos promotores de justiça – membros do Ministério Público.

O MPBA é o único caso em que não há profissionais da Pedagogia, da Assistência Social, da Psicologia ou de outros ramos de atuação que poderiam operar mais especificamente no conhecimento técnico necessário às políticas educacionais. Contudo, apenas a análise dos procedimentos que será realizada no próximo capítulo poderá indicar se os referidos órgãos têm efetivamente sido acionados pelo Ministério Público para prestar apoio nos procedimentos relacionados às políticas educacionais, mais especificamente nos casos envolvendo a discussão de qualidade da educação básica.

4.2.3 Quadro resumo da técnica especializada

A partir dos dados coletados, elaborou-se o Quadro 8, a seguir, que indica: a) a existência de servidores especializados nos órgãos de coordenação

---
[43] Esse órgão foi criado pelo Provimento n.º 35/2015 com alterações realizadas por meio do Provimento n.º 70/2019. Tendo em vista o recorte temporal da presente pesquisa, as análises aqui realizadas se detêm sobre a organização existente no período até 2019, pois seriam esses os órgãos efetivamente consultados, eventualmente, nos procedimentos que serão posteriormente analisados. Contudo, não se desconsidera que houve modificações na estrutura institucional e que, a partir do ano de 2020, há outro provimento que rege a função de assessoramento técnico. No ano de 2020 também foi criado no âmbito do MPRS a unidade de gestão estratégica do gabinete de articulação e gestão integrada que desenvolveu o "Mapa Social do MPRS", que reúne indicadores do estado e dos municípios do Rio Grande do Sul nas áreas da educação, da saúde e da segurança pública. A ferramenta é disponibilizada na internet para consulta pública e também dos próprios membros do MPRS, visando, nesse caso, nortear sua atuação judicial e extrajudicial. Segundo informações constantes no Portal da Transparência, trata-se de uma ação visando assegurar o direito à informação. Como foi criada após o recorte temporal aqui analisado, não será detalhada, embora seja possível identificar consulta à ferramenta nos procedimentos administrativos analisados na sequência deste trabalho.

e de execução que atuam na temática da educação no Ministério Público dos nove estados; b) a existência de órgãos técnicos nas estruturas institucionais; c) a formação dos servidores que compõem esses órgãos técnicos.

Quadro 8 – Resumo da técnica especializada no Ministério Público de nove estados (MPAL, MPAP, MPBA, MPES, MPMA, MPPB, MPRN, MPRO e MPRS) (2019)

Estado	Órgãos especializados	Formação de servidores nos órgãos especializados	Há órgão técnico?	Formação dos servidores no órgão técnico
MPAL	Coordenação + promotorias	Não há	Sim	Tecnologia da informação gestão pública, contabilidade, transporte, auditoria, desenvolvimento de sistemas, assistência social, biblioteconomia e psicologia.
MPAP	Coordenação + promotorias	Pedagogia	Sim	Economia, psicologia, serviço social, contabilidade, arquitetura.
MPBA	Coordenação + outro órgão executivo	Não há	Sim	Ambiental, engenharia e contabilidade.
MPES	Coordenação + promotorias	Pedagogia + Serviço Social		Não
MPMA	Coordenação + promotorias	Pedagogia	Sim	Contabilidade, ciências sociais, administração, medicina, economia.
MPPB	Coordenação + promotorias	Pedagogia	Sim	Pedagogia; serviço social; contabilidade; engenharia civil; administração; psicologia; economia; odontologia; arquitetura; profissional especializado em licitações; engenharia sanitária e ambiental; medicina.
MPRN	Coordenação + promotorias	Serviço Social	Sim	Psicologia; arquitetura; contabilidade e serviço social.

MPRO	Coordenação + promotorias	Pedagogia + Sociologia	Sim	Psicologia; contabilidade; engenharia florestal; geoprocessamento; engenharia civil; serviço social; arquitetura; informações e pesquisas; biologia; pedagogia; engenharia sanitária; redes e comunicação de dados.
MPRS	Coordenação + promotorias	Não há	Sim	Engenharia química; biologia; engenharia agrônoma; engenharia civil; engenharia florestal; geologia; engenharia sanitária; economia; contabilidade; assistência social.

Fonte: elaborado pela autora a partir dos dados coletados na pesquisa (2021)

Os dados constantes no Quadro 8 demonstram que em todos os casos há alguma estratégia utilizada pelo Ministério Público em cada estado, de capacidade técnica especializada. Em cinco casos percebe-se que nos órgãos de especialização técnica jurídica – apresentados na seção anterior – há lotação de servidores com formação em Pedagogia ou Assistência Social e, ainda, a existência de um órgão técnico na estrutura institucional que possui por atribuições a realização de assistência técnica. Em três casos não há profissionais especializados nos órgãos de coordenação ou promotorias, mas há órgãos técnicos. E em apenas um caso se verificou que inexiste na estrutura institucional um órgão específico de prestação de assessoria técnica.

Percebe-se, assim, que há uma tendência de organização, dentro da instituição, de diferentes estratégias que possibilitem aos membros do Ministério Público o acesso às informações técnicas especializadas necessárias para subsidiar sua atuação na temática da educação. A análise dos procedimentos coletados permitirá identificar se essas estratégias são efetivamente utilizadas no exercício da atividade-fim.

4.3 PARTICIPAÇÃO: AUDIÊNCIAS PÚBLICAS E COOPERAÇÃO

A terceira categoria de análise a respeito da construção da capacidade do Ministério Público para atuar na política educacional visa apurar as interações da instituição com a sociedade e com os outros órgãos da administração pública. Como já apontado, a construção da política pública apresenta-se como uma tarefa técnica e democrática. Nesses termos, considerando-se o Ministério Público como um ator das políticas educacionais, questiono se, em alguma medida, a instituição tem buscado compreender as necessidades dos sujeitos da política e/ou suas considerações quando nela atua.

Assim, compreendo, de forma geral, que a instituição poderia realizar essa tarefa de forma direta, por meio de audiências públicas nas quais busca ouvir os cidadãos, ou de forma representativa, mediante convênios, cooperações ou acordos técnicos com outros órgãos, inclusive aqueles que buscam garantir a participação social nas políticas educacionais, como conselhos.

Portanto, nesta seção serão analisadas as estratégias aqui elencadas como de participação: em um primeiro momento se são realizadas audiências públicas relacionadas à temática da educação e para quais fins; e, na sequência, se são realizados convênios para a atuação da instituição na temática.

4.3.1 Audiências públicas

Como já indicado na nota metodológica, de forma geral, para acesso às informações acerca das audiências públicas busquei informações no Portal da Transparência de cada estado. Há casos em que as atas de audiências públicas disponibilizadas não demonstram quaisquer vinculações com a temática da educação. Nesses casos, não significa que a instituição não se utiliza dessa estratégia, mas, apenas, que não há informações nesse sentido nos canais oficiais.

O quadro a seguir, portanto, resume as informações a respeito das audiências públicas realizadas por cada um dos casos analisados. Ressalto que foram coletadas as informações acerca das audiências públicas realizadas no recorte temporal da presente pesquisa, qual seja, o ano de início do planejamento estratégico até o ano de 2019. Saliento, ainda, que não constam do quadro os estados em que não foi encontrada nenhuma audiência sobre o tema da educação (MPAL, MPBA, MPRN e MPRS).

Ao analisar o conteúdo das atas das audiências, percebi a existência de quatro condutas diversas: uma primeira, em que, embora convocada para tratar de temas da educação, em seu desenvolvimento a audiência destinou-se à discussão de outras temáticas, diversas daquelas para as quais foi convocada; uma segunda, na qual a audiência foi conduzida pelo Ministério Público principalmente em sua função de controle da Administração

Pública, ou seja, a instituição focou sua atuação na prestação de contas da administração; uma terceira, na qual a instituição presta contas à população de sua atuação em relação a um problema educacional existente na localidade; e uma quarta, em que a instituição buscou ouvir a população, coletando elementos de problemas sociais encontrados nas diversas comunidades, ou buscou orientar a necessidade de cumprimento do direito à educação. Assim, criei quatro[44] categorias para classificação, respectivamente: sem vinculação temática; prestação de contas da administração pública; prestação de contas da atuação ministerial; e subsídio à atuação ministerial. A partir da leitura de cada ata de audiência foi construído o Quadro 9, no qual as mesmas são categorizadas.

Importa esclarecer que identifico, de forma geral, a ocorrência de mais de uma conduta nas mesmas audiências. Contudo, caso tenha sido identificada, em algum momento, uma fala de um membro do Ministério Público indicando que a audiência se destinava, também, a compreender as necessidades da sociedade para permitir sua atuação, a mesma foi classificada como "subsídio à atuação ministerial".

Quadro 9 – Audiências públicas sobre educação realizadas no Ministério Público de cinco estados (MPAP, MPES, MPMA, MPPB e MPRO) (2019)

Estado	Audiência	Categoria
MPAP	Audiência 01/2017 da Promotoria de Justiça de Porto Grande.	Sem vinculação temática
MPAP	Audiência de 29/9/2015, da Promotoria de Justiça do Oiapoque.	Prestação de contas da administração pública
MPAP	Audiência de 15/9/2016, do Centro de Apoio Operacional da Infância, Juventude e Educação.	Subsídio à atuação ministerial
MPES	Audiência Pública do Inquérito Civil n.º 2016.0035.1186-06 (11/6/2018).	Subsídio à atuação ministerial
MPMA	Audiência Pública para discutir os problemas relativos à educação municipal de Bela Vista do Maranhão (4/10/2018).	Subsídio à atuação ministerial

---

[44] Foram encontradas na coleta informações acerca de audiências convocadas para a discussão da temática da educação. Contudo, a ata não estava disponível para consulta. Neste caso, a ausência de informações a respeito de seu desenvolvimento impediu sua categorização, sendo que as mesmas não foram contabilizadas nesta pesquisa.

Estado	Audiência	Categoria
MPPB	Audiência Pública de correição da promotoria de justiça de Bananeiras (17/6/2019).	Subsídio à atuação ministerial
	Audiência Pública de correição da promotoria de justiça de Ingá (1/4/2019).	Prestação de contas da atuação ministerial
	Audiência Pública de correição da promotoria de justiça de São José de Piranhas (8/8/2019).	Prestação de contas da atuação ministerial
	Audiência Pública da ouvidoria em Rio Tinto (7/3/2019).	Subsídio à atuação ministerial
	Audiência Pública da ouvidoria em Alhandra (9/5/2019).	Subsídio à atuação ministerial
	Audiência Pública da ouvidoria em Monte Horebe (14/3/2019).	Subsídio à atuação ministerial
	Audiência Pública da ouvidoria em Itatuba (7/6/2019).	Subsídio à atuação ministerial
	Audiência Pública da ouvidoria em Jericó (30/4/2019).	Subsídio à atuação ministerial
	Audiência Pública da ouvidoria em Bananeiras (31/10/2018).	Subsídio à atuação ministerial
	Audiência Pública da ouvidoria em Sousa (26/9/2019).	Subsídio à atuação ministerial
	Audiência Pública da ouvidoria em Cuité (12/9/2018).	Subsídio à atuação ministerial
	Audiência Pública da ouvidoria em Piancó (11/7/2019).	Subsídio à atuação ministerial
	Audiência Pública da promotoria de justiça de Caaporã (16/1/2018).	Subsídio à atuação ministerial
	Audiência Pública da promotoria de justiça de Pitimbu (18/1/2018).	Subsídio à atuação ministerial
	Audiência pública sobre transportes escolares em Itabaiana (16/4/2018).	Subsídio à atuação ministerial
	Audiência Pública da ouvidoria em Alagoa Grande (21/8/2019).	Subsídio à atuação ministerial

Estado	Audiência	Categoria
MPRO	Audiência Pública em Machadinho do Oeste (18/2/2014).	Subsídio à atuação ministerial
	Audiência Pública no âmbito do procedimento preparatório n.º 07/2017 em Santa Luzia D'Oeste (02/02/2018).	Prestação de contas da atuação ministerial

Fonte: elaborado pela autora a partir de informações dos portais da transparência do MPAP, MPES, MPMA, MPPB e MPRO (2019)

Dos dados apresentados no Quadro 9, dá-se especial destaque ao MPPB. Percebe-se que tanto os trabalhos de correição como as próprias promotorias de justiça realizam a convocação de audiência pública com o objetivo de escuta da sociedade e identificação de problemas, ainda que sejam pontuais e não identificadas ao longo de todo o período temporal do planejamento estratégico. Da leitura das atas, observa-se a presença de diversos gestores públicos e outros interessados, bem como cidadãos comuns (assim entendidos aqueles que não possuem quaisquer cargos ou funções públicas), que apresentam problemas sociais, bem como a possibilidade de a municipalidade se manifestar a respeito dos mesmos.

Embora haja um frequente espaço de prestação de contas pela administração nessas ocasiões, percebe-se da fala das promotoras responsáveis pela correição e audiência que o MPPB analisa, no ato, questões que devem ser objetivo de atenção especial em sua atuação. Verifica-se, assim, uma estratégia da instituição no sentido de identificar quais problemas sociais são merecedores de maior atenção, tanto no âmbito de processos de correição quanto nas atividades regulares de algumas promotorias, bem como o meio para se identificar as demandas da própria sociedade.

As condutas classificadas como "subsídio à atuação ministerial", como já apontado, concentram as audiências nas quais a ata indica que a instituição aponta como objetivo a coleta de informações, perante a população, que possa direcionar sua atuação, bem como que sua realização se destina à identificação de problemas sociais. Contudo, é importante esclarecer que, mesmo nos casos em que há uma clara fala de membro do Ministério Público nesse sentido – o que é muito visível nas audiências realizadas pelo MPPB, como já apontado –, percebe-se que aqueles que pedem a fala na ocasião são, em sua maioria, gestores públicos que usam a oportunidade para prestar contas de sua atuação ou apontar como o relacionamento com o Ministério Público foi profícuo para a solução de problemas sociais.

Não é possível dizer que a população em geral está ausente desses debates, pois há casos em que se verifica a inscrição e a fala de cidadãos comuns, que de fato apontam problemas que percebem em suas comunidades e entendem que precisam ser solucionados. Contudo, muitas vezes os gestores públicos presentes pedem a fala para rebater ou explicar os problemas apontados por esses cidadãos. Embora essas oportunidades constituam um momento de troca entre esses diferentes atores com os sujeitos da política, não é possível – dadas as fontes consultadas, o que se constitui num limite da presente pesquisa – identificar como essas manifestações geraram uma atuação do Ministério Público que de fato considerasse as questões levantadas pela população em geral. Como as atas consultadas não apontam, de forma geral, os encaminhamentos realizados pela instituição a partir dos elementos nelas colhidos, não é possível concluir que a oitiva da sociedade efetivamente gerou efeitos na atuação institucional em relação à educação básica, embora as audiências, em si, constituam-se enquanto um instrumento que pode garantir a participação.

4.3.2 Cooperação

Para além da realização de audiências públicas, outra estratégia que pode ser utilizada pela instituição é a realização de acordos, convênios e parcerias com instituições externas ao Ministério Público, visando à cooperação técnica ou a prestação de auxílio em relação às questões educacionais. Sendo assim, busquei informações acerca da realização dessas cooperações nos portais da transparência do Ministério Público dos nove estados estudados, por meio dos convênios celebrados pela instituição[45].

Não foram encontrados termos de cooperação no caso do MPAP[46], do MPMA e do MPRO. Chama a atenção a quantidade de convênios firmados pelo MPBA visando acompanhar questões relacionadas à educação com o auxílio de órgãos públicos, universidades e outros órgãos, o que demonstra uma busca de cooperação técnica com instituições externas que possuam uma especificidade própria para atuar em matéria educacional. É possível

---

[45] Dessa forma, é possível que eventual cooperação que não esteja consubstanciada em um documento disponibilizado no Portal da Transparência da instituição não tenha sido localizada e considerada na presente pesquisa. Contudo, fez-se a opção de coleta das informações por meio do Portal da Transparência, mesmo com as limitações existentes na fonte selecionada.

[46] No ano de 2020 o MPAP firmou convênio com a Universidade Federal do Amapá para prestação de apoio técnico-científico em todas as suas áreas de atuação. Contudo, o mesmo não foi incluído na análise desta pesquisa por estar fora do período estabelecido para o recorte temporal.

identificar, nesses casos, a busca da técnica especializada fora do MPBA pela cooperação, inclusive mediante a utilização de servidores cedidos por meio desses convênios. Ainda que em menor quantidade, é possível verificar também essa prática no caso do MPES e do MPPB. No caso do MPAL, do MPRN e do MPRS percebe-se a divulgação de cooperações na área, mas em casos específicos e em menor quantidade, mais voltadas à realização de projetos na área e sua implementação via política educacional.

O Quadro 10 indica a quantidade de cooperações encontradas em cada um dos seis estados em que estão presentes – ou disponíveis para consulta na fonte de pesquisa (portais da transparência) –, bem como os atores com os quais os convênios foram firmados. Chama a atenção a diversidade existente entre esses atores externos, que conta com instituições do Sistema S, associações de municípios, instituições privadas com e sem fins lucrativos, organizações não governamentais etc. Ressalte-se que alguns desses atores, inclusive, parecem não possuir, dentre seu objeto de atuação, uma relação direta com a temática da educação (como a empresa Acelor Mittal Brasil S/A, apenas a título de exemplo).

Ainda, para a análise dos termos, foram criadas três categorias. A primeira, "Implementação de projetos e ofertas de serviços educacionais", refere-se aos convênios e às cooperações celebrados para que o Ministério Público atuasse conjuntamente com as demais partes no sentido de implementar algum projeto ou atividade na área da educação ou, ainda, um projeto criado pelo próprio Ministério Público para formação, capacitação ou implementação na Administração Pública, na área da educação; a segunda categoria, "Fiscalização", contempla os termos que preveem alguma atividade de fiscalização em relação à educação, para a qual o Ministério Público celebra as cooperações visando sua realização[47]; por fim, a terceira categoria, "Apoio técnico-científico", refere-se aos casos em que o Ministério Público firma termos com o fim de obter formação, conhecimento ou pessoal qualificado para prestar o apoio técnico-científico necessário para sua atuação em matéria educacional.

---

[47] Como, por exemplo, o estabelecimento de convênio para a fiscalização do transporte escolar ou para a realização de diagnósticos, pelos municípios, relacionados à oferta de serviços sociais.

Quadro 10 – Quantidade de termos de cooperação realizados pelo Ministério Público de seis estados (MPAL, MPBA, MPES, MPPB, MPRN, MPRS), relacionados à área da educação

Estado	Quantidade	Categorias	Atores
MPAL	2	Implementação de projetos e ofertas de serviços educacionais	Serviço Nacional de Aprendizagem Comercial (SENAC).
		Fiscalização	Departamento Estadual de Trânsito do Estado de Alagoas.
MPBA	20	Apoio técnico-científico	Secretaria de Educação do Estado da Bahia (SEE-BA); Universidade Federal da Bahia (UFBA); Fundação José Silveira; Municípios de Salvador.
		Implementação de projetos e ofertas de serviços educacionais	UFBA; SENAC; Tribunal de Justiça do Estado da Bahia, SEE-BA, Fórum Permanente Estadual de Conselhos Tutelares, Sindicato dos Estabelecimentos de Ensino do Estado da Bahia, União dos Dirigentes Municipais de Educação do Estado da Bahia; Conselho Regional de Biblioteconomia 5.ª Região (CRB-5); Instituto Direito e Cidadania do Baixo Sul da Bahia; Academia Baiana de Educação; União Nacional dos Conselhos Municipais de Educação (UNCME); Secretaria de Comunicação Social.
		Fiscalização	Universidade do Estado da Bahia (UNEB).

Estado	Quantidade	Categorias	Atores
MPES	9	Implementação de projetos e ofertas de serviços educacionais	Município de Vitória e Secretaria Municipal de Educação;
			Secretaria de Estado da Educação; ArcelorMittal Brasil S/A;
			Migliori Consultoria Ltda;
			Município de Rio Bananal;
			Instituto de Educação em Valores Humanos;
			Secretarias Municipais de Educação de Cariacica, de Guarapari, de Serra, de Viana, de Vitória e de Vila Velha;
			Subnúcleo Sul de Direitos Humanos;
			Município de Apiacá;
			Instituto de Educação em Valores Humanos;
			Universidade Federal do Espírito Santo.
MPPB	6	Apoio técnico-científico	Instituto Paraibanos de Educação.
		Implementação de projetos e ofertas de serviços educacionais	Secretaria de Educação do Município de Areia.
		Fiscalização	Prefeitura Municipal de Curral de Cima;
			Prefeitura Municipal de Umbuzeiro;
			Prefeitura Municipal de Jacaraú;
			Prefeitura Municipal de Salgado de São Félix.
MPRN	1	Implementação de projetos e ofertas de serviços educacionais	Universidade Federal do Rio Grande do Norte;
			Tribunal de Justiça do Estado Do Rio Grande do Norte;
			Procuradoria-Geral de Justiça; Prefeitura Municipal de Natal.

Estado	Quantidade	Categorias	Atores
MPRS	4	Implementação de projetos e ofertas de serviços educacionais	Secretaria de Estado da Educação do Rio Grande do Sul (SEE-RS), Conselho Estadual de Educação, Conselho Estadual dos Direitos da Criança e do Adolescente, União Nacional dos Dirigentes Municipais de Educação do Rio Grande do Sul, União dos Conselhos Municipais de Educação do Rio Grande do Sul, Associação dos Conselheiros Tutelares, Federação das Associações dos Municípios do Rio Grande do Sul (FAMURS) e o Conselho Estadual de Assistência Social; Tribunal de Contas do Rio Grande do Sul (TCE-RS) e a União Nacional dos Conselhos Municipais de Educação do Rio Grande do Sul (UNCME-RS); Ministério Público Federal.

Fonte: elaborado pela autora a partir de informações dos portais da transparência do MPAL, do MPBA, do MPES, do MPPB, do MPRN e do MPRS (2019)

Em seis dos nove estados estudados o Ministério Público utiliza-se da cooperação via convênios. Em todos os seis casos há cooperações para atuar conjuntamente com outras esferas do poder público na implementação de projetos e prestação de serviços educacionais, o que denota uma atuação direta na implementação da política educacional. Apenas em três casos percebe-se que o Ministério Público busca auxílio de outros atores para a fiscalização da política ou para prestação do apoio técnico-científico necessário a subsidiar a sua atuação.

Chama a atenção o fato de que, ao se olhar para os atores com os quais o Ministério Público realiza cooperações, percebe-se a centralidade das Administrações Públicas e das instituições privadas, seguida das parcerias com Universidades. São poucos os casos em que há cooperação com a sociedade civil organizada.

É importante salientar que os três estados nos quais não foram encontrados convênios houve a realização de audiências públicas, o que demonstra a existência de outras estratégias classificadas neste trabalho como participação. Ademais, chama a atenção o caso do MPPB por se tratar do estado no qual foi encontrado o maior número de audiências públicas e possuir também a cooperação via convênios, o que o destaca no cenário da participação.

4.4 QUADRO RESUMO DA CAPACIDADE DO MINISTÉRIO PÚBLICO PARA ATUAR NA POLÍTICA EDUCACIONAL EM NOVE ESTADOS

Tendo em vista que compreendo neste livro que o Ministério Público pode construir a sua capacidade para atuar na política educacional por meio da técnica jurídica, da técnica especializada ou da participação, neste capítulo foram analisadas as estratégias adotadas em cada um dos nove estados selecionados, buscando identificar em quais das categorias as mesmas se encaixavam.

Após a análise de cada uma das categorias, foi possível construir um quadro-síntese que contempla as ações existentes em cada um dos estados e que podem ser categorizadas como busca da capacidade pela técnica jurídica, pela técnica especializada ou pela participação, conforme se observa no Quadro 11 a seguir.

Sua análise permite perceber que em todos os casos há uma conjugação de diferentes estratégias, aqui reconhecidas como de construção da capacidade para atuar em política educacional. Em todos os casos os estados contam com estratégias que se encaixam nas três categorias de análise, embora a leitura do quadro permita perceber que há casos nos quais o esforço é concentrado na técnica jurídica (MPRS); outros na técnica especializada (MPAP, MPMA, MPRO e MPRN); outros na participação (MPES); e outros cujas estratégias se encaixam nas três frentes aqui categorizadas (MPPB).

Quadro 11 – Construção da capacidade para atuar na política educacional – quadro resumo das estratégias do Ministério Público em nove estados (MPAL, MPAP, MPBA, MPES, MPMA, MPPB, MPRN, MPRO e MPRS) (2019)

Estado	Técnica Jurídica					Técnica Especializada					Participação				
^	Órgãos de Execução		Órgãos de Coordenação	Servidores nos órgãos especializados		Órgãos técnicos			Audiências		Cooperação	
^	N	Classificação	Classificação	N	Formação	Existência	Servidores		N	Classificação	N	Classificação
MPAL	5	Com atribuições	Exclusivo	Não há		Sim	Tecnologia da informação, gestão pública, contabilidade, transporte, auditoria, desenvolvimento de sistemas, assistência social, biblioteconomia e psicologia.		Não há		1	Implementação de projetos e ofertas de serviços educacionais
											1	Fiscalização
MPAP	1	Não exclusivo	Não exclusivo	3	Pedagogia	Sim	Economia, psicologia, serviço social, contabilidade, arquitetura.		1	Sem vinculação		Não há
	1	Com atribuições							1	Prestação de contas à administração pública		
									1	Subsídio à atuação ministerial		

Estado	Técnica Jurídica					Técnica Especializada							Participação			
	Órgãos de Execução		Órgãos de Coordenação		Servidores nos órgãos especializados			Órgãos técnicos			Audiências		Cooperação	
	N	Classificação	N	Classificação	N	Formação	Existência	Servidores	N	Classificação	N	Classificação	N	Classificação
MPBA	1	Exclusivo	Não há		Não há		Sim	Ambiental, engenharia e contabilidade.	Não há		12	Implementação de projetos e ofertas de serviços educacionais
											7	Apoio técnico-científico
											1	Fiscalização
MPES	8	Com atribuições	1	Exclusivo	1 1	Pedagogia Serviço Social	Não há		1	Subsídio à atuação ministerial	9	Implementação de projetos e ofertas de serviços educacionais
MPMA	2	Exclusivo	1	Exclusivo	1	Educação	Sim	Contabilidade, ciências sociais, administração, medicina, economia.	1	Subsídio à atuação ministerial	Não há	

A POLÍTICA EDUCACIONAL E O MINISTÉRIO PÚBLICO

Estado	Técnica Jurídica					Técnica Especializada					Participação			
	Órgãos de Execução		Órgãos de Coordenação		Servidores nos órgãos especializados		Órgãos técnicos		Audiências		Cooperação	
	N	Classificação	N	Classificação	N	Formação	Existência	Servidores	N	Classificação	N	Classificação
MPPB	3	Exclusivo	2	Exclusivo	1	Pedagogia	Sim	Pedagogia; serviço social; contabilidade; engenharia civil; administração; psicologia; economia; odontologia; arquitetura; profissional especializado em licitações; engenharia sanitária e ambiental; medicina.	14	Subsídio à atuação ministerial	1	Implementação de projetos e ofertas de serviços educacionais
	9	Não exclusivo							2	Prestação de contas à administração pública	1	Apoio técnico-científico
	11	Com atribuições									3	Fiscalização

135

Estado	Técnica Jurídica					Técnica Especializada					Participação			
	Órgãos de Execução		Órgãos de Coordenação		Servidores nos órgãos especializados			Órgãos técnicos			Audiências		Cooperação	
	N	Classificação	N	Classificação	N	Formação	Existência	Servidores	N	Classificação	N	Classificação
MPRN	3	Exclusivo	2	Com atribuições		Serviço Social	Sim	Psicologia; arquitetura; contabilidade e serviço social.	Não há		1	Implementação de projetos e ofertas de serviços educacionais
MPRO	1	Exclusiva	2	Não exclusivo		Pedagogia	Sim	Psicologia; contabilidade; engenharia florestal; geoprocessamento; engenharia civil; serviço social; arquitetura; informações e pesquisas; biologia; pedagogia; engenharia sanitária; redes e comunicação de dados.	1	Subsídio à atuação ministerial		Não há
			1			Sociologia			1	Prestação de contas à administração pública		

MPRS	10	Exclusivas	Com atribuições	1	Serviço Social	Sim	Engenharia química; biologia; engenharia agrônoma; engenharia civil; engenharia florestal; geologia; engenharia sanitária; economia; contabilidade; assistência social.	Não há	4	Implementação de projetos e ofertas de serviços educacionais
		3	Não exclusivas							
		32	Com atribuições							

Fonte: elaborado pela autora a partir dos dados coletados na pesquisa (2022)

O Ministério Público no Brasil já foi apelidado de jabuticaba por suas características únicas. Não há paralelo da instituição no direito comparado: é uma invenção brasileira (Arantes, 2019b). Os dados apresentados neste capítulo mostram que se o Ministério Público é uma jabuticaba, possui as mais diversas espécies. Longe de ser uma instituição que atua de "modo linear e homogêneo, como se ele funcionasse de maneira uniforme nos âmbitos federal e estadual, bem como entre os Estados" (Abrucio; Viegas; Rodrigues, 2021, p. 3), cada ramo da instituição se organiza e atua de forma diversa.

A análise dos dados apresentados indica que não há similaridade entre os nove casos analisados. Embora seja possível perceber estratégias parecidas em um e outro caso, o conjunto em cada um deles difere consideravelmente dos outros. Embora constitucionalmente o Ministério Público seja apresentado como uma única instituição, na prática o que se percebe é a existência de diversos Ministérios Públicos com modelos de organização institucional diferentes, mesmo quando se referem ao mesmo ramo – como é o caso do Ministério Público dos estados, ora analisado.

Embora essa diversidade já seja esperada em razão da autonomia e do voluntarismo próprios já amplamente identificados na atuação da instituição no país (Arantes, 2002; Kerche, 2009; Silva, 2001), há também a variável do federalismo que gera efeitos na organização institucional, como recentemente vem sendo apontado pela literatura (Abrucio; Viegas; Rodrigues, 2021).

Os achados aqui indicados demonstram justamente a diversidade de modelos de estratégias de construção da capacidade para atuar na política educacional do Ministério Público de nove estados. Nesse sentido, os dados analisados permitem concluir que, embora com arranjos e formas de organização institucional muito diversos, em determinada medida é possível identificar estratégias de construção da capacidade institucional nas três categorias analisadas. Em relação à técnica jurídica percebi que o Ministério Público realiza formas de organização de seus quadros em órgãos especializados na temática da educação, tanto para execução quanto para coordenação de sua atuação. Essa especialização, teoricamente, permitiria uma maior concentração da atuação na temática ou nos temas afins à educação (criança e adolescente, direitos sociais etc.).

Em relação à técnica especializada, percebe-se tanto a existência de quadros de apoio nas instituições, por meio de profissionais especializados lotados nos órgãos de execução ou coordenação, quanto a existência de órgãos técnicos que também contam com profissionais especializados que podem auxiliar os membros do Ministério Público com subsídios técnicos que embasem sua atuação em diversas áreas – inclusive na política educacional.

Em relação à última categoria analisada – participação –, verifiquei que no âmbito da educação nos nove casos foi possível identificar a existência de estratégias de oitiva da sociedade por meio de audiências públicas que levam à instituição elementos para subsidiar sua atuação, ou a ocorrência de cooperações com outras instituições e órgãos públicos para qualificar sua atuação ou permitir intercâmbio de informações e estratégias relacionadas à educação.

Contudo, é necessário pontuar que a identificação dessas diferentes estratégias nos casos analisados não indica que as mesmas são efetivamente mobilizadas na atuação finalística da instituição. Embora haja, de forma geral, uma organização da instituição que lhe permita – ainda que de formas diversas – acessar tanto a técnica jurídica quanto a técnica especializada e a participação em sua atuação, os dados analisados e organizados neste capítulo não são suficientes a indicar que esta organização é efetivamente utilizada quando seus membros atuam em casos relacionados à política educacional.

Dessa forma, no próximo capítulo busca-se analisar, em procedimentos realizados pela instituição que envolvem a discussão sobre qualidade da educação básica, se essas estratégias são efetivamente mobilizadas na atuação do Ministério Público nas políticas de qualidade da educação básica.

A ATUAÇÃO DO MINISTÉRIO PÚBLICO PARA A PROMOÇÃO DA QUALIDADE DA EDUCAÇÃO BÁSICA[48]

Como já se discutiu anteriormente, o conceito de qualidade da educação é um conceito em disputa eivado de múltiplos significados. As questões apresentadas nos primeiros capítulos retratam a necessidade de que as políticas educacionais sejam construídas com base no conhecimento técnico especializado, mas não podem ser dissociadas da participação social – o que tem especial relevância no caso da qualidade, especialmente ante as disputas históricas e sociais em torno de suas concepções.

A partir disso, pontuei os questionamentos a respeito da atuação do sistema de justiça na qualidade da educação básica considerando, a princípio, a ausência de conhecimento técnico especializado e da integração da participação social em sua atuação devido à sua característica e às suas funções relacionadas à interpretação e à aplicação da lei ao caso concreto. A análise das estratégias utilizadas pelo Ministério Público de nove estados, realizada no capítulo anterior, serve para buscar compreender os meios pelos quais a instituição busca se capacitar para atuar na política educacional.

Os dados analisados no capítulo anterior indicam – ainda que com uma grande diversidade de arranjos – estratégias de construção tanto da técnica jurídica quanto da técnica especializada e da participação em todos os casos. Contudo, como indicado, a existência dessas estratégias, em si, não é suficiente para concluir que as mesmas são efetivamente mobilizadas na atuação finalística da instituição. Sendo assim, ainda se faz necessário analisar nos nove casos selecionados se essas estratégias são mobilizadas em sua atuação na qualidade da educação básica. Para esse fim é necessário identificar, em primeiro lugar, o que especificamente o Ministério Público entende por qualidade da educação em cada um dos casos.

---
[48] Parte dos resultados deste capítulo estão publicados no artigo "A atuação institucional do Ministério Público para a promoção da qualidade da Educação Básica", na Educar em Revista, em coautoria com a Profa. Dra. Adriana Aparecida Dragone Silveira. Agradeço à revista pela autorização para reprodução neste livro dos achados lá publicados.

5.1 QUALIDADE DA EDUCAÇÃO BÁSICA: O QUE SE DISCUTE NOS NOVE ESTADOS

Cumpre mais uma vez retomar a análise conceitual acerca da qualidade da educação. Como bem ensinam Dourado e Oliveira (2009, p. 202), há "múltiplas significações e conceitos" relativos ao tema, bem como dimensões intra e extraescolares que o constituem e devem ser consideradas para sua problematização. As dimensões intraescolares possuem relação com as "condições de oferta do ensino; gestão e organização do trabalho escolar; formação, profissionalização e ação pedagógica; e, ainda, acesso, permanência e desempenho escolar" (Dourado; Oliveira; Santos, 2007, p. 3). Já as extraescolares referem-se ao "espaço social e as obrigações do Estado" (Dourado; Oliveira, 2009, p. 207). O espaço social tem a ver com as condições econômicas, sociais, capital cultural dos alunos e suas famílias, entre outros aspectos contextuais dos alunos que refletem no processo de ensino-aprendizagem. E as obrigações do Estado têm a ver com a própria regulação e ampliação do direito à educação.

Os autores apontam a necessidade de se considerar as condições objetivas e subjetivas necessárias para uma educação de qualidade. As condições objetivas, em geral, estão mais ligadas aos custos básicos de manutenção e de funcionamento. E as subjetivas, as relacionadas à "gestão financeira, administrativa e pedagógica, os juízos de valor, as propriedades que explicitam a natureza do trabalho escolar, bem como a visão dos agentes escolares e da comunidade" (Dourado; Oliveira, 2009, p. 206). Também não se pode desconsiderar que a garantia de acesso também integra o conceito de qualidade. Como já desenvolvido em trabalhos anteriores (Taporosky, 2017; Taporosky; Silveira, 2022), a democratização e a universalização do acesso fazem-se necessárias para a garantia da qualidade, uma vez que uma escola para poucos não pode ser considerada uma escola de qualidade, ante as exclusões que opera (Beisegel, 2005). Então, embora as concepções em torno da qualidade, atualmente, já não estejam mais unicamente relacionadas ao acesso (Oliveira; Araujo, 2005), não se pode desconsiderá-lo como uma de suas dimensões.

A compreensão de que a busca da qualidade demanda dimensões intraescolares e extraescolares, bem como condições objetivas e subjetivas, permite analisar quais dessas dimensões e condições têm sido priorizadas na atuação do Ministério Público. Para tanto, foi realizada a leitura dos documentos de cada um dos 574 procedimentos selecionados, identificando-se os temas tratados. É importante esclarecer que, uma vez que em todos os procedimentos selecionados há a informação literal de que a instituição estaria atuando em prol da qualidade da educação básica ou que sua atuação visava à defesa do princípio constitucional da educação básica, compreendo que as condições discutidas nos procedimentos integravam o conceito de qualidade defendido pelo Ministério Público nos nove estados.

Assim, primeiramente, construí a nuvem de palavras representada na Figura 5 a seguir, que indica os temas tratados nos procedimentos. Saliento que as cores mais escuras representam as palavras ou as expressões que mais aparecem e as mais claras as que são presentes com menor frequência. A análise da figura demonstra a centralidade das discussões em torno de condições objetivas de qualidade, como infraestrutura, número de alunos por turma, observância de horas-atividade e corte etário, existência de Atendimento Educacional Especializado (AEE) e de Plano de Prevenção e Proteção Contra Incêndios (PCCI), entre outros.

É importante ressaltar que as condições objetivas são mais facilmente aferíveis, justamente por sua objetividade. Trata-se de condições mensuráveis e identificáveis (Schneider; Frantz; Alves, 2020), sendo que inclusive há um amplo aparato normativo que aponta condições e parâmetros que podem ser utilizados na avaliação da qualidade, como já indicado por Ximenes (2014a). Refere-se aqui aos insumos indispensáveis, dentre os quais aqueles relacionados à "instalação geral, espaço físico, serviços oferecidos, equipamentos, biblioteca, laboratórios específicos, áreas de convivência, de recreação e de práticas desportivas" (Barbosa *et al.*, 2006, p. 124). Contudo, cabe salientar que, conforme já amplamente apontado pela literatura, a qualidade da educação perpassa as condições objetivas, sendo necessária a garantia de valorização docente, organização didático-pedagógica, entre outras questões, dentre as quais se encontram também fatores extraescolares (Barbosa *et al.*, 2006).

Também chama a atenção que a análise da Figura 5 indica que o foco de atuação institucional do Ministério Público, ao menos nos estados analisados, é nas condições intraescolares.

Figura 5 – Nuvem de palavras dos temas tratados nos procedimentos que discutem a qualidade da educação básica no Ministério Público de nove estados

Fonte: elaborado pela autora a partir dos dados coletados na pesquisa (2022)

Na sequência, os assuntos tratados nos procedimentos foram agrupados por temas para permitir uma melhor visualização e análise dos dados. Foram condensados 13 temas a partir do conteúdo dos procedimentos analisados:

1) **acesso**: contempla os casos nos quais se discute corte etário; manutenção de oferta em área rural; oferta de vagas por meio de conveniamento; igualdade de condições para o acesso; exames de admissão para ingresso em escola pública; garantia de vaga em local próximo à residência; atendimento da meta 1 do PNE; oferecimento de ensino médio regular noturno; transferência de alunos; ausência de oferta de educação de jovens e adultos; fechamento de unidade escolar; atendimento específico para população do campo, indígenas e quilombolas; matrícula de alunos com deficiência;

2) **permanência**: evasão; igualdade de condições; implementação de ficha de aluno infrequente;

3) **relação de alunos por professor e turma**: casos em que se discute a quantidade máxima de alunos por professor e/ou por turma;

4) **educação especial**: acessibilidade dos prédios; profissionais de apoio aos alunos com deficiência; materiais pedagógicos adequados; sala de recursos multifuncionais; AEE; inclusão mediante oferta na rede regular de ensino; formação específica dos professores para atuar com alunos com deficiência; adequação de número de alunos por turma nos casos em que há inclusão;

5) **infraestrutura**: construção de unidades; reforma; instalação de equipamentos (climatização, equipamentos esportivos, bibliotecas etc.); segurança das instalações; PCCI; salubridade; fornecimento de água potável e energia elétrica; integração digital (conexão de escolas à internet); higiene;

6) **profissionais**: convocação de professores aprovados em concurso; carência de professores; condições de trabalho; formação adequada para a atividade docente correspondente; plano de carreira e remuneração do magistério; regularidade dos processos seletivos/concursos; profissionais de apoio na educação infantil; valorização dos professores; carência de pedagogos e profissionais de supervisão; descumprimento de hora atividade; desvio de função; Piso Salarial Profissional Nacional do Magistério (PSPN); hora atividade; carga horária dos professores;

7) **organização pedagógica**: carga horária; oferta de disciplinas (ausência de oferta de educação física, por exemplo); política pedagógica; recursos didáticos; garantia de 200 dias letivos; reposição de aulas; organização de atividades culturais; formulação de proposta pedagógica; questões curriculares; inclusão da disciplina de história e cultura afro-brasileira e indígena no currículo das escolas de ensino fundamental; processo de ensino-aprendizagem; condições administrativas, materiais e técnico-pedagógicas de instituições privadas; acompanhamento pedagógico individualizado para crianças em situações de acolhimento institucional; baixo rendimento dos alunos; mediação tecnológica; jornada; reorganização; organização das turmas sem multisseriação e respeitando a faixa etária dos alunos; atendimento na educação infantil em período de férias;

8) **gestão**: questões relacionadas ao Conselho Municipal de Educação (necessidade de sua constituição, necessidade de submissão de temas para sua consulta etc.); gestão temerária (má gestão escolar); cumprimento do Plano Municipal de Educação (PME); trabalho em rede; aplicação de penalidades em caso de indisciplina; autorização de funcionamento de escolas privadas; gestão democrática; transparência da gestão; gestão adequada do caixa escolar; necessidade de instalação do conselho municipal de educação;

9) **programas suplementares**: transporte (segurança do transporte; formação específica dos motoristas; necessidade de monitor no transporte); alimentação escolar (observância das necessidades nutricionais; higiene alimentar; pessoal qualificado para elaboração; cronograma regular de entrega dos alimentos; capacitação de cozinheiras; materiais de proteção e segurança; qualidade dos alimentos; instalação de conselho de alimentação escolar); material didático (entrega aos alunos; qualidade dos livros didáticos);

10) **questões extraescolares**: infraestrutura do entorno escolar; condições familiares e econômicas; questões culturais; segurança do trânsito no entorno escolar;

11) **avaliação**: IDEB; verificação das avaliações e recuperações dos alunos; implantação de sistema de avaliação que contemple as pessoas com deficiência;

12) **financiamento**: obrigatoriedade de uso de 60% dos recursos do FUNDEB para pagamento dos profissionais; caixa escolar; correta aplicação dos recursos do Fundo de Manutenção e Desenvolvimento do Ensino Fundamental e Valorização do Magistério (FUNDEF)/FUNDEB; conveniamento com instituições filantrópicas e assistenciais para a oferta de educação infantil, com repasse de recursos do FUNDEB, do Programa Nacional de Alimentação Escolar (PNAE), do Pacto Nacional pela Alfabetização na Idade Certa (PNAIC) e do Brasil Carinhoso; fiscalização de verbas do FUNDEB; prestação de contas dos recursos aplicados; existência e atuação do Conselho de Acompanhamento e Controle Social do FUNDEB (CACS/FUNDEB);

13) **outros**: oferta de ensino médio apenas via mediação tecnológica, sem oferta regular; proselitismo religioso; aplicação de provas aos sábados em prejuízo aos adventistas; indisciplina escolar; maus-tratos de alunos; segregação de alunos por suas capacidades intelectuais; verificação da existência de restrições discriminatórias e inconstitucionais nas normas de convivência escolar e no regimento escolar; atos infracionais ou de indisciplina; seminários regionais.

O Gráfico 3 a seguir indica a quantidade de procedimentos que se encaixam em cada um dos temas. Vale ressaltar que um mesmo procedimento pode se enquadrar em mais de um tema quando contempla a discussão de assuntos diferentes. O que se percebe da análise do gráfico é que a maior quantidade de casos se insere justamente nos temas vinculados às dimensões intraescolares e às condições objetivas de qualidade (Barbosa *et al.*, 2006; Dourado; Oliveira, 2009), tal qual identificado na Figura 5.

Gráfico 3 – Procedimentos sobre qualidade da educação básica do Ministério Público de nove estados (MPAL, MPAP, MPBA, MPES, MPMA, MPPB, MPRN, MPRO e MPRS) organizados por temas

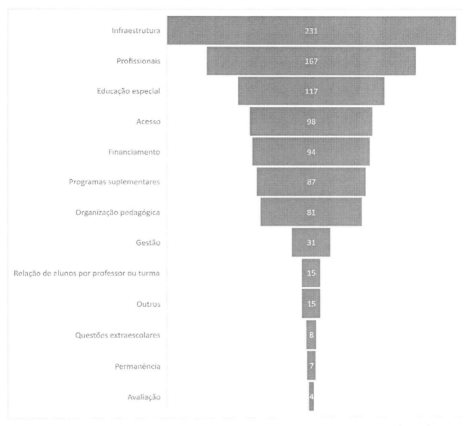

Fonte: elaborado pela autora a partir dos dados coletados na pesquisa (2022)

O que chama a atenção na Figura 5 e no Gráfico 3 é a variedade de temas presentes nas discussões dos procedimentos. Em trabalho anterior, no qual analisei as ações coletivas nas quais se exigia o direito à educação infantil nos Tribunais de Justiça do Brasil, identifiquei que as condições de qualidade discutidas naquelas demandas ainda eram muito incipientes e vinculadas às condições de acesso (Taporosky, 2017). Embora naquele estudo o âmbito de análise fosse restrito às decisões proferidas pelos Tribunais de Justiça sobre educação infantil, os achados que ora se apresentam demonstram uma variedade de atuação muito maior no âmbito do Ministério Público. Salienta-se, ainda, que, dos 574 procedimentos analisados, apenas 27 eram ações civis públicas. Todos os demais consubstanciavam estratégias extrajudiciais de solução das demandas, o que pode indicar uma maior liberdade de atuação do sistema de justiça por essa via, bem como um âmbito temático maior do que aquele alcançado por meio do Poder Judiciário[49]. Esse achado confirma o que já vem sendo demonstrado em pesquisas anteriores sobre a atuação do Ministério Público na garantia do direito à educação: há uma forte atuação da instituição pela via extrajudicial, inclusive privilegiando-a em relação ao acionamento do Poder Judiciário (Feldman; Silveira, 2018; Silveira *et al.*, 2020).

O Gráfico 4 a seguir demonstra a quantidade de temas por estado em cada um dos casos analisados. Percebe-se que os temas relacionados à infraestrutura, aos profissionais, à educação especial, ao acesso e aos programas suplementares estão presentes em quase a totalidade dos casos analisados, sendo também aqueles com muitos casos. Por sua vez, os procedimentos em que se discutem questões de financiamento, de gestão e de relação de alunos por turma parecem estar mais concentrados em estados específicos. Esses dados demonstram que há temas que são presentes em todo o movimento de judicialização pela via do Ministério Público dos Estados, mas que há, também, temas que estão em voga em apenas algumas localidades. Essa diferença pode ter a ver com as características locais, o que interfere no perfil da judicialização como já demonstrado por Silveira *et al.* (2021), mas também possui vinculação com as variáveis institucionais do próprio Ministério Público.

Percebe-se ainda que, embora em todos os casos seja visível uma grande variedade de temas, há aqueles em que a discussão se centra em uma diversidade menor de objetos, como o MPMA, enquanto há estados nos quais se encontram presentes procedimentos em todos os temas analisados, como o MPRS.

---

[49] Saliente-se que, dada a análise de uma grande quantidade de procedimentos nos nove casos selecionados, não se buscou identificar o tempo de tramitação de cada um dos procedimentos administrativos analisados, a fim de identificar se as estratégias extrajudiciais confeririam maior celeridade na solução dos problemas, comparativamente ao acesso ao Poder Judiciário mediante ajuizamento de ações judiciais.

Gráfico 4 – Procedimentos do Ministério Público de nove estados (MPAL, MPAP, MPBA, MPES, MPMA, MPPB, MPRN, MPRO e MPRS), por estado, por temas

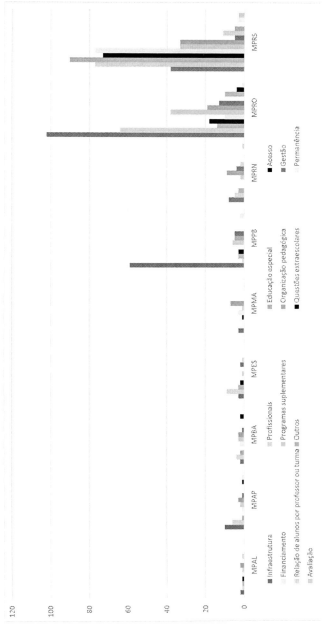

Fonte: elaborado pela autora a partir dos dados coletados na pesquisa (2022)

Importa considerar que, dos 271 procedimentos coletados no MPRS, 209 foram selecionados para análise pela indicação de se vincularem à temática da qualidade – o que representa 77% do total de casos coletados. Esse achado é importante, pois, como visto no capítulo anterior, o MPRS é um dos casos em que se encontram estratégias de construção da capacidade pela via da técnica jurídica, da técnica especializada e da participação, com especial destaque para a primeira. Como apontam Ximenes *et al.* (2022), trata-se do estado no qual o Ministério Público possui a maior quantidade de órgãos especializados para atuar em educação no país. Portanto, há um indício de que uma maior construção da capacidade pode gerar uma atuação em maior quantidade e variedade nas políticas educacionais, o que confirma a hipótese de que as variáveis institucionais possuem forte influência na forma de atuação da instituição.

Por outro lado, o MPRO conta com uma construção da capacidade por meio da técnica jurídica fraca, uma vez que conta com apenas um órgão de execução especializado e um órgão de coordenação sem atuação exclusiva na educação, quando comparado com o MPRS. Contudo, apresenta uma forte construção da capacidade pela via da técnica especializada, contando não apenas com profissionais especializados no órgão especializado em educação, mas também com órgão técnico na instituição. Ainda assim é o caso com o maior número de procedimentos coletados. Esse achado indica que, embora não haja uma priorização da instituição no estado no sentido de organizar seus membros em quadros especializados, o oferecimento do suporte técnico especializado também gera efeitos na quantidade e na variedade de procedimentos sobre política educacional instaurados.

Todavia, há casos que, conforme o Quadro 11, contam com uma diversidade organizacional e com uma ampla utilização de estratégias de construção da capacidade, como o MPBA e o MPES, que não se traduzem em quantidade de casos relacionados à temática da qualidade. Isso pode se dar tanto pela impossibilidade de coleta de todos os procedimentos da instituição em virtude da fonte escolhida – como já apontado no Capítulo 4, o que se constitui em uma limitação da presente pesquisa – quanto por uma atuação descolada no planejamento estratégico da instituição, ou seja, uma atuação que não priorize o tema da qualidade educacional. Outras pesquisas que busquem identificar o padrão geral de atuação na temática pelo Ministério Público desses estados poderão avaliar as hipóteses ora levantadas. Contudo, percebe-se que, nesses casos, as estratégias de busca da capacidade, ainda que presentes, não são suficientes para gerar quantidade e diversidade na atuação finalística em políticas educacionais.

Neste ponto é importante considerar a variável do federalismo na diversidade de atuação do Ministério Público nos casos analisados. Como apontam Abrucio, Viegas e Rodrigues (2021), o desenho das políticas públicas e suas particularidades afeta a forma como o governo as realiza, o que interfere na forma de atuação do Ministério Público. É o que se percebe em relação à temática da infraestrutura. A grande quantidade de casos presentes no MPPB e no MPRO diz muito sobre as condições estruturais das escolas dos estados da Paraíba e de Rondônia e as políticas adotadas pelo governo desses estados em relação ao tema. Portanto, a diversidade de atuação, nesse caso, não vem apenas da política institucional do Ministério Público, mas sim do desenho da política pública e da atuação do executivo em sua realização.

> Assim, aspectos organizacionais e dinâmicas políticas exógenas e endógenas são importantes, pois conformam os diferentes Ministérios Públicos, e esses fatores variam de contexto para contexto, inclusive gerando diferenças quanto à capacidade de controle – assim, capazes de produzir resultados distintos em relação ao controle da administração pública e das políticas públicas (Abrucio; Viegas; Rodrigues, 2021, p. 6).

Como esses autores pontuam, o Ministério Público não possui a mesma capacidade de controle em todos os estados, gerando diferenças entre os órgãos de execução dentro de um mesmo estado. Dessa forma, não é possível, segundo Abrucio, Viegas e Rodrigues (2021), esperar uma mesma forma de atuação ou desempenho semelhante, ainda que as atribuições legais e constitucionais que lhes são conferidas sejam as mesmas. Os dados aqui analisados confirmam a hipótese apresentada por esses autores, uma vez que demonstram não apenas as diferenças nos aspectos organizacionais em cada caso analisado, mas também a diferença entre a quantidade e a diversidade de casos encontradas no Ministério Público dos nove estados analisados.

Sendo assim, na sequência passo a analisar quais, dentre as estratégias de construção da capacidade encontradas no capítulo anterior, são mobilizadas pelo Ministério Público em cada procedimento no qual se discute a qualidade da educação básica.

5.2 CAPACIDADE PARA ATUAR NAS POLÍTICAS EDUCACIONAIS: QUAIS ESTRATÉGIAS O MINISTÉRIO PÚBLICO UTILIZA NA ATUAÇÃO FINALÍSTICA EM PROL DA QUALIDADE DA EDUCAÇÃO?

Para viabilizar a análise da utilização das estratégias de construção da capacidade para atuação nas políticas educacionais nos procedimentos em que se discute a qualidade da educação básica desenvolvi um protocolo de pesquisa consubstanciado em um banco de dados, no qual os procedimentos selecionados foram inseridos e categorizados segundo o protocolo indicado no Quadro 12 a seguir, organizados a partir das categorias de estratégias de construção da capacidade para atuar nas políticas educacionais analisadas no capítulo anterior.

Quadro 12 – Variáveis do protocolo de análise dos procedimentos do Ministério Público de nove estados (MPAL, MPAP, MPBA, MPES, MPMA, MPPB, MPRN, MPRO e MPRS)

Informações	Variáveis	Descrição
Informações gerais	Estado	Identificação, pela sigla, do estado ao qual o procedimento estava vinculado.
	Número	Número do procedimento encontrado no Ministério Público de origem.
	Tipo	Tipo de procedimento encontrado: TAC, inquérito civil, procedimento preparatório, recomendação, ação civil pública[50].
	Qualidade	Se o procedimento se enquadrava na temática da qualidade.
Técnica jurídica	Órgão de execução especializado	Visa identificar se o procedimento tramitou perante um órgão de execução especializado ou com atribuições cíveis na temática da educação, seguindo-se a classificação de Ximenes *et al.* (2020).
	Órgão de coordenação especializado	Visa identificar se o procedimento foi originado em um órgão de coordenação especializado ou com atribuições cíveis na temática da educação, seguindo-se a classificação de Ximenes *et al.* (2020).

---

[50] Embora não tenha sido realizada a busca de ações judiciais, na análise dos procedimentos foram encontradas ações civis públicas propostas pelo Ministério Público, no âmbito dos disponibilizados nos portais da transparência. Nesse caso não se buscou o andamento ou o resultado da demanda perante o Poder Judiciário, sendo que a análise se circunscreveu aos documentos disponibilizados pelo próprio Ministério Público em seus portais da transparência.

Informações	Variáveis	Descrição
Técnica especializada	Atuação de servidores especializados do órgão	Identificação da atuação, no procedimento, de servidores especializados vinculados ao órgão de execução ou coordenação no qual o procedimento tramita.
	Atuação de órgãos técnicos	Identifica se houve a atuação de órgãos técnicos do respectivo Ministério Público durante o procedimento.
	Atividade do órgão técnico	Descrição da atividade realizada pelo órgão técnico, caso identificada no procedimento.
Participação	Originário de uma audiência pública	Para os casos nos quais o procedimento indica sua instauração a partir de elementos coletados por meio de audiência pública realizada com a sociedade.
	Realiza audiência pública durante o trâmite do procedimento	Casos nos quais é identificada, no trâmite do procedimento, a realização de audiência pública pelo Ministério Público, a fim de colher elementos para o objetivo investigado.
	Cooperação ou convênio disponível no Portal da Transparência	Casos nos quais o procedimento indica a utilização de convênio/parceria firmado/a com outras instituições ou atores e que está disponível para consulta no Portal da Transparência, tendo sido elencado/a no Capítulo 5.
	Cooperação ou convênio não disponível no Portal da Transparência	Casos nos quais o procedimento indica a utilização de convênio/parceria firmado/a com outras instituições ou atores e que não foi previamente identificado/a na pesquisa, ante a ausência de sua informação naquelas coletadas perante o Portal da Transparência.
	Finalidade da utilização da cooperação ou convênio	Descrição da atividade nos procedimentos em que o Ministério Público se utilizou da cooperação ou do convênio firmado.
Outros	Descritivo	Indica a existência de outras estratégias de construção da capacidade do Ministério Público em razão do objeto do procedimento, que não foram identificadas nas outras etapas da pesquisa.

Fonte: elaboração própria (2022)

A partir, portanto, desses elementos, busquei identificar quais estratégias de construção da capacidade para atuar na política educacional – dentre aquelas previamente identificadas no capítulo anterior – eram mobilizadas pelo Ministério Público em cada um dos nove estados analisados, para a realização de sua atividade-fim nos procedimentos relacionados à temática da qualidade, que, em tese, possuiria centralidade na sua atuação ante a previsão no planejamento estratégico; bem como se eram buscadas, ainda, outras estratégias para facilitar sua atuação finalística.

Neste ponto é importante esclarecer que não considerei como estratégia de construção da capacidade a utilização de normativas ou de orientações emanadas por outros órgãos públicos para dar fundamento às decisões tomadas no curso dos procedimentos. Compreende-se, nesse caso, que o Ministério Público nada mais faz do que mobilizar sua técnica jurídica, que se relaciona à sua atividade própria de interpretação da lei – aqui entendida em sentido amplo – ou do texto escrito. Portanto, a menção a esses documentos, ainda que possam em alguns casos ser identificados como de fraca juridificação (Ximenes, 2014a), não pode ser considerada como uma estratégia de qualificação de sua atuação na política educacional.

Nesse mesmo sentido, não foi considerada estratégia de capacidade presente nos procedimentos a utilização de provas produzidas pelas partes. Compreendo que, ainda que se trate, em muitos casos, de provas técnicas e tenham relevância no deslinde dos casos, não se trata de uma busca do próprio Ministério Público, mas sim um desdobramento do atendimento ao princípio do contraditório e da ampla defesa.

Inicialmente analisei, dentre os procedimentos coletados, aqueles nos quais o Ministério Público mobilizava alguma das estratégias identificadas no capítulo anterior no curso do procedimento. O Gráfico 5 a seguir indica a quantidade total de procedimentos analisados em cada estado, bem como aqueles nos quais foram ou não encontradas as estratégias de construção de capacidade para atuar na política educacional. Dos 574 procedimentos selecionados, em 436 se identifica a mobilização de estratégias de construção da capacidade para atuação na política educacional, o que corresponde a 75,95% dos casos analisados. É em relação a esses 436 procedimentos que se seguirá a análise, uma vez que nos 138 restantes percebe-se a ausência de mobilização da capacidade para a discussão da qualidade da educação.

Gráfico 5 – Quantidade de procedimentos analisados pela presença de estratégias de construção da capacidade para atuar na política educacional no Ministério Público em cada estado (MPAL, MPAP, MPBA, MPES, MPMA, MPPB, MPRN, MPRO e MPRS)

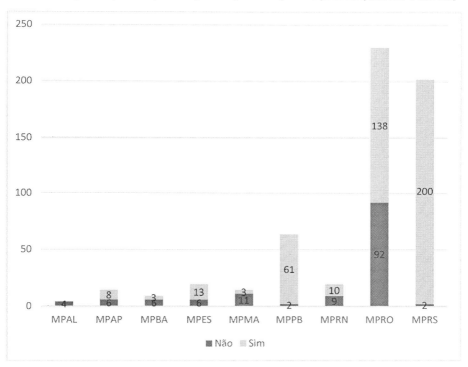

Fonte: elaborado pela autora a partir dos dados coletados na pesquisa (2022)

Percebe-se que o MPAL é o único caso em que nenhuma das estratégias identificadas no capítulo anterior são mobilizadas nos procedimentos analisados. Esse dado chama a atenção, pois o MPAL conta com estratégias tanto em relação à técnica jurídica (possui cinco órgãos com atribuições para atuar na educação) quanto em relação à técnica especializada (possui órgão técnico que conta com servidores com formação em Assistência Social e Psicologia, por exemplo) e à participação (existência de dois termos de cooperação). Contudo, percebe-se também que é o estado que conta com o menor número de procedimentos coletados, ainda que os quatro procedimentos se encaixem em uma variedade dentre os temas de qualidade encontrados, conforme se verifica do Gráfico 4 anteriormente apresentado. Neste caso, portanto, é possível indicar que as estratégias de construção da capacidade para atuar na política educacional no MPAL não foram mobilizadas na sua atuação finalística em prol da qualidade da educação básica.

Em todos os demais casos, percebe-se sua utilização nos procedimentos. No MPBA e no MPMA, verifica-se que a mobilização ocorre na menor parte dos casos, havendo maior número em que não se identifica nenhuma das estratégias. Já nos demais casos (MPAP, MPES, MPPB, MPRN, MPRO e MPRS) a maior parte dos procedimentos analisados indica a mobilização de alguma estratégia de construção da capacidade.

O Gráfico 6 a seguir, por sua vez, demonstra a quantidade de procedimentos em que foram encontradas cada uma das estratégias analisadas no capítulo anterior. Cada uma das categorias contempla a quantidade de procedimentos nos quais a estratégia foi encontrada, motivo pelo qual, nesse gráfico, um mesmo procedimento pode estar classificado em duas ou mais estratégias diferentes.

Ressalta-se que na análise de cada um dos procedimentos foram encontradas outras situações em que o Ministério Público buscava os conhecimentos necessários ao seu andamento por meio de ações que não estavam organizadas institucionalmente por meio da técnica jurídica, da técnica especializada ou da participação, motivo pelo qual foram classificadas como "outras estratégias", que serão descritas oportunamente. Assim, percebe-se que, para além da construção da capacidade por meio de sua organização institucional, há casos em que o Ministério Público utiliza estratégias diferentes no curso de sua atuação finalística, levando em consideração o objeto específico. Embora demonstrem-se em grandes quantidades, como se verá a seguir, trata-se de estratégias pontuais que levam em consideração o caso concreto e não são institucionalizadas na estrutura institucional, como as identificadas no capítulo anterior. Como exemplo cita-se a requisição de vistorias ao corpo de bombeiros, à vigilância sanitária, aos conselhos de educação; a realização de reuniões com a comunidade (sem o chamamento de audiências públicas); entre outras. Embora denominadas "outras estratégias" para facilitar a leitura das informações analisadas, constituem-se em formas de atuação tradicional da instituição – sem a mobilização das capacidades jurídicas, técnicas e de participação construídas institucionalmente –, que possui as prerrogativas de mobilizar diferentes meios a fim de instruir os procedimentos e inquéritos realizados.

Os dados do Gráfico 6 demonstram com clareza que a atuação finalística do Ministério Público nos estados analisados, em procedimentos que discutem a qualidade da educação básica, utiliza-se, em sua maioria, da estratégia da técnica jurídica. Isso demonstra que a principal fonte de capacidade para atuar na política educacional, nestes casos, advém da organização institucional dos membros da instituição pela via da especialização dos órgãos de execução ou de coordenação. Em comparação a essa estratégia, pouco se utiliza da técnica especializada ou da participação, o que se verificará pontualmente nos diferentes temas de análise da qualidade. Com relação às outras estratégias, percebe-se que o Ministério Público tem realizado fortemente a busca de outros elementos no curso dos procedimentos que possam dar fundamentação à sua atuação, levando em conta os objetos específicos dos procedimentos.

Gráfico 6 – Estratégias de construção da capacidade para atuar na política educacional encontradas nos procedimentos analisados

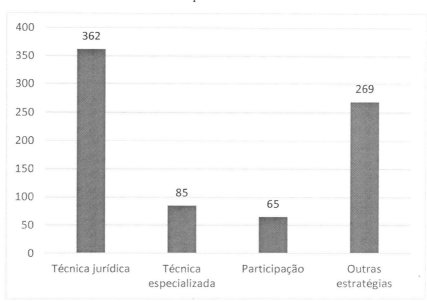

Fonte: elaborado pela autora a partir dos dados coletados na pesquisa (2022)

Já o Gráfico 7 a seguir demonstra a existência de procedimentos nos quais há a combinação de duas ou mais estratégias de construção da capacidade, bem como aqueles em que o Ministério Público se utiliza de apenas uma delas. Novamente se percebe que as estratégias mobilizadas se concentram na técnica jurídica e na obtenção de outros elementos diretamente no bojo dos procedimentos, tendo em vista a especificidade do objeto. A quantidade de casos nos quais as demais estratégias (técnica especializada ou participação) estão presentes, quer sozinhas ou combinadas com outras estratégias, se dissipa na análise dos procedimentos, em casos excepcionais.

Gráfico 7 – Combinações de estratégias de construção da capacidade por quantidades de procedimentos sobre qualidade da educação básica

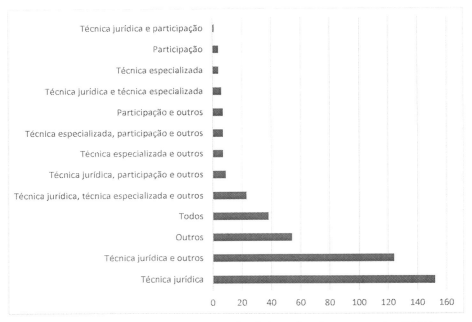

Fonte: elaborado pela autora a partir dos dados coletados na pesquisa (2022)

Por fim, o Gráfico 8 a seguir apresenta a combinação de estratégias presentes no Gráfico 7, mas demonstrando sua utilização nos procedimentos originários em cada um dos oito estados analisados – lembrando que, uma vez que o MPAL não contou com nenhum procedimento no qual foram identificadas as estratégias de construção de qualidade, não integra o corpus de análise neste item.

Gráfico 8 – Combinações de estratégias de construção da capacidade e quantidades de procedimentos sobre qualidade da educação básica por estado (MPAP, MPBA, MPES, MPMA, MPPB, MPRN, MPRO e MPRS)

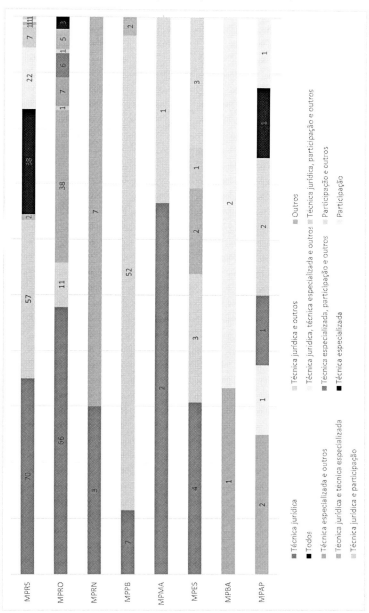

Fonte: elaborado pela autora a partir dos dados coletados na pesquisa (2022)

O conjunto de dados retratados no Gráfico 8 permite indicar que o MPAP, o MPRO e o MPRS utilizam-se de estratégias vinculadas aos três tipos identificados no capítulo anterior – técnica jurídica, técnica especializada e participação –, bem como de outras estratégias no curso dos procedimentos. O MPBA, ainda que conte em sua organização institucional com estratégias de técnica jurídica e de técnica especializada (conforme indica o Quadro 11), utiliza-se apenas da participação e de outras estratégias nos procedimentos analisados.

Por sua vez, o MPES conta com a atuação de servidores técnicos com formação em Pedagogia e em Serviço Social nos órgãos especializados (técnica jurídica), mas em nenhum dos procedimentos analisados encontrou-se a utilização da estratégia da técnica especializada, não obstante as demais estratégias estejam presentes. Esse achado pode indicar a não mobilização do conhecimento especializado ou que, embora mobilizado, não é descrito nos procedimentos e, portanto, não passível de identificação pelas fontes utilizadas nesta pesquisa. O mesmo ocorre em relação ao MPMA, ao MPPB e ao MPRN, que não mobilizam suas estratégias de técnica especializada nem participação nos procedimentos.

Sendo assim, o Quadro 13 a seguir apresenta a síntese da existência de estratégias de construção da capacidade para atuação na política educacional em cada estado identificadas no capítulo anterior (Quadro 11), conjugadas à verificação de sua mobilização nos procedimentos coletivos que tramitaram em cada um dos estados que discutem a qualidade da educação básica.

Quadro 13 – Estratégias de construção da capacidade para atuar nas políticas educacionais e sua mobilização nos procedimentos sobre qualidade da educação básica no MPAP, no MPBA, no MPES, no MPMA, no MPPB, no MPRN, no MPRO e no MPRS

Estado	Estratégias de técnica jurídica	Mobiliza a técnica jurídica nos procedimentos	Estratégias de técnica especializada	Mobiliza a técnica especializada nos procedimentos	Estratégias de participação	Mobiliza a participação nos procedimentos	Mobiliza outras estratégias nos procedimentos
MPAP	Órgãos de execução + coordenação	Sim	Servidores especializados nos órgãos especializados + órgão técnico	Sim	Audiências públicas	Sim	Sim
MPBA	Órgãos de execução + coordenação	Não	Órgão técnico	Não	Cooperação	Sim	Sim
MPES	Órgãos de execução + coordenação	Sim	Servidores especializados nos órgãos especializados + órgão técnico	Não	Audiências públicas + cooperação	Sim	Sim
MPMA	Órgãos de execução + coordenação	Sim	Servidores especializados nos órgãos especializados + órgão técnico	Não	Audiências públicas	Não	Sim
MPPB	Órgãos de execução + coordenação	Sim	Servidores especializados nos órgãos especializados + órgão técnico	Não	Audiências públicas + cooperação	Não	Sim
MPRN	Órgãos de execução + coordenação	Sim	Servidores especializados nos órgãos especializados + órgão técnico	Não	Cooperação	Não	Sim
MPRO	Órgãos de execução + coordenação	Sim	Servidores especializados nos órgãos especializados + órgão técnico	Sim	Audiências públicas	Sim	Sim
MPRS	Órgãos de execução + coordenação	Sim	Servidores especializados nos órgãos especializados + órgão técnico	Sim	Audiências públicas	Sim	Sim

Fonte: elaborado pela autora a partir dos dados coletados na pesquisa (2022)

Assim, concluo que, embora nos oito casos analisados seja possível observar a existência das estratégias de construção da capacidade para atuação na política educacional, elas nem sempre são mobilizadas para a atuação finalística do Ministério Público no que concerne aos procedimentos nos quais se discute a qualidade da educação básica.

Contudo, é importante esclarecer que não se desconsidera que algumas dessas estratégias possam incidir indiretamente nos procedimentos por meio de uma atuação que não esteja diretamente descrita nos documentos analisados ou até mesmo pela influência que possuem na própria formação do conhecimento específico sobre a educação que os promotores de justiça atuantes nesses procedimentos adquirem por meio dessas estratégias na instituição. Ainda assim, a ausência de informações sobre sua mobilização parece indicar que, caso ocorra, possui menor importância, uma vez que não citadas nos procedimentos.

Por outro lado, considerando que, de acordo com a discussão teórica apresentada nos capítulos 2 e 3, a construção da política educacional demanda conhecimentos técnicos especializados e a participação social; e ainda que o conceito de qualidade e sua operacionalização são construídos histórica e socialmente, chama a atenção o fato de que em apenas três dos nove casos selecionados (aqui incluído também o MPAL, que não mobiliza nenhuma de suas estratégias de construção da capacidade) o Ministério Público mobiliza os três tipos de estratégias identificados no capítulo anterior. Isso demonstra que, embora a instituição possua instrumentos que lhe possibilitem mobilizar o conhecimento técnico especializado ou viabilizar, de alguma forma, a participação social, opta por não o fazer em sua atuação finalística em prol da qualidade da educação básica.

Embora, como já apontado, se perceba uma maior atuação temática da instituição nos estados analisados por meio das estratégias identificadas no capítulo anterior, bem como a ampliação da quantidade e da variedade dos temas tratados nos procedimentos que discutem a qualidade da educação básica, percebe-se que essa atuação ainda está centralizada nos saberes do promotor de justiça, que pouco dialoga com o conhecimento especializado ou com a própria sociedade. Ainda que a qualidade se construa socialmente, a análise dos procedimentos, neste livro, indica que a forma de atuação do MPAL, do MPAP, do MPBA, do MPES, do MPMA, do MPPB, do MPRN, do MPRO e do MPRS está focalizada no conhecimento técnico jurídico que detém o promotor de justiça.

A própria organização institucional via especialização temática dos órgãos de execução e de coordenação pode se apresentar como uma forma de facilitar a atuação dos promotores de justiça, uma vez que lhes permite atuarem apenas na temática. Essa especialização, como demonstrada por Silveira, Marinho e Taporosky (2021), é uma importante estratégia para a defesa do direito à educação, uma vez que quanto mais especializado o órgão, mais detalhadas e variadas suas atribuições na matéria. Dessa forma, a especialização institucional – aqui retratada como estratégia técnica jurídica da construção da capacidade para a atuação na política educacional – permite que os membros do Ministério Público se dediquem mais ao estudo e ao aprofundamento dos conflitos em torno do direito à educação.

Contudo, como aponta Poulantzas (1980), a expertise desses profissionais[51] é a interpretação da lei. Santos (2011), ao discutir a formação dos profissionais do Direito, indica a preponderância da cultura normativista e técnico-burocrática, generalista, e que não os prepara para a interpretação da realidade, pela ausência de interação com a sociedade. O mesmo autor pontua a "independência como autossuficiência" (Santos, 2011, p. 87) desses profissionais, o que pode ser visto pela postura de aplicação do conhecimento jurídico de interpretar a lei sem a mobilização, muitas vezes, dos conhecimentos técnicos necessários à melhor solução da questão ou mesmo da mediação social.

> Com a tentativa de eliminação de qualquer elemento extranormativo, as faculdades de direito acabaram criando uma cultura de extrema indiferença ou exterioridade do direito diante das mudanças experimentadas pela sociedade. Enquanto locais de circulação dos postulados da dogmática jurídica, têm estado distantes das preocupações sociais e têm servido, em regra, para a formação de profissionais sem um maior comprometimento com os problemas sociais (Santos, 2011, p. 87).

Leonardo Augusto Gonçalves (2018), membro do Ministério Público de São Paulo, apresenta em seu trabalho o conceito de políticas públicas como "conjuntos de ações e programas de ação governamental que se valem precipuamente de normas jurídicas para moldar e impulsionar a consecução dos objetivos estabelecidos" (Gonçalves, Leonardo Augusto, 2018, p. 411). Esse autor esclarece que a norma jurídica é central para a viabilização de

---

[51] Poulantzas (1980) se refere aos servidores públicos de forma geral. Contudo, sua descrição adéqua-se ao perfil dos promotores de justiça, conforme as atribuições da carreira no Brasil.

uma política pública e realização dos direitos que visa garantir. A partir dessa concepção, a interpretação da norma jurídica encerra a centralidade da discussão em torno de uma política pública, o que justificaria uma atuação nela centrada, considerando elementos especializados e a participação social como menos centrais quando o Ministério Público atua em políticas educacionais[52]. Embora não se possa atribuir a todos os membros da instituição essa concepção, a defesa realizada pelo autor em seu trabalho traz indícios da concepção dos promotores de justiça que fundamentam sua atuação apenas na interpretação do aparato jurídico em torno das políticas públicas.

Embora, como já apontava Silva (2001), o perfil dos promotores altere muito a sua forma de atuação, inclusive no que se refere à participação social e à mobilização de conhecimentos técnicos especializados, os mesmos, como profissionais do Direito, têm como função a aplicação da lei. A mobilização, portanto, da técnica especializada e da participação tem como objetivo justamente integrar a atuação do Ministério Público à realidade social. Não se defende, com isso, que o Ministério Público deve substituir os Poderes Executivo e Legislativo na elaboração e na implementação das políticas educacionais e, portanto, contar com uma estrutura própria que o habilite para tal fim. Mas se considera que, uma vez que a instituição tem cada vez mais ampliado sua atuação na temática da educação e que essa atuação produz efeitos nas políticas educacionais (Feldman; Silveira, 2018; Silveira *et al.*, 2020), é necessária sua inserção na realidade social para que sua atuação se dê de forma a dar efetividade ao direito para "[...] que a competência técnica e a independência judicial estejam ao serviço dos imperativos constitucionais de construção de uma sociedade mais democrática e mais justa [...]" (Santos, 2011, p. 87).

Isso é ainda mais necessário quando se considera que os procedimentos analisados discutem a qualidade da educação básica. A qualidade, como já apontada, é uma construção histórica e social, cujo conteúdo não é passível de ser inteiramente juridificado, motivo pelo qual há casos em que apenas a aplicação da lei ao caso concreto não será suficiente para garantia desse direito. Sendo assim, a fim de buscar compreender como o Ministério Público tem mobilizado sua capacidade para atuar na qualidade da educação básica, na sequência serão analisadas as temáticas relacionadas à qualidade indicadas na seção anterior a partir das estratégias de capacidade encontradas nos procedimentos.

---

[52] Cabe ressaltar, contudo, que este autor chama a atenção à necessidade de que o Ministério Público perceba a garantia da participação social nos processos de escolha de realização dos objetivos do governo por meio de políticas públicas (Gonçalves, L. A., 2018).

5.2.1 Infraestrutura

Como já apontado na primeira seção deste capítulo, o tema da infraestrutura é o que conta com a maior quantidade de procedimentos coletados nesta demanda: 231. A centralidade das discussões em torno desse tema – como se verifica na Figura 6 – tem relação com o fato de se tratar de uma condição objetiva de qualidade (Dourado; Oliveira, 2009). O Gráfico 9 a seguir indica que a maior parte dos procedimentos analisados neste tema conta com a mobilização de alguma das estratégias de construção da capacidade.

Gráfico 9 – Procedimentos em que se discute a qualidade da educação básica relacionados à infraestrutura, por estado, de acordo com a mobilização das estratégias de construção da capacidade do Ministério Público para atuar na política educacional

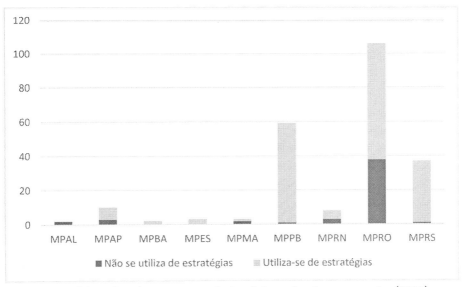

Fonte: elaborado pela autora a partir dos dados coletados na pesquisa (2022)

Chama a atenção, como já apontado, que a maior quantidade de casos está no MPPB e no MPRO. O conteúdo dos procedimentos analisados indica, em diversas situações, a precariedade da infraestrutura das escolas nesses estados. Schneider, Frantz e Alves (2020), ao analisarem as condições de infraestrutura das escolas disponíveis no país, apontam um índice de condições[53] de 6,4 para RO e 5,6 para PB, sendo que o índice do Brasil é de 6,0. Além de RO possuir um índice maior do que a própria média nacional, há dentre os casos analisados estados com piores condições de infraestrutura, como é o caso do PA, com 4,5; de AL, com 5,6; da BA, com 5,0; do MA, com 4,4; e do RN, com 5,9. Portanto, a priorização desta temática nestes dois casos pode ter relação com as variáveis institucionais ou com a própria consideração do federalismo como uma variável de atuação, nos termos propostos por Abrucio, Viegas e Rodrigues (2021).

Já o Gráfico 10 demonstra que as estratégias utilizadas variam de estado para estado. Contudo, no quadro geral, percebe-se a aplicação de todas as estratégias, estando mais frequentes a utilização da técnica jurídica por meio dos órgãos de execução especializados, a mobilização de órgãos técnicos, a utilização de recursos disponibilizados ao Ministério Público por meio de convênios/cooperação e a mobilização de outras estratégias no curso dos procedimentos.

---

[53] O índice de condições de infraestrutura compõe o Padrão de Qualidade de Referência, que é um conjunto de parâmetros que expressam condições de qualidade objetivas construído no Simulador de Custo-Aluno Qualidade, desenvolvido pela UFPR e pela Universidade Federal de Goiás (UFG). Este índice é composto pela existência e adequação, em relação à metragem, dos espaços existentes na infraestrutura escolar relacionados às atividades pedagógicas (biblioteca, sala de leitura, laboratório de informática, laboratório de ciências, parque infantil, quadra esportiva, cobertura de quadra esportiva, pátio, cobertura do pátio); espaços administrativos e infraestrutura básica (sala de direção, secretaria, sala de professores, cozinha, despensa, almoxarifado, internet, internet banda larga, banheiro, banheiro adequado para educação infantil); saneamento básico e energia (fornecimento de energia, abastecimento de água, água potável, coleta de esgoto); e dependências e vias adequadas para pessoas com deficiência (dependências adaptadas, banheiros adaptados) (Schneider *et al.*, 2020).

Gráfico 10 – Procedimentos em que se discute a qualidade da educação básica relacionados à infraestrutura, de acordo com o tipo de estratégia de construção da capacidade do Ministério Público para atuar na política educacional mobilizada, em cada estado

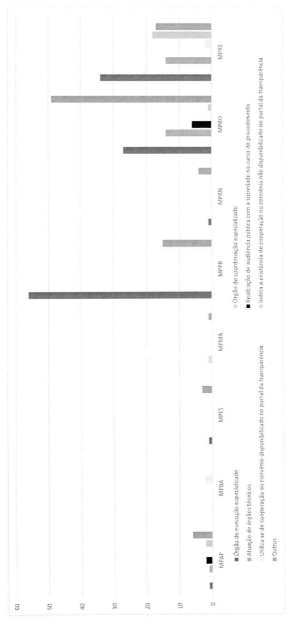

Fonte: elaborado pela autora a partir dos dados coletados na pesquisa (2022)

Voltando o olhar para cada estado e para as estratégias mobilizadas, realizei uma análise do conteúdo dos procedimentos a fim de identificar suas formas de utilização, sendo que aponto as questões de destaque encontradas. No caso da técnica jurídica chama a atenção a mobilização do apoio técnico, via órgão de coordenação especializado, pelos órgãos de execução, a fim de obterem-se elementos relacionados ao objeto dos procedimentos no MPRN e no MPRO. Também importa salientar que, embora todos os estados nos quais se identificaram procedimentos neste tema contenham órgãos especializados em sua organização institucional, não houve a mobilização desta estratégia pelo MPBA e pelo MPMA. Já no caso da técnica especializada verifica-se que tanto o MPAP quanto o MPRS utilizam-se de órgãos técnicos não visando colher elementos a respeito das questões da infraestrutura, mas sim para viabilizar ou analisar a possibilidade da continuidade dos procedimentos.

Ainda assim, verifiquei que em três procedimentos foram mobilizados os conhecimentos de profissionais da pedagogia para avaliar a infraestrutura escolar ou acompanhar reunião nos procedimentos pelo MPAP e pelo MPRO. Diferentemente de outros procedimentos do MPRO, nos quais a infraestrutura foi avaliada objetivamente por profissionais da engenharia, a utilização de analistas em pedagogia permite avaliar os efeitos das más condições de qualidade na própria realidade escolar, como se percebe em relatório de vistoria técnica realizado em um procedimento do MPRO. Neste ponto é importante considerar que, embora os profissionais de engenharia e de arquitetura tenham o conhecimento técnico que permite avaliar as condições dos prédios escolares, cabe aos profissionais da educação a análise da dimensão relacional do espaço para fins educativos. Enquanto o olhar de outros profissionais apenas será voltado à possibilidade de uso, de segurança e de solidez dos prédios escolares, são os profissionais da educação que poderão indicar a adequação dos espaços para a finalidade educativa. Tanto é assim que os próprios estudos sobre arquitetura escolar vêm mostrando a necessidade de que os espaços escolares sejam projetados e construídos a partir dos projetos político-pedagógicos das unidades e considerando as relações entre a arquitetura e as múltiplas funcionalidades dos espaços escolares (Arrais Neto; Ricca; Souza, 2017).

Em relação às estratégias de participação chamam a atenção os casos do MPAP e do MPRO, nos quais foram identificados procedimentos em que houve a realização de audiências públicas para coletar, perante a comunidade escolar, elementos que embasassem a atuação da instituição em relação à infraestrutura. Neste ponto chama também a atenção as reuniões realizadas pelo MPAP no curso de procedimentos, contando com representantes de pais e da comunidade escolar, com o fito de coletar elementos e até mesmo de colocar em votação a solução mais adequada em caso de reforma de escola. Essas reuniões do MPAP, contudo, não estão classificadas nas estratégias de participação, mas sim "outras", pois não são indicadas nos procedimentos como audiências públicas[54].

Ainda no quesito participação percebe-se a mobilização por parte do MPBA e do MPRS de convênios identificados no capítulo anterior. Contudo, cabe ressaltar que, embora os convênios sejam citados, os documentos analisados não permitem aferir a efetiva utilidade dos mesmos no curso dos procedimentos, uma vez que apenas servem como fundamentação ou como justificativa para realização de diligências.

O MPAP, o MPRO e o MPRS, ainda, apresentam em seus procedimentos a realização de outros convênios que não foram identificados previamente. Isso permite, mais uma vez, questionar a transparência do Ministério Público, uma vez que esse achado indica que há atos praticados pela instituição que não estão amplamente disponibilizados para consulta pública. Nestes casos percebe-se que as cooperações geraram atos efetivos nos procedimentos, como as vistorias no caso do MPAP e do MPRO e a mobilização do grupo de trabalho no MPRS. Ainda assim, no caso do MPRS, há casos em que as cooperações foram citadas apenas para fundamentação.

Por fim, percebe-se a centralidade da utilização de outras estratégias nos procedimentos desta temática, especialmente para realização de vistorias nas unidades escolares ou visando à fiscalização de cumprimento de TAC firmado com a Administração Pública. Nesse caso o Ministério Público de sete dos oito estados que contam com procedimentos sobre infraestrutura buscam elementos para sua atuação em estratégias direcionadas ao objeto dos procedimentos, que não se encaixam nas estratégias de construção da capacidade para atuar na política educacional de forma geral, identificadas no capítulo anterior.

Chama a atenção o fato de que o MPAP, o MPPB, o MPRO e o MPRS mobilizam a atividade técnica de realização de vistorias em outras

---

[54] Ressalta-se, como já pontuado, que apenas foram consideradas no capítulo anterior como estratégias de construção da capacidade para atuar na política educacional as audiências públicas realizadas pela instituição, com o amplo chamamento da comunidade para discussão sobre problemas sociais em torno da educação básica. Contudo, há casos que apenas foram identificados, no curso dos procedimentos em que o Ministério Público realiza reuniões com sujeitos específicos, inclusive com pais e com representantes da comunidade escolar, para discussão do objeto dos autos. Embora essas reuniões permitam, em determinada medida, a participação de outros sujeitos no curso do procedimento, não são classificadas como estratégias de participação de forma mais geral pela ausência de um chamamento amplo da comunidade por meio de audiências públicas. Contudo, trata-se de estratégias pontuais que são, assim, classificadas na categoria "outros" na análise dos procedimentos encontrados.

instituições ou profissionais externos à instituição, ainda que contem, em suas estruturas institucionais, com servidores ou com órgãos técnicos. No caso do MPES e do MPMA essa estratégia também é utilizada, mas não se verifica a existência de órgãos técnicos em sua organização institucional, o que exige a busca de auxílio técnico externo. Em todos esses casos, percebe-se a atuação preponderante do Corpo de Bombeiros e da Vigilância Sanitária, além de casos pontuais de participação de Conselhos Estaduais, Regionais e Municipais de Educação, de Conselho Tutelar, entre outros.

Contudo, com exceção do MPAP e do MPMA, percebe-se nos demais estados uma atuação do próprio órgão no qual os procedimentos tramitam, no sentido de realizar vistorias para averiguar as condições de infraestrutura. A análise, entretanto, dessa atuação é prejudicada, pois em nenhum dos casos é possível identificar quem, dentro do órgão, realiza essas vistorias. Dá-se, por fim, especial destaque ao MPMA, que conta com uma colaboração com outros CAOP das áreas de inclusão e cidadania que realizam vistorias que dão base aos procedimentos.

Assim, o que se percebe, em todos os casos analisados, é que, em relação à infraestrutura, à exceção da mobilização da técnica jurídica, o Ministério Público prioriza a utilização de outras estratégias para atuar nos procedimentos, sendo muito pontuais os casos em que mobiliza a técnica especializada e a participação.

5.2.2 Profissionais

Há 167 procedimentos nos quais se percebe a discussão acerca dos profissionais da educação. Além de grande parte dos conflitos girarem em torno de condições objetivas – como falta de professores, remuneração etc. –, é necessário pontuar que há uma ampla juridificação de elementos relacionados à temática, até mesmo como fruto das lutas históricas desses profissionais, tais como o PSPN e os planos de carreira nas diferentes esferas de governo, além das previsões da LDB a respeito da formação dos profissionais de magistério e de supervisão e de orientação educacional. Como já pontuado, havendo uma juridificação mais ampla, possibilita-se uma maior atuação do sistema de justiça em virtude de sua função de aplicação da lei. O Gráfico 11 a seguir indica a quantidade de procedimentos existentes e a mobilização das estratégias de construção da capacidade encontradas.

Gráfico 11 – Procedimentos em que se discute a qualidade da educação básica relacionados aos profissionais, por estado, de acordo com a mobilização das estratégias de construção da capacidade do Ministério Público para atuar na política educacional

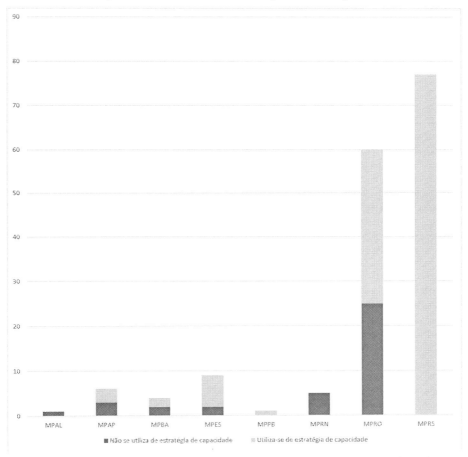

Fonte: elaborado pela autora a partir dos dados coletados na pesquisa (2022)

Nota-se que apenas o MPPB e o MPRS utilizam-se de estratégias de capacidade em todos os procedimentos incluídos nesta temática. Por sua vez, o MPRN não mobiliza estratégias em nenhum caso. Também chama a atenção que, diversamente dos casos relacionados à infraestrutura, não se encontram discussões relacionadas aos profissionais da educação em todos os estados analisados, uma vez que não estão presentes no MPMA. O Gráfico 12 a seguir demonstra as estratégias mobilizadas por estado.

Gráfico 12 – Procedimentos em que se discute a qualidade da educação básica relacionados aos profissionais de acordo com o tipo de estratégia de construção da capacidade do Ministério Público para atuar na política educacional mobilizada, em cada estado

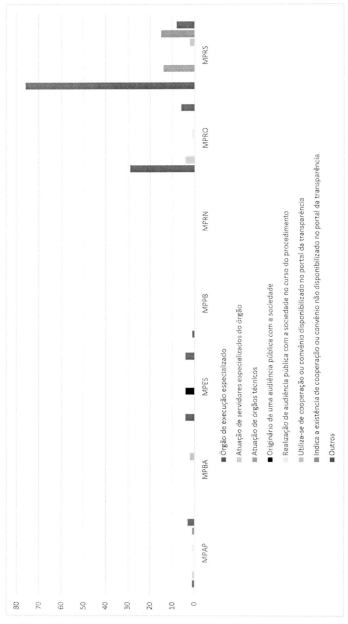

Fonte: elaborado pela autora a partir dos dados coletados na pesquisa (2022)

Novamente, comparando-se as estratégias adotadas nesta temática, percebe-se uma variedade menor do que aquelas utilizadas nos casos de infraestrutura. Mais uma vez há uma preponderância de atuação da técnica jurídica. Chama a atenção, contudo, uma maior atuação de órgãos técnicos e de novos convênios neste tema – em virtude de sua mobilização pelo MPRS, que é o estado com o segundo maior número de procedimentos analisados.

Grande parte dos procedimentos presentes neste tema estão também presentes nos casos de infraestrutura. Por conta disso, especialmente ao olhar para a mobilização de servidores especializados do órgão, para convênios e para as outras estratégias, verifica-se que se trata das mesmas já analisadas anteriormente. Ainda, em comparação com a infraestrutura, é possível perceber que a frequência de utilização de estratégias de capacidade é menos frequente aqui, especialmente nos casos do MPRS e do MPRO – excetuando-se a técnica jurídica.

Dois dados chamam especial atenção: primeiro, a mobilização dos órgãos técnicos pelo MPRS para avaliar dados orçamentários e educacionais nos procedimentos que compõem este tema. Nesse caso é importante ressaltar que se discute a necessidade de ampliação de recursos humanos para o aumento de vagas na educação infantil. O segundo é a utilização de evidências de inquéritos penais sobre corrupção, pelo MPES, para dar início aos procedimentos que visam conferir regularidade aos processos seletivos de contratação de professores da educação básica que caracteriza o intercâmbio de informações entre os variados órgãos do MPES com diferentes finalidades.

Cabe ressaltar, por fim, que há diversos procedimentos no âmbito do MPRS que discutem o PSPN, a hora-atividade e a remuneração que mobilizam apenas a técnica jurídica, por exemplo. Como já apontado, apresenta-se como hipótese para a menor mobilização de estratégias de capacidade nos casos aqui analisados a juridificação mais ampla do direito, o que poderá ser aprofundado em estudos futuros que analisem especificamente este tema. Contudo, chama a atenção que, embora as discussões presentes nesses procedimentos sejam, em sua maioria, já juridificadas, percebe-se uma atuação ministerial em torno de questões que envolvem os docentes sem a sua participação direta ou até mesmo representada pela via dos sindicatos profissionais.

Salienta-se que, da análise dos procedimentos que compõem esta temática, foram encontrados dois casos em que o MPAL recebeu denúncias dos sindicatos sobre problemas com contratação de docentes pela via de processo seletivo e sobre problemas com o pagamento das remunerações dos docentes. Contudo, não se identifica no curso dos procedimentos, em nenhum momento, o chamamento dessas instituições para acompanharem as investigações ou fornecerem outros elementos e subsídios, não sendo considerada, portanto, a mera denúncia como elemento de construção da capacidade – mas tão somente a informação de um fato que poderia ter chegado ao conhecimento do Ministério Público por outras vias.

5.2.3 Educação especial

Dada a especificidade do conteúdo dos procedimentos encontrados, essa é a única temática nomeada a partir de uma modalidade da educação. A grande quantidade de casos presentes aqui (117) tem relação com a ampliação da exigibilidade do direito à educação especial que vem se intensificando nos últimos anos como fruto da própria especificação deste direito, movimento já previsto por Silveira e Prieto (2012). Como se percebe no Gráfico 13 a seguir, não são encontrados procedimentos neste tema apenas no MPMA. A grande maioria dos casos indica a mobilização de estratégias de construção da capacidade para atuar na política educacional, sendo que apenas no MPAL nenhuma estratégia é mobilizada. Também se dá especial destaque ao MPRS, que, novamente, é o caso com o maior número de procedimentos.

Gráfico 13 – Procedimentos em que se discute a qualidade da educação básica relacionados à educação especial, por estado, de acordo com a mobilização das estratégias de construção da capacidade do Ministério Público para atuar na política educacional

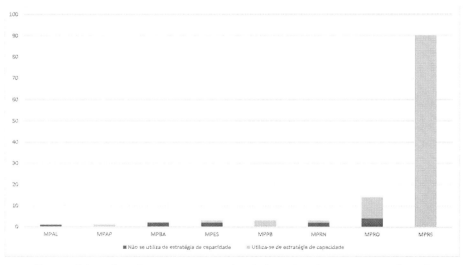

Fonte: elaborado pela autora a partir dos dados coletados na pesquisa (2022)

O Gráfico 14, novamente, destaca a preponderância da técnica jurídica como estratégia mobilizada. Também se percebe, ainda que em menor frequência, a presença de outras estratégias. A variedade está mais presente no MPRS. Chama a atenção, ainda, a ausência, em todos os procedimentos, de estratégias de interação com a sociedade por meio de audiências públicas, que não estão presentes em nenhum dos casos.

Gráfico 14 – Procedimentos em que se discute a qualidade da educação básica relacionados à educação especial de acordo com o tipo de estratégia de construção da capacidade do Ministério Público para atuar na política educacional mobilizada, em cada estado

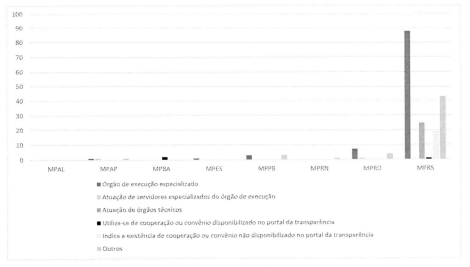

Fonte: elaborado pela autora a partir dos dados coletados na pesquisa (2022)

Em comparação aos dois temas anteriormente analisados, verifica-se uma menor variedade de estratégias mobilizadas pelo Ministério Público nesses procedimentos, quando da análise de seu conteúdo. Tendo em vista a especificidade da modalidade da educação especial, chama a atenção que, dentre as estratégias de construção da capacidade para atuar na política educacional de forma geral, apenas tenham relação direta com o tema a atuação de servidora especializada no caso do MPRO e a cooperação técnica firmada pelo MPRS para a implementação da acessibilidade em todo o estado, ainda que em uma pequena quantidade dos procedimentos considerando-se a totalidade de casos. As demais estratégias já haviam sido identificadas em relação aos temas anteriormente analisados, o que demonstra pouca relação de sua mobilização com o objeto da educação especial.

Não é muito diferente a realidade das outras estratégias. Destaca-se, contudo, a atividade conjugada do MPRN com o CAOP inclusão que permitiu a emissão de relatório da equipe técnica e que, possivelmente, contempla a especificidade do objeto; e as estratégias mobilizadas pelo MPRS que levaram em consideração questões próprias a serem observadas nos casos da educação especial, como a relação adequada de alunos por turma e professor avaliada pelos conselhos de educação e a utilização de relatório técnico do CAOP da ordem urbanística e questões fundiárias sobre acessibilidade.

Percebe-se, assim, nesta temática a mobilização de algumas estratégias pelo Ministério Público atendendo à especificidade do objeto, na categoria "outras". Mas se trata de procedimentos pontuais dentro do universo analisado.

5.2.4 Acesso

Em trabalhos anteriores já apontei a necessidade, ao menos em relação à educação infantil, de se considerar o acesso como componente da qualidade da educação (Taporosky, 2017; Taporosky; Silveira, 2018), uma vez que sua universalização é necessária para que se possa garantir o direito a todos (Beisegel, 2005). Ademais, considerando a qualidade como um conceito que se constrói e altera social e historicamente, a garantia de acesso foi a primeira percepção de qualidade, conforme ensinam Oliveira e Araujo (2005).

Nos 98 procedimentos analisados neste tema o Ministério Público indica a necessidade de garantia do acesso à educação ao considerar o princípio da qualidade. Analisando-se o Gráfico 15 a seguir, percebe-se que, em comparação às temáticas anteriormente analisadas, há uma maior quantidade de casos, proporcionalmente, em que não são mobilizadas estratégias de construção da capacidade. Essa realidade não chama tanta atenção, uma vez que, de forma geral, não há dúvidas em relação à forma de cumprir a lei: todos têm direito à educação e sua forma mais elementar de garantia é a concessão do acesso. Contudo, nota-se a ausência de procedimentos aqui constantes nos casos do MPAP, do MPBA e do MPRN, o que demonstra – pelo menos nos documentos coletados – uma percepção de qualidade não vinculada ao acesso.

Gráfico 15 – Procedimentos em que se discute a qualidade da educação básica relacionados ao acesso, por estado, de acordo com a mobilização das estratégias de construção da capacidade do Ministério Público para atuar na política educacional

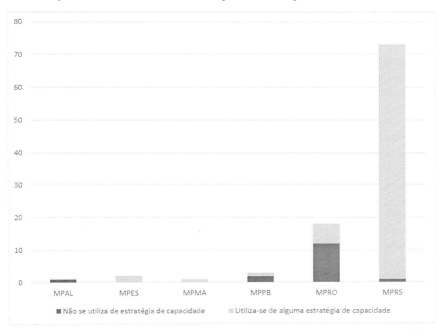

Fonte: elaborado pela autora a partir dos dados coletados na pesquisa (2022)

A análise do Gráfico 16 a seguir também não apresenta muitas surpresas. O que se percebe é que não são mobilizadas, em nenhum procedimento, as estratégias relacionadas à atuação com servidores especializados ou a realização de audiências públicas. A principal estratégia identificada é a tramitação destes procedimentos em órgãos especializados. O que difere do esperado é a existência de procedimento iniciado por um órgão de coordenação e a mobilização em alguns casos, especialmente pelo MPRO, de cooperação e de órgãos técnicos.

Gráfico 16 – Procedimentos em que se discute a qualidade da educação básica relacionados ao acesso de acordo com o tipo de estratégia de construção da capacidade do Ministério Público para atuar na política educacional mobilizada, em cada estado

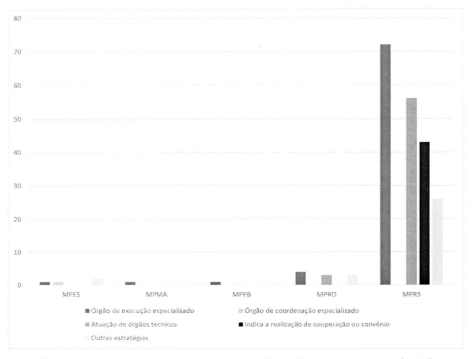

Fonte: elaborado pela autora a partir dos dados coletados na pesquisa (2022)

Ao analisar o conteúdo dos procedimentos, identifiquei que a mobilização de estratégias de capacidade nos casos analisados indica uma atuação mais destinada à análise dos dados educacionais e, de fato, ao descumprimento do direito por parte da Administração Pública. Diferenciam-se dessas estratégias aquelas utilizadas pelo MPRS no sentido de avaliar a dotação orçamentária para o cumprimento do direito e a realizada pelo MPES com o fim de ouvir a comunidade escolar e a sociedade a respeito do fechamento de escola em zona rural. Nesse caso, em específico, a instituição considerou a opinião das comunidades em sentido contrário ao fechamento das escolas para recomendar a manutenção das matrículas, o que, diferentemente de outros casos analisados até aqui, demonstra uma efetiva interação entre o Ministério Público e a sociedade e a garantia da participação desta para sua atuação finalística.

5.2.5 Financiamento

A garantia de recursos adequados para investimento na educação básica já é amplamente apontada pela literatura como necessária para a garantia de qualidade (Alves; Silveira; Schneider, 2019; Carreira; Pinto, 2006). Contudo, não se compreende que o financiamento seja em si uma condição de qualidade, mas sim uma condição necessária para sua garantia. Ainda assim, nos procedimentos analisados, o Ministério Público aponta, em diversos casos, o financiamento como parte do princípio da qualidade da educação, motivo pelo qual foram concentrados nesta temática.

Os 94 procedimentos em que esta temática está presente foram representados no Gráfico 17 a seguir, que demonstra uma considerável quantidade de casos em que são mobilizadas estratégias de construção da capacidade para atuar na política educacional, embora não estejam presentes em nenhum caso do MPAL e do MPBA.

Gráfico 17 – Procedimentos em que se discute a qualidade da educação básica relacionados ao financiamento, por estado, de acordo com a mobilização das estratégias de construção da capacidade do Ministério Público para atuar na política educacional

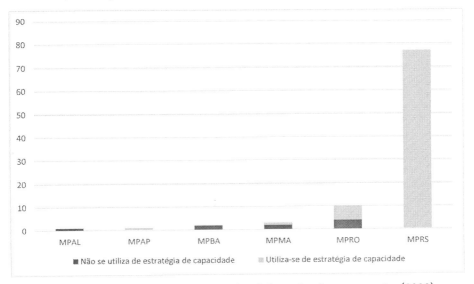

Fonte: elaborado pela autora a partir dos dados coletados na pesquisa (2022)

Ao avaliar as estratégias utilizadas, representadas no Gráfico 18 a seguir, percebe-se, novamente, a preponderância da técnica jurídica. Esse achado apresenta-se como relevante neste caso dada a especificidade da temática do financiamento, que demanda a mobilização de conhecimentos técnicos tanto do campo da educação quanto das ciências contábeis e orçamento público – o que justifica uma maior presença da discussão desta temática em órgãos especializados. O único caso em que há uma maior expressividade de mobilização de estratégias é o MPRS, o que pode se dever à quantidade de casos analisados.

Gráfico 18 – Procedimentos em que se discute a qualidade da educação básica relacionados ao financiamento de acordo com o tipo de estratégia de construção da capacidade do Ministério Público para atuar na política educacional mobilizada, em cada estado

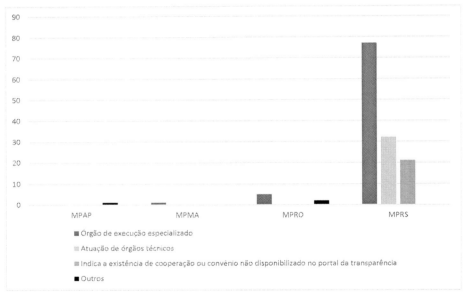

Fonte: elaborado pela autora a partir dos dados coletados na pesquisa (2022)

A análise dos procedimentos indica, em alguns casos, que as estratégias estão mais voltadas ao objeto principal do procedimento do que para ser realizada demanda à discussão do financiamento. Contudo, de forma geral, percebe-se que a mobilização das estratégias ali indicada está relacionada à necessidade de levantamento de dados educacionais e de pareceres contábeis, quer da área técnica do próprio Ministério Público, quer das instituições externas com conhecimento técnico e competência na área, como o TCE. Ainda assim, percebe-se a ausência de diálogo do Ministério Público, em diversos dos procedimentos analisados, com o Tribunal de Contas, que é a instituição à qual, constitucionalmente, cabe a função de controle das contas públicas.

5.2.6 Programas suplementares

O art. 208, VII, da CF/88 prevê como dever do Estado para com a educação a oferta de programas suplementares de material didático escolar, de transporte, de alimentação e de assistência à saúde (Brasil, 1988). Contudo, as despesas com esses programas não se constituem enquanto despesas de manutenção e de desenvolvimento do ensino, conforme previsto no art. 71, IV, da LDB (Brasil, 1996). Dessa forma, seu custeio deve vir de outras fontes – dentre as quais podem ser utilizados os recursos do salário-educação – que superem os recursos vinculados à educação. Ainda assim se trata de um direito que pode ser exigido perante o sistema de justiça (Cury; Ferreira, 2009).

O Gráfico 19 a seguir demonstra que os 87 procedimentos analisados estão presentes em todos os casos de análise, havendo 3 (MPAL, MPES e MPMA) nos quais nenhuma estratégia é mobilizada e outros 3 (MPAP, MPBA e MPRS) nos quais todos os procedimentos contam com a mobilização. Este é o primeiro tema onde o MPRO é o estado com a maior quantidade de casos presentes, não obstante o MPRS também conte com um número relevante de procedimentos.

Gráfico 19 – Procedimentos em que se discute a qualidade da educação básica relacionados a programas suplementares, por estado, de acordo com a mobilização das estratégias de construção da capacidade do Ministério Público para atuar na política educacional

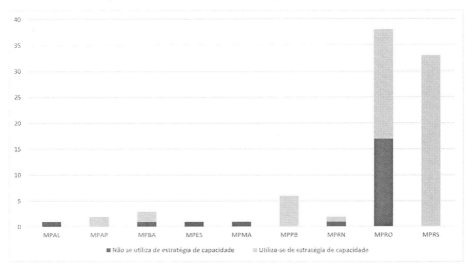

Fonte: elaborado pela autora a partir dos dados coletados na pesquisa (2022)

O Gráfico 20 mostra novamente a preponderância de mobilização da técnica jurídica mediante órgãos de execução especializados, não obstante a mesma não esteja presente em três casos (MPAP, MPBA e MPES). Por outro lado, no MPRN é a única mobilizada. As estratégias identificadas apenas no procedimento e não no capítulo anterior são mobilizadas em cinco estados: MPAP, MPES, MPPB, MPRO e MPRS.

Gráfico 20 – Procedimentos em que se discute a qualidade da educação básica relacionados a programas suplementares de acordo com o tipo de estratégia de construção da capacidade do Ministério Público para atuar na política educacional mobilizada, em cada estado

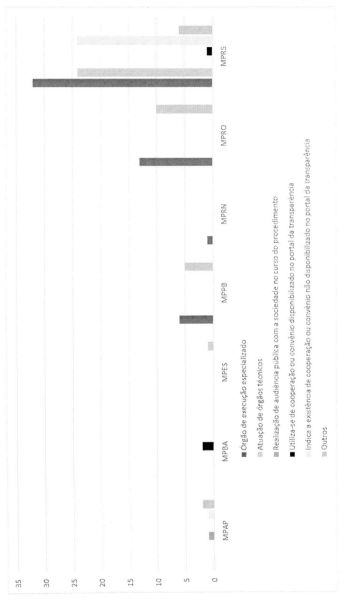

Fonte: elaborado pela autora a partir dos dados coletados na pesquisa (2022)

Neste tema chama a atenção que as estratégias mobilizadas na técnica especializada e na participação já haviam sido percebidas em alguns dos temas anteriores. Contudo, nas outras estratégias percebe-se de fato uma maior preocupação da instituição em buscar elementos com base no objeto específico, no caso na maior parte dos procedimentos analisados, tendo em vista a necessidade de intervir na política de alimentação escolar ou de transporte. Portanto, identifica-se que as outras estratégias, aqui, tiveram uma maior vinculação com o objeto discutido, o que justifica sua mobilização.

5.2.7 Organização pedagógica

Como se percebe dos temas que compõem estes casos, explicitados no início deste capítulo, trata-se da temática que contempla a maior variedade de temas que, teoricamente, demandariam mais conhecimentos especializados de profissionais da educação. Nesta temática encontram-se procedimentos que discutem questões já juridificadas, como carga horária, quantidades de dias letivos, obrigatoriedade de inserção de determinadas disciplinas ou de conteúdos nos currículos etc., mas que não estão isentas de análises próprias da área da educação, dada sua especificidade.

Contudo, também há procedimentos sobre processo de ensino-aprendizagem, de necessidade de acompanhamento individualizado, de formulação de proposta pedagógica, de adequação do ensino realizado, entre outras, que demandam um conhecimento técnico da Pedagogia que não está disponível aos membros do Ministério Público apenas pela aplicação da lei. Em virtude disso, acreditava-se que dentre os 81 procedimentos aqui relacionados haveria uma mobilização mais variada de estratégias entre os estados. Contudo, não é o que se observa. Conforme o Gráfico 21 a seguir, percebe-se que há procedimentos que compõem este tema em todos os estados analisados, exceto no MPES, sendo que, com exceção do MPAL, todos os demais mobilizam algum tipo de estratégia de construção de sua capacidade.

Gráfico 21 – Procedimentos em que se discute a qualidade da educação básica relacionados à organização pedagógica, por estado, de acordo com a mobilização das estratégias de construção da capacidade do Ministério Público para atuar na política educacional

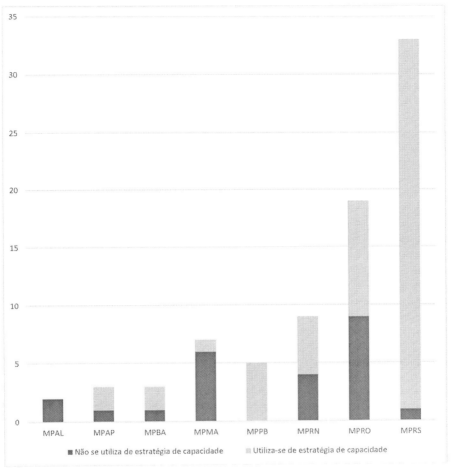

Fonte: elaborado pela autora a partir dos dados coletados na pesquisa (2022)

Contudo, percebe-se a partir do Gráfico 22 que a maior quantidade de casos conta com a mobilização da técnica jurídica. Apenas o MPRS mobiliza a técnica especializada. Percebe-se que o MPRN, o MPRO e o MPRS ainda mobilizam outras estratégias, que serão avaliadas na sequência, sendo que o MPAP, o MPBA e o MPRS mobilizam a cooperação via convênios. Contudo, apenas o MPAP utiliza-se de alguma estratégia de participação.

Gráfico 22 – Procedimentos em que se discute a qualidade da educação básica relacionados à organização pedagógica de acordo com o tipo de estratégia de construção da capacidade do Ministério Público para atuar na política educacional mobilizada, em cada estado

Fonte: elaborado pela autora a partir dos dados coletados na pesquisa (2022)

Tendo em vista que se esperava a maior mobilização de estratégias que colocasse o Ministério Público em contato com os conhecimentos especializados na área da educação, apresenta-se de especial relevância compreender como ocorreu a mobilização das estratégias identificadas. Conforme se verifica do conteúdo dos procedimentos, percebi que o MPRS é o único estado em que se encontra a mobilização da estratégia da técnica especializada. Contudo, busca apenas informações a respeito de dados educacionais e contábeis relativos ao orçamento, sendo que não há qualquer indicação de consulta técnica a respeito de temas específicos da educação – para além da obtenção de dados. Igualmente, nenhuma das estratégias de participação identificadas nos casos encontrados indica uma especificidade em relação ao objeto, já que todas haviam também sido identificadas em outras temáticas.

Mesmo quando se volta o olhar para outras estratégias utilizadas pelo Ministério Público no curso dos procedimentos, em razão da especificidade do objeto, percebe-se o acionamento do apoio via CAOP para realização de relatórios e memorandos – ainda que em 3 casos os CAOP acionados sejam de outras especializações, não da educação. Também se percebem casos em que a instituição coletou informações ou requereu intervenções de sindicato de trabalhadores da educação ou de conselho estadual ou municipal de educação. Assim, demonstra-se, ainda de forma incipiente, algum tipo de aproximação de órgãos ou de organizações vinculados à área da educação.

Contudo, a pequena proporção de casos nos quais há a mobilização de alguma estratégia com maior proximidade da área da educação – não chega nem a 20% do total de procedimentos analisados – confirma, também em relação ao Ministério Público, os achados de Scaff e Pinto (2016), Taporosky (2017) e Taporosky e Silveira (2018) de que o Poder Judiciário pouco ou quase nunca dialoga com a área educacional nas demandas levadas ao seu conhecimento sobre o tema.

Salienta-se que, diversamente do que se verifica em relação às condições objetivas, de forma geral as questões de organização pedagógica das escolas não são facilmente aferíveis com base em padrões identificáveis e mensuráveis. Nestes casos a técnica especializada faz-se necessária ante a especificidade própria do objeto, que demanda a mobilização do conhecimento a respeito das relações escolares e das interações do processo de ensino-aprendizagem que constituem os conhecimentos próprios dos profissionais da educação, como já apontado (Tardif; Lessard, 2014). Portanto, a ausência de consulta aos especialistas da área, nestes casos, chama a atenção por demonstrar que o Ministério Público não mobiliza o conhecimento próprio da área nestes procedimentos.

5.2.8 Gestão

Nesta temática estão presentes 31 procedimentos que tem relação tanto com a gestão do sistema quanto com a gestão escolar. Assim como no tema "organização pedagógica", a hipótese era a de mobilização de estratégias com mais proximidade com a área da educação, tendo em vista a especificidade da temática. O Gráfico 23 a seguir demonstra que, dos nove casos analisados, apenas o MPAL e o MPMA não possuem procedimentos na temática. Percebe-se, ainda, a grande quantidade de casos nos quais há a mobilização de alguma estratégia de construção da capacidade do Ministério Público, sendo que em todos os estados estão presentes.

Gráfico 23 – Procedimentos em que se discute a qualidade da educação básica relacionados à gestão, por estado, de acordo com a mobilização das estratégias de construção da capacidade do Ministério Público para atuar na política educacional

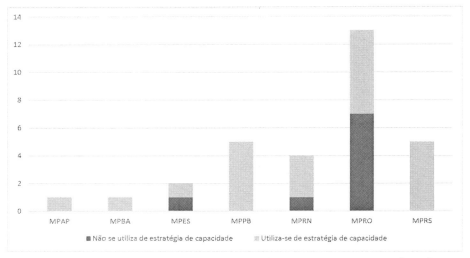

Fonte: elaborado pela autora a partir dos dados coletados na pesquisa (2022)

Contudo, o Gráfico 24 demonstra que apenas em um caso estão presentes estratégias de participação (MPAP), o que é relevante na medida em que a educação pública é norteada pelo princípio da gestão democrática nos termos do art. 206, VI, da CF/88. Por outro lado, à exceção do MPPB, todos os demais estados contam com outras estratégias no curso do procedimento. Ainda assim, como de costume, a estratégia mais presente é a da técnica jurídica.

Gráfico 24 – Procedimentos em que se discute a qualidade da educação básica relacionados à gestão de acordo com o tipo de estratégia de construção da capacidade do Ministério Público para atuar na política educacional mobilizada, em cada estado

Fonte: elaborado pela autora a partir dos dados coletados na pesquisa (2022)

Embora sejam poucas as estratégias que contemplam a proximidade com a área da educação, verifiquei a existência de um caso em que há audiência pública e outro em que há reunião com representantes das comunidades, com pais e com professores a respeito do encaminhamento das questões dos procedimentos. Essa estratégia incipiente é relevante na atuação do Ministério Público, pois, além de contemplar a necessária participação da sociedade na política educacional, também prevê a observância do princípio da gestão democrática, já que a gestão é um tema tratado nesses procedimentos.

Um caso no MPRN apresenta uma atuação da instituição com a sociedade, mas não visando capacitar o Ministério Público para atuação na política. Ao contrário, prevê estratégias para que o MPRN realize intervenções diretas nas escolas por meio de uma equipe multidisciplinar. Não obstante se tratar de uma equipe com profissionais de diferentes áreas – os documentos coletados não indicam quais profissionais seriam –, percebe-se que sua atuação deveria se dar pela orientação do Ministério Público. Há, aqui, uma representação da percepção da sociedade como hipossuficiente pela instituição, que necessita de sua intervenção para proteção de direitos – o que, como já visto neste livro, orientou o movimento institucional de ampliação de funções para a defesa da sociedade.

Mas há casos, ainda que incipientes, nos quais o Ministério Público conta com a atuação de conselhos de educação, de comissão técnica de monitoramento e de fiscalização dos planos de educação no âmbito do Poder Executivo e do sindicato dos professores que contemplam, portanto, uma maior proximidade com a área. Assim como apontado no tema anterior, chama a atenção a pequena mobilização dos conhecimentos especializados da área nestes casos, especialmente considerando-se a especificidade do objeto.

5.2.9 Relação de alunos por professor ou turma

A quantidade adequada de alunos por professor ou turma se trata de uma questão não juridificada em âmbito nacional. Contudo, há normativas de conselhos estaduais e municipais de educação que fazem essa previsão, como demonstram Cardoso, Taporosky e Frantz (2018). Como já apontado anteriormente, não se considerou para fins de identificação das estratégias de construção da capacidade do Ministério Público para atuar nas políticas educacionais a utilização de normas de órgãos educacionais. Contudo, a existência de procedimentos que fazem essa discussão pode indicar que a instituição tem feito a aplicação dessas normas nos procedimentos em que discute a qualidade da educação.

Entretanto, essa discussão ainda é de pouca frequência nos casos analisados, uma vez que apenas 15 procedimentos tratam do tema: 1 no MPAL; 1 no MPES; 2 no MPRN e 11 no MPRS. Apenas o MPRS utiliza-se de alguma das estratégias de capacidade.

Analisando-se os procedimentos do MPRS – único estado que mobiliza as estratégias de capacidade nesta temática –, percebe-se que em todos eles a instituição utiliza-se da técnica jurídica, uma vez que tramitam perante órgãos com atribuições expressas para atuar na educação. Em um procedimento mobiliza-se a estratégia de realização de cooperação ou de convênio no curso do procedimento. Mais uma vez aparece – como nos outros temas – a cooperação técnica com a FAMURS e o TCE para atuação integrada visando à proteção de crianças e de adolescentes, com priorização da educação de qualidade, por meio da qual o MPRS se utiliza dos dados de radiografia e de diagnóstico da educação infantil elaborados pelo Tribunal para fundamentar o procedimento.

Há dois casos em que há mobilização de outras estratégias: em um procedimento foi realizada perícia médica para avaliar aluno de inclusão, uma vez que havendo inclusão há modificação da quantidade da relação de alunos por professor e turma; em outro foi realizada diligência pelos secretários de diligências do CAOP para averiguar algumas condições da escola, dentre elas a quantidade de alunos em cada turma e professor. Percebe-se, portanto, que nesses dois casos houve uma preocupação maior do MPRS em mobilizar alguma estratégia que lhe permitisse melhor avaliar a realidade educacional em sua atuação. Mas é algo ocorrido na menor parte dos procedimentos encontrados na temática.

5.2.10 Questões extraescolares

Conforme ensinam Dourado e Oliveira (2009), uma educação de qualidade demanda não apenas condições intraescolares, como também as extraescolares geram efeitos no ensino. Dentre os procedimentos analisados foram encontrados sete nos quais o Ministério Público indica a necessidade de solução de problemas no entorno escolar, com o objetivo de assegurar a qualidade da educação: no MPAP (um), no MPBA (dois) e no MPRO (quatro). Trata-se de procedimentos pontuais, sendo que em todos os três estados são utilizadas estratégias de construção da capacidade para atuar em política educacional, havendo apenas um caso, no MPRO, em que isso não ocorre.

A análise dos procedimentos denota a mobilização de uma grande variedade de estratégias, tendo em vista a pequena quantidade de procedimentos analisados. E, diferentemente dos outros casos, a técnica jurídica está presente apenas no MPRO, em um único caso, no mesmo patamar das demais estratégias identificadas.

O que se percebe da análise dos procedimentos é que as discussões nesta temática envolvem a infraestrutura do entorno escolar e como a mesma pode apresentar riscos aos alunos. Desta forma, o uso das estratégias assemelha-se muito àquele adotado nos procedimentos relacionados à infraestrutura, com diligências realizadas pelo próprio Ministério Público no sentido de averiguar as condições das escolas e do entorno. O que chama a atenção é que, diferentemente daquela temática, não há aqui a mobilização de órgãos técnicos nem de seus serviços de engenharia. Contudo, em relação ao MPAP, contou-se com apoio do INCRA na realização de vistoria. Portanto, o principal destaque neste tema está na inclusão do entorno escolar e, assim, uma questão extraescolar como necessária à garantia de uma educação de qualidade.

5.2.11 Permanência

A segunda percepção histórica de qualidade da educação era a da permanência: manter os alunos nas escolas, reduzindo a evasão e a defasagem idade-série (Oliveira; Araujo, 2005). Há seis procedimentos que discutem a necessidade de combate à evasão escolar e à garantia de igualdade de condições para permanência na escola, entre outras questões. São procedimentos nos quais o Ministério Público aponta esses temas como necessários à garantia de uma educação de qualidade. Estes procedimentos estão localizados no MPAP (um), no MPPB (um), no MPRO (um) e no MPRS (três), sendo que apenas o primeiro e o último mobilizam estratégias de construção da capacidade para atuação finalística em todos os procedimentos encontrados.

O MPAP mobiliza estratégia de participação por meio da realização de uma audiência pública com a sociedade no curso do procedimento, enquanto o MPRS mobiliza a técnica jurídica, uma vez que todos os procedimentos desse estado tramitam em órgão de coordenação especializado. Cumpre ressaltar que a estratégia mobilizada pelo MPAP é a mesma já mobilizada em outros procedimentos: a instituição realizou diversas audiências públicas no curso do procedimento visando averiguar as condições da escola, chamando não apenas os gestores, mas também a sociedade em geral para participação.

O que chama a atenção é que não há nenhuma estratégia que atenda justamente à permanência: nenhuma avaliação relacionada ao fluxo dos estudantes, aos dados de defasagem idade-série ou à frequência escolar. Embora dentre os sete procedimentos haja aqueles que discutem as comunicações de alunos infrequentes, em nenhum caso há análises a esse respeito. Neste ponto é importante ressaltar que no caso do MPRO há diversos procedimentos individuais a respeito da infrequência, que não foram selecionados por não se enquadrarem no recorte analítico. Contudo, isso pode indicar a importância de pesquisas futuras se debruçarem sobre a temática.

5.2.12 Avaliação

A LDB prevê a avaliação como forma de verificação de rendimento escolar como uma das regras da educação básica (Brasil, 1996). O Ministério Público prevê a avaliação como necessária para garantia da qualidade da educação básica em quatro casos, sendo um do MPRN e os demais do MPRS. Todos os procedimentos do MPRS (sendo três: um discute o aumento de vagas na educação infantil e a necessidade de avaliação da educação infantil; o outro sobre as avaliações e progressões dos alunos no ensino fundamental; e o último sobre a necessidade de avaliações adaptadas aos alunos que compõem o público-alvo da educação especial) mobilizam a técnica jurídica por tramitarem perante órgãos de execução especializados. Mas há também a mobilização da participação. Já do MPRN a estratégia mobilizada não é uma daquelas previamente identificadas na pesquisa.

No caso do MPRN, o CAOP Cidadania realizou no ano de 2016 visitas técnicas a todas as escolas municipais de Vila Flor. A partir desse relatório foi iniciado o procedimento baseado nos problemas materiais, nos infraestruturais e no baixo IDEB. Foi firmado o TAC prevendo a aquisição de diversos itens na escola, sem fazer novas vinculações à avaliação. Portanto, a estratégia adotada não teve relação com a avaliação. Já no caso do MPRS o procedimento conta com a realização da cooperação técnica com FAMURS e com TCE, já apresentada nas temáticas anteriores, por meio da qual o MPRS se utiliza do TCE para fundamentar o procedimento. Contudo, referidos dados têm mais relação com o acesso, não tendo sido usados para avaliação. Portanto, embora haja mobilização de estratégias nos procedimentos constantes neste tema, percebe-se que nenhuma delas tem relação com a avaliação.

5.2.13 Outros

Aqui se enquadram temas que possuem uma especificidade maior e não têm uma relação mais direta com as demais temáticas aqui apresentadas. São apenas 15 procedimentos aqui incluídos, que estão presentes em dois casos: MPRO e MPRS. Dos 10 procedimentos do MPRO, apenas em 4 há a mobilização das estratégias de capacidade. Já nos 5 procedimentos vinculados ao MPRS percebe-se a mobilização das estratégias. Em ambos os estados se mobilizam a técnica jurídica, a técnica especializada e outras estratégias, não estando presente, aqui, a participação. Chama muito a atenção um procedimento no MPRO que contou com a atuação da servidora de Pedagogia. O parecer por ela realizado serviu de fundamento para a recomendação exarada pela instituição e foi objeto de verificação posterior, por outro profissional do MPRO, para avaliação de seu atendimento. Dentre todos os temas analisados até agora, trata-se de um caso único de observância dos conhecimentos da técnica especializada em educação pelo Ministério Público de forma mais efetiva.

Já em um caso no MPRS, o procedimento identificado e que conta com a atuação de órgãos técnicos e de outras estratégias trata a respeito dos seminários de planejamento realizados naquele estado. O trabalho de Oliveira e Tejadas (2018) explica que tais seminários são realizados pelas promotorias regionais de educação do MPRS para a realização de um debate coletivo visando o planejamento e o monitoramento dos planos municipais de educação, para os quais são convidados gestores municipais e estaduais das redes do âmbito de abrangência regional do órgão executivo.

As autoras indicam que essas estratégias visam ao fomento de políticas educacionais, sempre com o assessoramento técnico do serviço social (Oliveira; Tejadas, 2018). Percebe-se, de fato, que o MPRS, aqui, toma para si uma função própria do poder executivo: a de orientar o planejamento de políticas públicas, em especial as de educação. Embora Oliveira e Tejadas (2018) façam em seu trabalho o alerta de que não cabe à instituição a execução das políticas públicas, percebe-se que a orientação institucional, mediante seminários frequentes realizados com atores executores dessas políticas, parece extrapolar a função de controle e fiscalização próprias do Ministério Público. Conforme se verifica do citado trabalho, há uma orientação do MPRS inclusive em relação às temáticas que serão discutidas nessas ocasiões, decisão de palestras e formações que serão oferecidas aos participantes. Embora pareça haver uma discussão no sentido dos objetivos e das metas que serão priorizados nos planejamentos, bem como aqueles que serão objeto de monitoramento, a indução ocorre mediante a orientação dos promotores de justiça e dos assistentes sociais do MPRS, uma vez que decidem a forma de trabalho e dão o tom das discussões.

Salienta-se que todas as ideias e decisões tomadas por esses grupos são registradas em formulários previamente preparados pelo órgão técnico e coletados para posterior monitoramento. Como os seminários são realizados de forma frequente, em geral semestralmente, as ações pensadas e pactuadas em um seminário são rediscutidas na edição seguinte, visando monitorar a política e identificar os avanços ou as dificuldades para o cumprimento das metas estabelecidas. Esses indícios poderão ser melhor investigados em trabalhos futuros que visem analisar especificamente o caso do MPRS e sua atuação no fomento das políticas educacionais.

Contudo, cabe ressaltar que outro indicativo dessa atuação é a parceria realizada pelo MPRS com as diversas instituições de ensino superior, que não possuem o fito de capacitar a instituição, mas sim de propor a formação dos gestores e dos professores. Trata-se de uma capacitação proposta pelo Ministério Público aos professores, inclusive com a criação do Programa Interinstitucional de formação continuada de professores da macrorregião missioneira – Noroeste e Missões do Estado do Rio Grande do Sul em parceria com a Universidade Federal da Fronteira Sul. Essa ação denota uma atuação do MPRS como um agente de formação dos profissionais da educação naquele estado.

Esta temática, portanto, traz dois casos interessantes e que contemplam realidades distintas não observadas nas demais temáticas até aqui: um primeiro do MPRO, em que se vê a mobilização de uma estratégia de capacidade por meio da qual o Ministério Público efetivamente aplica o conhecimento específico do campo educacional; e outro no qual o MPRS mobiliza seu aparato técnico para apoiá-lo na intervenção direta na política educacional, inclusive com a proposição de formação de professores.

5.3 SÍNTESE: A MOBILIZAÇÃO DA CAPACIDADE DO MINISTÉRIO PÚBLICO DE NOVE ESTADOS PARA ATUAÇÃO FINALÍSTICA NA QUALIDADE DA EDUCAÇÃO BÁSICA

Concluída a análise mais descritiva de cada um dos temas de qualidade a fim de identificar se o Ministério Público mobiliza as estratégias de construção da capacidade para atuar na política educacional, elaborei a tabela-síntese a seguir que indica a quantidade de procedimentos por estado e sua proporção em relação ao total identificado nos estados, por tema, nos quais as estratégias foram mobilizadas. Salienta-se que na leitura do subitem anterior percebe-se que nem sempre a mobilização da estratégia pode ser identificada com o real uso dela para o fim de dar ao Ministério Público subsídios à sua atuação. Em diversos casos a instituição utiliza-se da estratégia não para auxiliar sua atividade, mas para capacitação da comunidade escolar, dos gestores e dos professores. Em outros casos, as estratégias dedicam-se a outros fins e não à atuação temática na qual o procedimento foi incluído.

De forma geral, o que se percebe é que nos temas com maior quantidade de procedimentos há mais estratégias presentes; grande parte das temáticas demonstra uma vinculação da atuação do Ministério Público às condições objetivas de qualidade; em relação às temáticas que demandariam uma atuação mais especializada da técnica educacional, como a organização pedagógica e a gestão, são pontuais os casos em que há a aproximação da instituição à área, confirmando os achados de estudos anteriores nesse sentido (Scaff; Pinto, 2016; Taporosky, 2017; Ximenes; Silveira, 2019).

O que se percebe, por fim, é que no âmbito de sua organização institucional o Ministério Público tem priorizado a técnica jurídica – assim entendida a organização de seus quadros em órgãos especializados – na atuação dos procedimentos que discutem a qualidade da educação básica. Retoma-se, portanto, a discussão já realizada no sentido da concepção da instituição acerca da suficiência da interpretação da lei para atuar na temática.

A Tabela 1 a seguir traz as informações acerca das temáticas de análise sobre qualidade da educação básica em cada estado e a mobilização das estratégias de capacidade para atuar na política educacional.

Tabela 1 – Quantidade de procedimentos sobre qualidade da educação básica em que o Ministério Público mobiliza as estratégias de construção de capacidade para atuar na política educacional e proporção de procedimentos em relação ao total na temática e no estado, segundo cada tema da qualidade da educação básica (MPAL, MPAP, MPBA, MPES, MPMA, MPPB, MPRN, MPRO e MPRS)

	Categorias de qualidade	Total de Procedimentos	Técnica jurídica		Técnica especializada		Participação		Outros	
			N Procedimentos	% Procedimentos em relação ao total	N Procedimentos	% Procedimentos em relação ao total	N Procedimentos	% Procedimentos em relação ao total	N Procedimentos	% Procedimentos em relação ao total
MPAL	Infraestrutura	2	0	0%	0	0%	0	0%	0	0%
	Profissionais	1	0	0%	0	0%	0	0%	0	0%
	Educação especial	1	0	0%	0	0%	0	0%	0	0%
	Acesso	1	0	0%	0	0%	0	0%	0	0%
	Financiamento	1	0	0%	0	0%	0	0%	0	0%
	Programas suplementares	1	0	0%	0	0%	0	0%	0	0%
	Organização pedagógica	2	0	0%	0	0%	0	0%	0	0%
	Relação de alunos por professor ou turma	1	0	0%	0	0%	0	0%	0	0%
MPAP	Infraestrutura	10	1	10%	3	30%	3	30%	6	60%
	Profissionais	6	1	17%	1	17%	1	17%	3	50%
	Educação especial	1	1	100%	1	100%	0	0%	1	100%
	Financiamento	1	0	0%	0	0%	0	0%	1	100%
	Programas suplementares	2	0	0%	0	0%	1	50%	2	100%
	Organização pedagógica	3	0	0%	0	0%	1	33%	2	67%
	Gestão	1	0	0%	0	0%	1	100%	1	100%
	Questões extraescolares	1	0	0%	0	0%	1	100%	1	100%

MPBA	Permanência	1	0	0%	0	0%	1	100%	1	100%
	Infraestrutura	2	0	0%	0	0%	1	50%	0	0%
	Profissionais	4	0	0%	0	0%	2	50%	0	0%
	Educação especial	2	0	0%	0	0%	2	100%	2	100%
	Financiamento	2	0	0%	0	0%	0	0%	0	0%
	Programas suplementares	3	0	0%	0	0%	2	67%	0	0%
	Organização pedagógica	3	0	0%	0	0%	2	67%		
	Gestão	1	0	0%	0	0%	0	0%	1	100%
	Questões extraescolares	2	0	0%	0	0%	2	100%	0	0%
MPES	Infraestrutura	3	1	33%	0	0%	0	0%	3	100%
	Profissionais	9	4	44%	0	0%	4	44%	4	44%
	Educação especial	3	1	33%	0	0%	0	0%	0	0%
	Acesso	2	1	50%	0	0%	0	0%	2	100%
	Programas suplementares	1	0	0%	0	0%	0	0%	1	100%
	Gestão	2	1	50%	0	0%	0	0%	1	50%
	Relação de alunos por professor ou turma	1	0	0%	0	0%	0	0%	0	0%
MPMA	Infraestrutura	3	1	33%	0	0%	0	0%	1	33%
	Acesso	1	1	100%	0	0%	0	0%	0	0%
	Financiamento	3	1	33%	0	0%	0	0%	0	0%
	Programas suplementares	1	0	0%	0	0%	0	0%	0	0%
	Organização pedagógica	7	1	14%	0	0%	0	0%	0	0%
MPPB	Infraestrutura	6	6	95%	0	0%	0	0%	15	25%

A POLÍTICA EDUCACIONAL E O MINISTÉRIO PÚBLICO

	Profissionais	1	1	100%	0	0%	0	0%	0	0%
	Educação especial	3	3	100%	0	0%	0	0%	3	100%
	Acesso	3	1	33%	0	0%	0	0%	0	0%
	Programas suplementares	6	6	100%	0	0%	0	0%	5	83%
	Organização pedagógica	5	5	100%	0	0%	0	0%	0	0%
	Gestão	5	5	100%	0	0%	0	0%	0	0%
	Permanência	2	0	0%	0	0%	0	0%	0	0%
MPRN	Infraestrutura	8	1	13%	0	0%	0	0%	4	50%
	Profissionais	5	0	0%	0	0%	0	0%	0	0%
	Educação especial	3	0	0%	0	0%	0	0%	1	33%
	Programas suplementares	2	1	50%	0	0%	0	0%	0	0%
	Organização pedagógica	9	1	11%	0	0%	0	0%	4	44%
	Gestão	4	2	50%	0	0%	0	0%	1	25%
	Relação de alunos por professor ou turma	2	0	0%	0	0%	0	0%	0	0%
	Avaliação	1	0	0%	0	0%	0	0%	1	100%
MPRO	Infraestrutura		27	26%	15	15%	7	7%	9	48%
	Profissionais		29	45%	4	6%	1	2%	6	9%
	Educação especial	14	7	50%	1	7%	0	0%	4	29%
	Acesso	18	4	22%	1	6%	0	0%	3	17%
	Financiamento	10	5	50%	0	0%	0	0%	2	20%
	Programas suplementares	38	13	34%	0	0%	0	0%	10	26%
	Organização pedagógica	19	8	42%	0	0%	0	0%	3	16%

	Gestão	13	5	38%	0	0%	0	0%	2	15%
	Outros	10	3	30%	1	10%	0	0%	1	10%
	Questões extraescolares	4	1	25%	1	25%	0	0%	1	25%
	Permanência	1	0	0%	0	0%	0	0%	0	0%
MPRS	Infraestrutura	38	34	89%	14	37%	20	53%	17	45%
	Profissionais			99%	14	18%	17	22%	8	10%
	Educação especial			98%	25	28%	20	22%	13	48%
	Acesso			99%		77%	13	59%	26	36%
	Financiamento			100%	32	42%	21	27%	0	0%
	Programas suplementares	33	32	97%	24	73%	25	76%	5	15%
	Organização pedagógica	33	32	97%	21	64%	13	39%	5	15%
	Gestão	5	5	100%	0	0%	0	0%	3	60%
	Relação de alunos por professor ou turma	11	11	100%	0	0%	1	9%	2	18%
	Outros	5	5	100%	4	80%	0	0%	1	20%
	Permanência	3	3	100%	0	0%	0	0%	2	67%
	Avaliação	3	3	100%	0	0%	1	33%	0	0%

Fonte: elaborado pela autora a partir dos dados coletados na pesquisa (2022)

Observando a Tabela 1, percebe-se que cada estado possui um padrão de atuação diverso, o que comprova que o Ministério Público no Brasil é uma jabuticaba com várias espécies. O MPAL, conforme percebe-se no Quadro 11, possui estratégias nas três esferas analisadas. Contudo, não mobiliza nenhuma delas nos procedimentos em que discute a qualidade da educação básica.

O MPAP também conta com os três tipos de estratégia, dando-se destaque à técnica especializada por contar com servidores nos órgãos especializados e um órgão técnico. Contudo, ainda que mobilize a técnica jurídica e a técnica especializada em alguns casos, a maior mobilização ocorre por meio da participação e de outras estratégias diversas daquelas identificadas no capítulo anterior. O MPBA segue o mesmo modelo do MPAP: prioriza a mobilização de estratégias de participação e outras estratégias.

Já o MPES prioriza sua atuação pela técnica jurídica e outras estratégias. O MPMA, por outro lado, praticamente não mobiliza outras estratégias além da técnica jurídica. O MPPB, o MPRN e o MPRO mobilizam com mais frequência a técnica jurídica e outras estratégias, sendo que este último caso utiliza, pontualmente, a técnica especializada nos procedimentos analisados relacionados aos temas da infraestrutura, dos profissionais, da educação especial, do acesso, das questões extraescolares e de outros procedimentos.

Por fim, o MPRS, ainda que mobilize na quase totalidade dos procedimentos analisados a técnica jurídica, também se utiliza das demais estratégias com uma frequência considerável. A Tabela 1 indica ser o caso que mais mobiliza as estratégias identificadas no capítulo anterior em seus procedimentos, uma vez que se percebe uma alta proporção – comparando-se à dos demais estados – de utilização da técnica especializada nos temas de infraestrutura, de profissionais, de educação especial, de acesso, de financiamento, de programas suplementares, de organização pedagógica e de outros temas. Igualmente, só não se percebe a mobilização da participação nos procedimentos que discutem a gestão, a permanência e outros temas. Salienta-se que é um achado relevante, uma vez que, mesmo sendo o estado com a maior quantidade de procedimentos analisados, também é o que, proporcionalmente, mais mobiliza as estratégias identificadas nas categorias da técnica jurídica, da técnica especializada e da participação.

Contudo, a análise apresentada neste capítulo indica que a mobilização das estratégias nem sempre tem relação direta com o objeto do procedimento e poucas vezes utiliza conhecimentos técnicos especializados da área da educação ou das áreas afins. Os conhecimentos técnicos especializados mais utilizados geralmente têm relação com condições mais objetivas por meio de profissionais da engenharia ou da contabilidade. Cabe ressaltar aqui que os dados encontrados indicam que o Ministério Público não parece considerar a necessidade de que os profissionais da educação componham as discussões em torno da política educacional. Como apontado no capítulo anterior, Tardif e Lessard (2014) indicam o trabalho docente como um trabalho de interações humanas e, portanto, composto de técnicas e de especificidades próprias. Defendi, com isso, a necessidade dos conhecimentos técnicos especializados da educação nos procedimentos que discutem a temática ante suas especificidades e implicações das relações próprias ocorridas nos ambientes escolares.

Contudo, o que se percebe é a fraca importância que se dá aos conhecimentos da área. Tardif e Lessard (2014), embora defendam a centralidade do trabalho docente nas sociedades modernas do trabalho, apontam como essa profissão ocupa tradicionalmente um espaço secundário ou periférico nas sociedades. Os autores apontam a concepção de que a educação tem um papel instrumental: "é simplesmente uma preparação para a 'verdadeira vida', ou seja, o 'trabalho produtivo'" (Tardif; Lessard, 2014, p. 17). O que se percebe na leitura dos procedimentos analisados é um reflexo dessas concepções apontadas pelos autores: não parece que o Ministério Público considera o conhecimento da área necessário para discuti-la. Embora para algumas condições objetivas, como as relacionadas à infraestrutura, o Ministério Público consulte especialistas, para as discussões centrais relacionadas aos temas de organização pedagógica e de gestão, por exemplo, não há consulta ao conhecimento técnico especializado da educação.

Em relação à participação, percebe-se que a interação com a sociedade ocorre muito pouco nos casos analisados e apenas em procedimentos pontuais. Contudo, em apenas um desses procedimentos consta claramente que a opinião da comunidade foi considerada pelo promotor no procedimento. Contudo, pelas fontes escolhidas, não é possível afirmar com segurança que essas interações não causam, de fato, um convencimento do promotor: apenas que, se o fazem, isso não está consubstanciado nos procedimentos. Nesse ponto, pesquisas futuras poderão avaliar com mais profundidade como se dá essa interação com a sociedade, utilizando-se de outras fontes de pesquisa.

Por outro lado, há uma maior presença da participação quando se volta o olhar para as cooperações e para os convênios firmados pelo Ministério Público. Ainda assim, percebe-se pelo teor dos procedimentos que, em geral, a instituição utiliza-se mais de eventuais dados fornecidos pelos parceiros do que realiza efetivamente a possibilidade de que os mesmos participem nos procedimentos. Nesse aspecto questiono se há uma efetiva participação social garantida pelo Ministério Público. Parece, em verdade, haver interação, e não uma garantia efetiva de participação.

A pouca expressividade da participação nos TAC, nas recomendações, nas portarias de instauração e de arquivamento dos procedimentos demonstra que, caso a participação ocorra e não tenha sido identificada pelas fontes consultadas, sua relevância não é suficiente para ser apontada por promotores nos principais atos dos procedimentos e dos inquéritos administrativos. Isso demonstra, assim, que a prioridade de escolhas sobre as políticas educacionais tem se centrado nas mãos de promotores, tornando-se uma decisão baseada na técnica jurídica – ou seja, dogmático-normativa, confirmando o que já vem sendo apontado por estudos anteriores (Ximenes; Silveira, 2019) – o que pode gerar a própria negação da política de que fala Kerche (2007), especialmente considerando-se a necessidade de que a construção da política pública demanda a participação popular (Muller, 2018).

Por fim, percebe-se que a organização institucional não é suficiente para a capacitação do Ministério Público. Isso porque há uma considerável quantidade de casos em que, em lugar de ou concomitantemente à mobilização das estratégias do que aqui se denomina de técnica jurídica, da técnica especializada e da participação, previamente existentes na estrutura institucional, mobiliza outras estratégias, tendo em vista a especificidade do objeto do procedimento. O que se percebe é que, em grande parte dos casos, a instituição busca, no curso dos procedimentos, mobilizar outros atores ou ações para lhe dar subsídios que embasem sua atuação. É o caso da requisição de vistorias por corpo de bombeiros, da vigilância sanitária ou de conselhos de educação; ou, ainda, reuniões pontuais sem a convocação de audiências públicas para tratar das questões discutidas nos procedimentos. Portanto, percebe-se que a construção da capacidade do Ministério Público se dá tanto por meio da institucionalização de estratégias de organização temática, da organização interna da técnica especializada e dos casos pontuais de participação, quanto no curso dos procedimentos por meio da requisição de outras atuações que os promotores consideram necessárias para fundamentar sua atuação finalística.

CONSIDERAÇÕES FINAIS

O estudo do fenômeno da judicialização da educação, assim entendido como a influência ou modificação das políticas educacionais que tradicionalmente cabem aos Poderes Executivo e Legislativo, pelo sistema de justiça, tem se constituído como objeto de estudo das políticas educacionais ante os efeitos que nelas causam, conforme demonstram diversas pesquisas (Silva, 2016; Silveira *et al.*, 2020; Silveira *et al.*, 2021; Feldman, 2017).

No caso específico do Ministério Público percebe-se uma clara orientação institucional para atuação na temática da educação em virtude da previsão constante em seus planejamentos estratégicos e da organização da instituição. Como retratado no primeiro capítulo, o período pós-redemocratização no Brasil gerou um aumento nas instituições de controle da Administração Pública (Arantes, 2019a). O Ministério Público, além de se enquadrar nesse fenômeno mais geral de controle, também realizou um forte movimento de ampliação de suas funções, que se percebe desde o lobby para sua inclusão como legitimado a propor ações civis públicas, até a mobilização institucional que gerou a previsão constitucional que lhe conferiu poderes para defesa da ordem jurídica, do regime democrático e dos interesses sociais e individuais indisponíveis. Embora haja autores que indiquem que este processo ocorreu por anseio da sociedade (Gonçalves, L. A., 2018; Goulart, 2013; Goulart, 2018), a literatura crítica aponta que se tratou de um movimento endógeno da instituição (Arantes, 2002; Arantes; Moreira, 2019; Oliveira; Lotta; Vasconcelos, 2020; Silva, 2001), que altera seu status.

Com isso, gerou-se, na estrutura do Estado brasileiro, uma instituição sem comparação no direito comparado: a jabuticaba do sistema de justiça brasileiro que, por sua vasta gama de funções, independência funcional e autonomia administrativa e financeira, possui liberdade para definir as prioridades e estratégias de sua atuação (Arantes, 2019b). Dessa forma, é uma estrutura do Estado que endogenamente se desenvolveu para litigar em prol da sociedade contra o próprio Estado, gerando o que Arantes (2019a) denomina de estatização da cidadania. Considerando-se ainda que, conforme Poulantzas (1980), o poder das classes dominantes se materializa na estrutura do Estado, embora esta condense também as lutas oriundas das disputas de classes. Portanto, questiono de que forma um órgão do Estado, que faz as vezes de defensor da sociedade, a realiza efetivamente visando à proteção da população.

Em relação, especificamente, ao controle de políticas públicas, chama a atenção que a propositura de demandas no Poder Judiciário seja realizada em quase sua totalidade pela instituição (Silva, 2001; Taporosky; Silveira, 2019), uma vez que a defesa da sociedade nesse sentido é realizada, em outros países, pela sociedade civil organizada em associações e em outras organizações (Rebell; Block, 1982). Esse movimento de ampliação das funções realizado pelo próprio Ministério Público advém – ainda que não somente – de uma concepção de hipossuficiência da sociedade, considerando-a incapaz de buscar a garantia de seus direitos.

Em relação às políticas educacionais, percebe-se que no caso do Ministério Público dos Estados há uma priorização de atuação na temática, uma vez que em 22 estados há a previsão, em seu planejamento institucional, de objetivos estratégicos relacionados ao direito à educação no ano de 2019. Considerando-se a independência funcional da instituição que lhe confere autonomia para estabelecer suas prioridades de atuação, a previsão da temática nos planejamentos denota que se constitui enquanto um ator das políticas educacionais por definição própria. Ademais, os próprios órgãos nacionais do Ministério Público brasileiro possuem orientações e formas de organização institucional que indicam a importância que se dá à atuação na temática da educação (Stuchi *et al.*, 2021). No mesmo sentido, a pesquisa "Efeitos do desenvolvimento institucional do Ministério Público na judicialização das políticas públicas de educação básica no Brasil" demonstrou os movimentos de especialização funcional realizados nos diferentes estados, no sentido de gerar uma organização institucional temática na área da educação (Silveira; Marinho; Taporosky, 2021; Ximenes *et al.*, 2022).

Sendo assim, percebe-se a existência de elementos que indicam o quanto o Ministério Público tem se constituído como um importante ator no controle das políticas educacionais, uma vez que tem se organizado e estruturado para esse fim por meio de movimentos endógenos à própria instituição. Salienta-se que, como demonstrado em trabalho anterior, são poucos os casos nos quais o direito à educação tem sido exigido perante o sistema de justiça por atuação de organizações da sociedade civil (Taporosky, 2017), o que confere maior centralidade de sua atuação na exigibilidade desse direito.

Tendo em vista, portanto, que o Ministério Público tem atuado nas políticas educacionais, interessa ao campo sua análise como um ator político, uma vez que sua atuação tem o potencial de interferir e até mesmo de modificar as decisões que são tradicionalmente tomadas pelos Poderes Legislativo e Executivo. Não se pode mais desconsiderá-lo como um importante ator, especialmente quando os estudos recentes – inclusive os dados aqui apresentados – vêm demonstrando a priorização da atuação institucional pela via extrajudicial (Feldman, 2017; Feldman; Silveira, 2018; Silveira *et al.*, 2020).

Por outro lado, as pesquisas sobre o fenômeno da judicialização também têm indicado como a atuação do sistema de justiça tem se dado desconsiderando o acúmulo de conhecimento da área da educação e com poucas interações com a sociedade (Scaff; Pinto, 2016; Taporosky, 2017), sendo muito incipientes os casos em sentido contrário. As consequências disso se revelam nas decisões que priorizam uma análise dogmático-normativa das políticas educacionais, não considerando seu caráter multifacetado e as complexidades próprias dessas políticas (Ximenes; Silveira, 2017). Esses achados trazem uma especial reflexão às formas de atuação do sistema de justiça nas políticas educacionais, uma vez que, a partir da construção teórica realizada neste livro, percebe-se que sua construção demanda a participação social e também conhecimentos técnicos específicos da área – o que é denominado, aqui, de técnica especializada (Muller, 2018; Poulantzas, 1980).

Essa preocupação com a pouca habilidade dos atores do sistema de justiça para atuarem nas políticas educacionais, em virtude da ausência de conhecimentos especializados específicos para lidar com a realidade social, compõe o fundamento da crítica à capacidade institucional (Marinho, 2018; Rebell; Block, 1982). É a partir da discussão teórica acerca dessa crítica e da necessária presença da técnica especializada e da participação social na construção da política pública que se buscam identificar as estratégias que o Ministério Público dos Estados utiliza para construir sua capacidade de atuar na política educacional e se essas estratégias são mobilizadas em sua atuação finalística em prol da qualidade da educação básica.

Como visto, um terço dos estados brasileiros possui, no planejamento estratégico do Ministério Público, objetivos relacionados à defesa ou à promoção da qualidade da educação básica. Contudo, trata-se de um tema que, na própria área da educação, causa debates e controvérsias dada sua polissemia e definição que considera o contexto histórico e social. O conceito de qualidade se altera no tempo, passado por diferentes concepções no Brasil, como apontam Oliveira e Araujo (2005). No mesmo sentido, o Capítulo 3 demonstrou a relevância da mobilização social na luta pela garantia de uma educação de qualidade. Tendo em vista, portanto, essas especificidades, questionei o que compõe, para o Ministério Público brasileiro, o conceito de qualidade de educação, bem como se sua defesa é realizada considerando o acumulado da área sobre o tema e a necessária participação social.

Foram identificadas, no Capítulo 4, as estratégias utilizadas pelo Ministério Público nos estados que preveem a qualidade da educação em seus planejamentos institucionais (MPAL, MPAP, MPBA, MPES, MPMA, MPPB, MPRN, MPRO e MPRS) em três categorias: técnica jurídica, assim entendida como a existência, nas estruturas institucionais, de órgãos de execução ou de coordenação especializados na temática da educação[55]; técnica especializada, analisada a partir da existência de servidores especializados nos órgãos identificados na categoria da técnica jurídica ou da existência de órgãos técnicos nas estruturas institucionais; e participação, que se buscou identificar por meio da realização de audiências públicas ou realização de cooperação via convênios com outros órgãos ou com instituições governamentais e da sociedade.

A análise dos dados em relação aos nove casos selecionados permitiu concluir que se o Ministério Público no Brasil é a jabuticaba do sistema de justiça, possui as mais diversas espécies. Não atua com homogeneidade e uniformidade, não havendo similaridade entre os casos analisados. Embora se perceba a adoção de estratégias em todos os casos, o conjunto das mesmas varia em cada estado. A CF/88 prevê o Ministério Público como uma única instituição, mas na prática o que se evidencia é a existência de diversos Ministérios Públicos com modelos de organização e de atuação diversos, o que pode ser explicado não apenas por sua autonomia, seu voluntarismo e sua independência funcional, mas também pela variável do federalismo (Abrucio; Viegas; Rodrigues, 2021; Arantes, 2002; Kerche, 2009; Silva, 2001). Assim, percebe-se que o Ministério Público constrói sua capacidade mediante a utilização de estratégias de técnica jurídica, de técnica especializada e de participação social de formas diversas nos casos analisados.

Essa diversidade também está presente na atuação finalística: ao analisarem-se os procedimentos relacionados à qualidade da educação básica

---

[55] Tendo sido, nesta categoria, aproveitados os dados produzidos no âmbito da pesquisa "Efeitos do desenvolvimento institucional do Ministério Público na judicialização das políticas públicas de educação básica no Brasil" (Ximenes *et al.*, 2022).

percebe-se que os temas tratados em cada um dos nove casos variam de estado para estado. Há temas que são presentes em quase todos os casos ou em sua maioria, como o da infraestrutura e o de profissionais; já outros são localizados geograficamente, como acesso, permanência e gestão. Contudo, um achado relevante desta pesquisa é que a grande maioria dos procedimentos analisados cristalizam a atuação extrajudicial da instituição, bem como as temáticas por ela abordadas são mais variadas do que aquelas encontradas nas decisões judiciais dos Tribunais de Justiça do Brasil que discutem o direito à educação infantil, analisadas em trabalho anterior (Taporosky, 2017; Taporosky; Silveira, 2018).

Da mesma forma percebe-se uma predominância de casos que se referem às condições objetivas de qualidade, o que reafirma a necessidade de juridificação destes elementos, como já apontado por Oliveira e Araujo (2005) e por Ximenes (2014a), especialmente ante uma atuação mais efetiva dos sistemas de ensino no estabelecimento de parâmetros objetivos de qualidade, nos termos do art. 25 da LDB (Brasil, 1996). Tendo em vista que, dada a forma de desenvolvimento jurisdicional do direito brasileiro, percebe-se um apego à lei escrita na análise dos problemas sociais pelas instituições do sistema de justiça, esses achados denotam como a atuação da instituição ainda está vinculada à juridificação. Assim, questiono se a maior juridificação induz a mais judicialização, bem como o papel da reivindicação social em torno da juridificação de aspectos de qualidade para sua garantia, especialmente em virtude das atuais disputas em torno da juridificação do CAQ induzidas por sua inserção no texto constitucional, o que pode ser melhor enfrentado em trabalhos futuros sobre o tema.

Não é outra a realidade que se identifica ao se observar a mobilização das estratégias de construção da capacidade nos procedimentos em que se discute a qualidade da educação básica. Embora tenham sido percebidos diferentes arranjos em relação às categorias de capacidade, o que se observa é que em apenas três dos nove casos (MPBA, MPRO e MPRS) há a mobilização das três categorias na atuação finalística, sendo que em um deles (MPAL) nenhuma estratégia é mobilizada. Percebe-se, assim, não apenas a diversidade de arranjos institucionais, mas também de como realizam sua atuação finalística. Assim, a existência de estratégias de construção da capacidade para atuar em políticas educacionais na organização institucional nem sempre é mobilizada nos procedimentos sobre qualidade da educação básica.

Por outro lado, identifica-se que o Ministério Público, no curso dos procedimentos, ainda que não se utilize das estratégias já disponíveis em sua organização institucional, busca outros meios que possibilitem compreender melhor a realidade do objeto em discussão. Essas outras estratégias, que em geral se apresentam no curso do procedimento, parecem ter uma maior vinculação com a lógica de produção de provas oriunda do processo civil. Constituem-se como estratégias de avaliação do objeto investigado, por meio de elementos diversos – como a vistoria de unidades escolares por corpo de bombeiros, pela vigilância sanitária e até por conselhos de educação; ou realização de reuniões com gestores e com representantes da comunidade –, estando presentes numa grande quantidade de casos analisados. Chama a atenção que, em alguns casos retratados no Capítulo 5, a estrutura institucional conta com estratégias que poderiam ser mobilizadas para o fim indicado nos procedimentos, mas o Ministério Público pouco as utiliza, ainda que possam colaborar para a construção de sua capacidade de atuar nas políticas educacionais.

O que se observa, ademais, é o predomínio da técnica jurídica para atuar com a qualidade da educação básica. Como indicado, a técnica jurídica refere-se tão somente à organização dos quadros do Ministério Público em órgãos que atuam priorizando a temática da educação. Embora já existam trabalhos que demonstram que esse movimento de especialização funcional permite uma atuação mais específica dos membros da instituição (Silveira; Marinho; Taporosky, 2021), a mesma, na verdade, facilita aos promotores o nicho temático e a atuação específica no que se refere à interpretação da lei. Não gera, por sua aplicação isolada, uma maior capacidade de aplicação da técnica especializada e da participação social nos casos analisados, especialmente considerando-se que a formação inicial dos promotores de justiça é centrada na análise dogmático-normativa das políticas públicas (Santos, 2011). Essa análise é suficiente nos casos em que as temáticas analisadas já contam com um aparato maior de juridificação, como é o caso do tema dos profissionais, por exemplo. Mas isso não vale para todos os temas identificados na pesquisa.

Em relação à técnica especializada percebe-se que sua mobilização é mais presente nos procedimentos relacionados às temáticas da infraestrutura e do financiamento. Contudo, são casos em que a técnica especializada mobilizada é a de conhecimentos de engenharia, de arquitetura e de contabilidade. São apenas três os casos em que a técnica especializada é a de profissionais vinculados à área da educação, sendo que neles foi possível perceber a relevância dos conhecimentos da área, uma vez que a análise não se deteve apenas às condições estruturais dos prédios escolares, mas também sobre como as más condições interferem nos processos de ensino-aprendizagem e em toda a realidade escolar. Por outro lado, chama a atenção a pequena proporção de mobilização desta estratégia nos casos que discutem alguma questão relacionada à organização pedagógica e gestão, que teoricamente demandariam um domínio maior dos conhecimentos específicos da área da educação. Esse achado confirma a pequena interação que os atores do sistema de justiça possuem com a área (Scaff; Pinto, 2016; Taporosky, 2017).

Em relação a esta categoria é importante ressaltar que o Ministério Público parece desconsiderar os conhecimentos especializados da área em sua atuação, especialmente nos casos em que estão presentes aspectos mais subjetivos de qualidade e, portanto, demandariam uma presença maior de profissionais da área da educação: organização pedagógica e gestão. Como apontado no Capítulo 5, essa postura parece afirmar a percepção da instituição acerca da desnecessidade de consulta aos profissionais da área para discutir a temática, confirmando a noção tradicional de que o trabalho docente se enquadra como uma ocupação secundária ou periférica, como apontado por Tardif e Lessard (2014). Essa percepção se evidencia, inclusive, na ausência de profissionais da educação nos corpos técnicos em quatro dos nove casos analisados (MPAL, MPBA, MPRN e MPRS). A necessidade da superação, portanto, da noção apontada por Tardif e Lessard (2014) é evidente, inclusive em relação ao sistema de justiça e, especialmente, ao Ministério Público em sua atuação nas políticas educacionais.

Já em relação à categoria participação, o que se verifica é que as cooperações identificadas no Capítulo 5, de forma geral, são mais utilizadas como fundamento dos procedimentos do que efetivamente mobilizadas em prol do objeto investigado. As exceções são eventuais vistorias realizadas pelas instituições conveniadas e o grupo de trabalho identificado no MPRS que visava atuar em prol da educação de qualidade em uma localidade específica do estado. Há raros casos em que se percebe que o Ministério Público, de fato, dá voz e ouve os anseios da população nesses procedimentos. Há casos esparsos no MPAP, no MPES e no MPRO, retratados no Capítulo 6, que indicam o esforço da instituição na realização de audiências públicas que visavam, efetivamente, entender os anseios da população em relação às questões educacionais. Em um desses casos, inclusive, o Ministério Público coloca em votação as propostas de solução aos problemas identificados para que a comunidade escolar escolha a que melhor lhes atenda. Também se verifica um caso, no MPES, no qual a instituição, ao realizar reunião com a comunidade escolar, deu ouvidos à manifestação da maioria dos presentes contra o fechamento da unidade para recomendar sua manutenção em área rural.

Esta categoria de análise tem especial importância considerando-se que a política educacional, como demonstrada, é participativa em sua própria concepção. Portanto, os atores das políticas educacionais, entre os quais se encontra o Ministério Público, devem atuar de forma a assegurar a participação social. Com a análise dos procedimentos, percebe-se muito mais a existência de interação da instituição com a sociedade do que a efetiva existência de participação. A própria análise das audiências públicas identificadas no Capítulo 5 evidencia como a postura, nesses casos, é muito mais de demonstrar à sociedade a sua atuação ou de identificar os problemas da comunidade para neles intervir, do que propriamente ouvir as opiniões da sociedade e as sugestões de soluções. Uma hipótese explicativa acerca do pouco espaço que o Ministério Público confere à participação nos casos analisados deve-se à própria concepção de hipossuficiência da sociedade na defesa de seus direitos. Se a instituição não considera a sociedade capaz de atuar em prol de seus próprios interesses, o que justifica seu protagonismo nesse sentido, os elementos que ela apresenta seriam relevantes tão somente na identificação dos problemas sociais e não em sua solução. Mantém-se, com isso, uma atuação descolada da realidade social, como já apontado no trabalho de Ximenes e Silveira (2017).

Nesse ponto, a postura identificada assemelha-se muito à análise que Rebell e Block (1982) fazem em relação às audiências públicas realizadas pelo Poder Legislativo nos EUA. Nesse caso, os autores identificaram que o objetivo, nessas ocasiões, era mais de obtenção de apoio político do que a obtenção de fatos relevantes que auxiliariam nas decisões sobre as políticas educacionais. No caso do Ministério Público no Brasil percebe-se uma similaridade, uma vez que as estratégias de participação identificadas servem mais como forma de legitimar sua atuação na defesa da sociedade do que de possibilitar uma identificação dos fatos relevantes que possibilitariam um melhor conhecimento da realidade social e do caráter multifacetado da política. Salienta-se, inclusive, que a análise dos procedimentos indica que há uma mobilização, pelo Ministério Público, de seus quadros técnicos e, especialmente, das cooperações que realiza, muito mais em casos nos quais se utilizam dessas estratégias para propor formações e capacitações para a comunidade, para os gestores e para os professores, do que de sua própria atuação.

A baixa mobilização da participação, assim, gera o que Kerche (2007) denomina de negação da política, uma vez que o Ministério Público passa a atuar na política educacional sem considerar adequadamente seus destinatários, privilegiando ou apenas observando as discussões relacionadas à técnica jurídica – ou seja, decisões formais, dogmático-normativas, como já apontavam Ximenes e Silveira (2017). Essa forma de operação mantém uma atuação institucional descolada da realidade social, o que não gera uma efetiva transformação social de forma justa e democrática, como aponta Santos (2011).

Percebe-se, portanto, que o Ministério Público mobiliza, nos procedimentos que discutem a qualidade da educação básica, primordialmente a técnica jurídica e outras estratégias que entende necessárias no curso dos procedimentos. São raros os casos em que mobiliza a técnica especializada e, em sua grande maioria, visando ao esclarecimento de condições objetivas por meio de profissionais da engenharia e da contabilidade. São poucos os casos de aproximação com a técnica especializada da educação que permita, inclusive, uma melhor compreensão e atuação em relação a eventuais aspectos subjetivos discutidos. Da mesma forma, a mobilização das estratégias de participação se constitui, em grande parte, mais como uma interação com a sociedade do que efetivamente garante a participação social.

Dado que a construção da política educacional demanda a participação social e a técnica especializada da área, os elementos encontrados permitem concluir que a construção da capacidade do Ministério Público se dá muito mais por uma organização institucional temática do que por um efetivo processo de especialização na área, considerando-se as especificidades próprias das políticas educacionais que não são muitas vezes consideradas em sua atuação.

A partir dessas considerações, portanto, concluo que a organização institucional do Ministério Público na educação não é suficiente para mobilizar, em sua atuação na qualidade da educação básica, a capacidade que tem construído para atuar nas políticas educacionais, à exceção da técnica jurídica. Identifica-se, assim, uma instituição que cada vez mais tem se afirmado e constituído como um de seus atores e que pouco (ou não) considera dois importantes elementos que são necessários em sua construção: a participação e a técnica especializada. Os efeitos e os impactos disso nas políticas educacionais, bem como eventuais distorções que possam advir dessa atuação, poderão se constituir como objeto de estudos futuros.

REFERÊNCIAS

ABRAMOVICH, V. Linhas de trabalho em direitos econômicos, sociais e culturais: instrumentos e aliados. **SUR – Revista Internacional de Direitos Humanos**, ano 2, n. 2, p. 188-223, 2005.

ABRUCIO, F. L.; VIEGAS, R. R.; RODRIGUES, R. V. A agenda esquecida do federalismo brasileiro: assimetria, heterogeneidade e diversidade dos Ministérios Públicos. **Preprint**, v. 20, n. versão 1, p. 2021-2028, 2021. Disponível em: https://doi.org/10.1590/SciELOPreprints.2669. Acesso em: 1 abr. 2022.

ADRIÃO, T. Dimensões e formas da privatização da educação no Brasil: caracterização a partir do mapeamento de produções nacionais e internacionais. **Currículo sem fronteiras**, v. 18, n. 1, p. 8-28, jan.-abr. 2018.

ALVES, T.; SILVEIRA, A. A. D.; SCHNEIDER, G. Financiamento da Educação Básica: o grande desafio para os municípios. **Retratos da Escola**, v. 13, n. 26, p. 391-413, 2019.

ANFOPE *et al.* **Carta aberta ao Ministério da Educação**. Belo Horizonte, 2017.

ANPED. **Nota pública de repúdio à revogação, pelo governo interino, das nomeações para o Conselho Nacional de Educação**. Rio de Janeiro, 2016.

ANTONINI, V. L.; RESENDE, F. M. DE P. A participação social na construção das políticas educacionais: reflexões sobre as últimas décadas. **Organizações e democracia**, Marília, p. 81-96, 2017.

ARANTES, R. B. **Ministério Público e política no Brasil**. Sumaré: Fapesp, 2002.

ARANTES, R. B. Judiciário: entre a justiça e a política. *In:*.AVELAR, L.; CINTRA, A. O. (org.). **Sistema político brasileiro**: uma introdução. São Paulo: Editora Unifesp, 2007. p. 79-108.

ARANTES, R. B. Ministério público, políticas e políticas públicas. *In:* OLIVEIRA, V. E. de (org.). **Judicialização de políticas públicas no Brasil**. Rio de Janeiro: Editora Fiocruz, 2019a. p. 95-122.

ARANTES, R. B. Quem vai cuidar da jabuticaba que virou barraco? **Época**, Rio de Janeiro, ago. 2019b.

ARANTES, R. B.; MOREIRA, T. M. Q. Democracia, instituições de controle e justiça sob a ótica do pluralismo estatal. **Opinião Pública**, v. 25, n. 1, p. 97–135, 2019.

ARAÚJO, F. R. T. DE. **Controle judicial de políticas públicas e realinhamento da atividade orçamentária na efetivação do direito à educação**: processo coletivo e a cognição do judiciário. 2013. 197 f. Dissertação (Mestrado em Direito Negocial) – Universidade Estadual de Londrina, Londrina, 2013.

ARGUELHES, D. W.; LEAL, F. O argumento das "capacidades institucionais" entre a banalidade, a redundância e o absurdo. **Revista Direito, Estado e Sociedade**, n. 38, p. 3-41, 2014.

ARRAIS NETO, E.; RICCA, D. E. P.; SOUZA, R. P. DE. Arquitetura escolar: currículo ou curral? **Revista Labor**, v. 1, n. 16, p. 137-151, 2016.

ASENSI, F. D. Judicialização ou juridicização? As instituições jurídicas e suas estratégias na saúde. **Physis**, v. 1, n. 21, p. 33-55, 2010.

AVRITZER, L. O pêndulo da democracia no Brasil: uma análise da crise 2013-2018. **Novos Estudos - CEBRAP**, v. 37, n. 1, p. 273-289, 2018.

BARBOSA, R.; OLIVEIRA, J. F. DE; CRUZ, R. E. DA; GOUVEIA, A. B. **Pesquisa Nacional Qualidade na Educação**. Brasília: INEP, 2006.

BARBOZA, A. R. R.; BARBOZA, T. DO A. O desafio do Ministério Público como agente de transformação: responsabilidade política e social. **Serviço Social & Saúde**, Campinas, v. 13, p. 205-224, 2014.

BARREIRO, G. S. DE S.; FURTADO, R. P. M. Inserindo a judicialização no ciclo de políticas públicas. **Revista de Administração Pública**, Rio de Janeiro, p. 293-314, 2015.

BEISEGEL, C. DE R. **A qualidade do ensino na escola pública**. Brasília: Liber Livro, 2005.

BERCLAZ, M. S. As possibilidades e limitações do Ministério Público na defesa do regime democrático: conselhos sociais e conferências. *In:* GOULART, M. P.; ESSADO, T. C.; CHOUKR, F. H.; OLIVEIRA, W. T. (org.). **Ministério Público: pensamento crítico e práticas transformadoras**. Belo Horizonte: D'Plácido, 2018. p. 107-128.

BERCLAZ, S. A Corregedoria-Geral do Ministério Público e a necessidade de (re)definição do seu papel de orientação e fiscalização dos membros no compromisso de cumprimento e concretização do planejamento estratégico. **De Jure**: Revista Jurídica do Ministério Público do Estado de Minas Gerais, Belo Horizonte, n. 15, p. 481-491, jul. 2010.

BOBBIO, N. **A era dos direitos**. Rio de Janeiro: Campus, 1992.

BOBBIO, N. **O futuro da democracia**: uma defesa das regras do jogo. 14. ed. Rio de Janeiro: Paz e Terra, 2017.

BOITO JÚNIOR, A. Bobbio crítico de Poulantzas. **Cadernos Cemarx**, n. 12, p. 19-36, 2019.

BOLLMAN, M. D. G. N. Revendo o Plano Nacional de Educação: proposta da sociedade brasileira. **Educação & Sociedade**, v. 31, n. 112, p. 657-676, 2010.

BRASIL. Lei ordinária federal n.º 7.347, de 24 de julho de 1985. Disciplina a ação civil pública de responsabilidade por danos causados ao meio-ambiente, ao consumidor, a bens e direitos de valor artístico, estético, histórico, turístico e paisagístico e dá outras. **Diário Oficial da União**, Brasília, DF, 1985.

BRASIL. **Constituição da República dos Estados Unidos do Brasil (de 16 de julho de 1934)**. Rio de Janeiro: Sala das sessões da assembléia nacional constituinte, 1934.

BRASIL. Constituição da República Federativa do Brasil de 1988. **Diário Oficial da União**, Brasília, DF, 1988.

BRASIL. Lei federal n.º 8.069, de 13 de julho de 1990. Dispõe sobre o Estatuto da Criança e do Adolescente e dá outras providências. **Diário Oficial da União**, Brasília, DF, 1990a.

BRASIL. Lei federal n.º 8.078, de 11 de setembro de 1990. Dispõe sobre a proteção do consumidor e dá outras providências. **Diário Oficial da União**, Brasília, DF, 1990b.

BRASIL. Lei federal n.º 10.172, de 9 de janeiro de 2001. Aprova o plano nacional de educação e dá outras providências. **Diário Oficial da União**, Brasília, DF, 2001.

BRASIL. Lei ordinária federal n.º 8.625, de 12 de fevereiro de 1993. Institui a Lei Orgânica Nacional do Ministério Público, dispõe sobre normas gerais para a organização do Ministério Público dos Estados e dá outras providências. **Diário Oficial da União**, Brasília, DF, 1993a.

BRASIL. Lei complementar n.º 75, de 20 de maio de 1993. Dispõe sobre a organização, as atribuições e o estatuto do Ministério Público da União. **Diário Oficial da União**, Brasília, DF, 1993b.

BRASIL. Lei de Diretrizes e Bases da Educação Nacional. **Diário Oficial da União**, Brasília, DF, 1996.

BRASIL. Decreto n.º 9.759, de 11 de abril de 2019. Extingue e estabelece diretrizes, regras e limitações para colegiados da administração pública federal. **Diário Oficial da União**, Brasília, DF, 2019.

BRASIL. Emenda constitucional n.º 108/2020. **Diário Oficial da União**, Brasília, DF, 2020a.

BRASIL. Lei n.º 14.113, de 25 de dezembro de 2020. Regulamenta o Fundo de Manutenção e Desenvolvimento da Educação Básica e de Valorização dos Profissionais da Educação (Fundeb), de que trata o art. 212-A da Constituição Federal; revoga dispositivos da Lei n.º 11.494. **Diário Oficial da União**, Brasília, DF, 2020b.

BRASIL. Supremo Tribunal Federal. Ministro Roberto Barroso abre audiência pública sobre ensino religioso nas escolas públicas. **Notícias STF**, 2015.

CABRAL, K. M. **O Ministério Público estadual e a justiciabilidade do direito à qualidade do ensino fundamental público no Brasil**: funções e interpretações. 2014. Tese (Doutorado em Educação) – Universidade Estadual Paulista Júlio de Mesquita Filho, Presidente Prudente-SP, 2014.

CAMPOS, M. M.; HADDAD, S. O direito humano à educação escolar pública de qualidade. *In:* HADDAD, S.; GRACIANO, M. **A educação entre os direitos humanos**. Campinas: Autores Associados, 2006.

CAPPELLETTI, I. F. Os conflitos na relação avaliação e qualidade da educação. **Educar em Revista**, n. spe1, p. 93-107, 2015.

CARDOSO, J. A.; TAPOROSKY, B. C. H.; FRANTZ, M. G. Normas dos conselhos de educação: uma perspectiva dos impactos na qualidade e custos educacionais. *In:* ENCONTRO ANUAL DA FINEDUCA, 6., 2018, Campinas. **Anais [...]**. Campinas: Fineduca, 2018. p. 613-619.

CARDOSO, L. P. DO A. A democracia participativa na elaboração de políticas públicas: os instrumentos da Política Nacional de Participação Social – PNPS. *In:* SEMINÁRIO NACIONAL: DEMANDAS SOCIAIS E POLÍTICAS PÚBLICAS

NA SOCIEDADE CONTEMPORÂNEA, 13., 2017, Santa Cruz do Sul. **Anais** [...]. Santa Cruz do Sul: Unisc, 2017.

CARREIRA, D.; PINTO, J. M. R. Custo aluno–qualidade inicial: rumo à educação pública de qualidade no Brasil. **Campanha Nacional pelo Direito à Educação**, p. 1-42, 2006.

CARVALHO, J. M. de. Brasileiro: cidadão? **Revista do legislativo**, Belo Horizonte, n. 23, p. 32-39, jul. 1998.

CARVALHO, J.M. Cidadania, estadania, apatia. **Jornal do Brasil**, Rio de Janeiro, p. 8, 24 jun. 2001.

CARVALHO, L. H. DE C. **Ouvidoria, transparência e controle social**: a experiência da ouvidoria nacional do Conselho Nacional do Ministério Público. 2017. Dissertação (Mestrado em Direito e Gestão de Conflitos) – Universidade de Fortaleza, Fortaleza, 2017.

CHAUÍ, M. Direitos humanos e medo. *In:* PAZ, C. de J. e (org.). **Direitos humanos e ...** São Paulo: Brasiliense, 1989.

CONSELHO NACIONAL DE JUSTIÇA. Serviço: Saiba a diferença entre comarca, vara, entrância e instância. CNJ, maio 2016. Disponível em: https://www.cnj.jus.br/cnj-servico-saiba-a-diferenca-entre-comarca-vara-entrancia-e-instancia/. Acesso em: 3 set. 2021.

CONSELHO NACIONAL DO MINISTÉRIO PÚBLICO. **Recomendação n.º 42, de 23 de agosto de 2016**. Recomenda a criação de estruturas especializadas no Ministério Público para a otimização do enfrentamento à corrupção, com atribuição cível e criminal. Brasília: CNMP, 2016.

CONSELHO NACIONAL DO MINISTÉRIO PÚBLICO Taxionomia: CNMP e parceiros concluem projeto para aprimorar dados sobre atuação na área da educação. **Notícias**, nov. 2021. Brasília. Disponível em: https://www.cnmp.mp.br/portal/todas-as-noticias/14864-taxionomia-cnmp-e-parceiros-concluem-projeto-para-aprimorar-dados-sobre-atuacao-na-area-da-educacao. Acesso em: 5 jan. 2021.

CONSELHO NACIONAL DO MINISTÉRIO PÚBLICO. **Recomendação n.º 33, de 5 de abril de 2016**. Dispõe sobre diretrizes para a implantação e estruturação das Promotorias de Justiça da Infância e Juventude no âmbito do Ministério Público dos Estados e do Distrito Federal e Territórios. Brasília: CNMP, 2016.

CONSELHO NACIONAL DO MINISTÉRIO PÚBLICO. **Resolução n.º 63, de 1 de dezembro de 2010.** Cria as Tabelas Unificadas do Ministério Público e dá outras providências. Brasília: CNMP, 2010.

CONSELHO NACIONAL DO MINISTÉRIO PÚBLICO. **Resolução n.º 89, de 28 de agosto de 2012.** Regulamenta a Lei de Acesso à Informação (Lei n.º 12.527, de 18 de novembro de 2011) no âmbito do Ministério Público da União e dos Estados e dá outras providências. Brasília: CNMP, 2012.

CURY, C. R. J. Direito à educação: direito à igualdade, direito à diferença. **Cadernos de Pesquisa**, n. 116, p. 245-262, 2002.

CURY, C. R. J.; FERREIRA, L. A. M. A Judicialização da educação. **Revista CEJ**, v. Ano XIII, n. 45, p. 32-45, 2009.

DAHL, R. A. **A democracia e seus críticos.** São Paulo: Martins Fontes, 2012.

DIDIER JR., F. **Curso de direito processual civil**: introdução ao direito processual civil e processo de conhecimento. Salvador: Juspodivm, 2012.

DOURADO, L. F.; OLIVEIRA, J. F. DE. A qualidade da educação: perspectivas e desafios. **Caderno CEDES**, Campinas, v. 28, n. 78, p. 201-215, ago. 2009.

DOURADO, L. F.; OLIVEIRA, J. F. DE; SANTOS, C. DE A. **A qualidade da educação**: conceitos e definições. Brasília: Inep, 2007.

DUARTE, C. S. Direito público subjetivo e políticas educacionais. **São Paulo em Perspectiva**, v. 18, n. 2, p. 113-118, 2004.

DUARTE, C. S. Reflexões sobre a justiciabilidade do direito à educação no Brasil. *In:* HADDAD, S.; GRACIANO, M. (org.). **A educação entre os direitos humanos.** Campinas: Autores Associados, 2006. p. 127-153

DUARTE, C. S. A educação como um direito fundamental de natureza social. **Educação & Sociedade**, v. 28, n. 100, p. 691-713, 2007.

FARIA, C. F.; RIBEIRO, U. C. Desenho institucional: variávies relevantes e seus efeitos sobre o processo participativo. *In*: PIRES, R. R. C. (org.). **Efetividade das instituições participativas no Brasil**: estratégias de avaliação. Brasília: Ipea, 2011. p. 125-135.

FELDMAN, M. **Os termos de ajustamento de conduta para efetivação do direito à educação infantil**: considerações a partir do contexto paranaense. 2017. Dissertação (Mestrado em Educação) – Universidade Federal do Paraná, Curitiba, 2017.

FELDMAN, M.; SILVEIRA, A. A. D. Exigibilidade judicial do direito à educação: interfaces entre educação e judiciário na produção norte-americana. **Comunicações**, v. 24, n. 1, p. 203-222, 2017.

FELDMAN, M.; SILVEIRA, A. A. D. A pressão para expansão do direito à educação infantil por meio de termos de ajustamento de conduta. **Educacao e Sociedade**, v. 39, n. 145, p. 1023-1040, 2018.

FERRARESI, E. A responsabilidade do Ministério Público no controle das políticas públicas. *In*: GRINOVER, A. P.; WATANABE, K. (org.). **O controle jurisdicional de políticas públicas**. 2. ed. Rio de Janeiro: Forense, 2013. p. 377-399.

FREY, K. Políticas públicas: um debate conceitual e reflexões referentes à prática da análise de políticas públicas no Brasil. **Planejamento e Políticas Públicas**, v. 21, p. 211-259, 2000.

GALIO, M. H. História e formação dos sistemas Civil Law e Common Law: a influência do direito romano e a aproximação dos sistemas. *In:* ALMEIDA, E. S.; MAGALHÃES, J. N.; WOLKMER, A. C. (org.). **História do Direito II**. Florianópolis: Conpedi, 2014. p. 233-255.

GATTI, B. **Avaliação e qualidade da educação**. Seminário da Anpae, 2007.

GONÇALVES, A. DE B. V.; SILVEIRA, A. A. D. A exigibilidade do direito à educação básica no Brasil: estado da arte das teses e dissertações de 1988 a 2018. **Revista Educação e Políticas em Debate**, v. 10, n. 2, p. 936-954, 2021.

GONÇALVES, L. A. O Ministério Público e a tutela dos direitos sociais. *In*: GRINOVER, A. P.; WATANABE, K. (org.). **O controle jurisdicional de políticas públicas**. Rio de Janeiro: Forense, 2018. p. 401-424.

GONÇALVES, L. F. **Atuação da Defensoria Pública do Paraná para a garantia do direito ao acesso à creche no município de Curitiba**. 2018. Dissertação (Mestrado em Educação) – Universidade Federal do Paraná, Curitiba, 2018.

GOTTI, A. Um retrato da judicialização da educação básica no Brasil. *In:* TODOS PELA EDUCAÇÃO (org.). **Reflexões sobre justiça e educação**. São Paulo: Moderna, 2017.

GOTTI, A.; XIMENES, S. B. Proposta de litígio estrutural para solucionar o déficit de vagas em educação infantil. *In:* RANIERI, N. B. S.; ALVES, A. L. A. (org.). **Direito à educação e direitos na educação em perspectiva interdisciplinar**. São Paulo: Unesco, 2018. p. 365-399.

GOULART, M. P. **Elementos para uma teoria geral do Ministério Público.** Belo Horizonte: Arraes Editores, 2013.

GOULART, M. P. Ministério Público: por uma nova espacialidade. *In: In:* GOULART, M. P.; ESSADO, T. C.; CHOUKR, F. H.; OLIVEIRA, W. T. (org.). **Ministério Público: pensamento crítico e práticas transformadoras.** Belo Horizonte: D'Plácido, 2018. p. 27-43.

KERCHE, F. Autonomy and discretionary power of the Public Prosecutor's office in Brazil. **Dados rev. ciênc. sociais**, v. 50, n. 2, p. 259-279, 2007.

KERCHE, F. **Virtude e limites**: autonomia e atribuições do Ministério Público no Brasil. São Paulo: EDUSP, 2009.

KNOEPFEL, P.; LARRUE, C.; HUMET, J. S.; VARONE, F. **Anélisis y gestión de políticas públicas.** Barcelona: Ariel, 2018.

LAGE, L. R. S. B. Políticas públicas como programas e ações para o atingimento dos objetivos fundamentais do Estado. *In:* GRINOVER, A. P.; WATANABE, K. (org.). **O controle jurisdicional de políticas públicas.** Rio de Janeiro: Forense, 2013. p. 151-182.

LEAL, M. F. M. **Ações coletivas.** São Paulo: Editora Revista dos Tribunais, 2014.

LIMA, S. E. DE. **O papel do Fórum Estadual de Educação no planejamento educacional sul-mato-grossense.** 2018. Tese (Doutorado em Educação) – Universidade Federal da Grande Dourados, Dourados, MS, 2018.

LOPES, J. R. DE L. Direitos subjetivos e direitos sociais: o dilema do judiciário no estado social de direito. *In:* FARIA, J. E. (org.). **Direitos humanos, direitos sociais e justiça.** São Paulo: Malheiros. 2002.

MACHADO, L. M.; OLIVEIRA, R. P. DE. Direito à educação e legislação do ensino. *In:* AUTORES ASSOCIADOS (org.). **O estado da arte em política e gestão da educação no Brasil: 1991 a 1997.** Campinas: Autores Associados, 2001.

MADUREIRA, M. S.; GOUVEIA, A. B. O Fórum do Fundeb: uma invenção paranaense na fiscalização dos recursos da educação. **FINEDUCA – Revista de Financiamento da Educação**, v. 9, p. 1-13, 2019.

MAGGIO, M. P. **Tutela da saúde pública**: novas perspectivas e a construtiva atuação do Ministério Público. 2018. Tese (Doutorado em Saúde Pública) – Universidade de São Paulo, São Paulo, 2018.

MARINHO, C. M. **Judicialização de direitos sociais e processos estruturais**: reflexões para a jurisdição brasileira à luz da experiência norte-americana. 2018. Tese (Doutorado em Direito) – Universidade de São Paulo, São Paulo, 2018.

MARTINS, L. L. B. O movimento de acesso à justiça e o papel das escolas institucionais do Ministério Público. In: GOULART, M. P.; ESSADO, T. C.; CHOUKR, F. H.; OLIVEIRA, W. T. (org.). **Ministério Público: pensamento crítico e práticas transformadoras**. Belo Horizonte: D'Plácido, 2018. p. 95-105.

MINISTÉRIO PÚBLICO DO ESTADO DA BAHIA. **Ato normativo n.º 39, de 7 de outubro de 2020**. Institui o regimento interno da central de apoio técnico - CEAT, no âmbito do ministério público do estado da Bahia. Salvador: MPBA, 2020.

MINISTÉRIO PÚBLICO DO ESTADO DA BAHIA. **Resolução da Procuradoria Geral de Justiça n.º 05/2006**. Aprova a criação do Grupo de Atuação Especial de Defesa do Patrimônio Público e da Moralidade Administrativa - GEPAM, do Grupo de Atuação Especial de Defesa dos Direitos dos Idosos - GEIDO, do Grupo d. Salvador: MPBA, 2006.

MINISTÉRIO PÚBLICO DO ESTADO DO MARANHÃO. **Ato Regulamentar n.º 08/2017-GPGJ, de 06 de março de 2017**. Regulamenta as atividades da Assessoria Técnica, estabelece os Núcleos de Assessoria Técnica Regional (NATARs), fixa a lotação dos serviços psicossociais por parte de psicólogos e assistentes sociais em atividade na data de publicação deste Ato Regulamentar nas Diretorias das Promotorias de Justiça respectivas, determina a aplicação em Promotorias de Justiça em que lotados psicólogos e/ou assistentes sociais, no que couber, do Ato Regulamentar Nº 004/2006 - GPGJ (DOE 21.06.2006) e dá outras providências. São Luís: MPMA, 2017.

MINISTÉRIO PÚBLICO DO ESTADO DO RIO GRANDE DO NORTE. **Resolução nº 39/2020 - PGJ**. Institui a Central de Apoio Técnico Especializado (CATE), regulamenta a solicitação e a prestação dos serviços de apoio técnico especializado em matéria diversa da área jurídica e dá outras providências. Natal: MPRN, 2020.

MADEIRA, L. M.; GELISKI, L.; RAFAEL DILL, A.; HILÁRIO TRINDADE, K. Judicial policy diffusion: a model to analyse specialised state courts fighting organized crime in Brazil. **Sociologies in Dialogue**, v. 5, n. 2, p. 24-51, 2020.

MOTTA, L. E. Judicialização da política e representação funcional no Brasil contemporâneo: uma ameaça à soberania popular? **Revista Quaestio Iuris**, v. 5, n. 2, p. 256-285, 2012.

MULLER, P. **As políticas públicas**. Niterói: Eduff, 2018.

MULLER, P.; SUREL, Y. **A análise das políticas públicas**. Pelotas: Editora da Universidade Católica de Pelotas, 2002.

OLIVEIRA, F. A. de; TEJADAS, S. da S. Fomento à política pública de educação: possibilidades para o assessoramento do serviço social. **Criança e Adolescente – Revista Digital Multidisciplinar do Ministério Público-RS**, v. 1, n. 13, p. 3-16, 2018.

OLIVEIRA, R. P. de; ARAUJO, G. C. de. Qualidade do ensino: uma nova dimensão da luta pelo direito à educação. **Revista Brasileira de Educação**, n. 28, p. 5-23, 2005.

OLIVEIRA, V. E. de; LOTTA, G. S.; VASCONCELOS, N. P. de. Ministério Público, Autonomia Funcional e Discricionariedade: ampla atuação em políticas públicas, baixa accountability. **Revista de Estudos Empíricos em Direito**, v. 7, n. 1, p. 181-195, 2020.

OLIVEIRA, V. E.; SILVA, M. P.; MARCHETTI, V. Judiciário e políticas públicas: o caso das vagas em creches na cidade de São Paulo. **Educação e Sociedade**, v. 39, n. 144, p. 652-670, 2018.

PANNUNZIO, E. O poder judiciário e o direito à educação. *In:* RANIERI, N. B. S. (org.). **Direito à educação**: aspectos constitucionais. São Paulo: Edusp, 2009. p. 61-88.

PIOVESAN, F. A proteção dos direitos humanos no sistema constitucional brasileiro. **Revista da Procuradoria-Geral do Estado de São Paulo**, n. 51/52, p. 81-102, jan./dez. 1999.

PIRES, R. R. C. **Efetividade das instituições participativas no Brasil**: estratégias de avaliação. Brasília: Ipea, 2011.

POULANTZAS, N. **O estado, o poder e o socialismo**. Rio de Janeiro: Edições Gr, 1980.

RANIERI, N. B. S. Panorama da judicialização do direito à educação no Supremo Tribunal Federal entre 2000 e 2015. *In*: TODOS PELA EDUCAÇÃO (org.). **Reflexões sobre justiça e educação**. São Paulo: Moderna, 2017. p. 123-132.

REBELL, M. A.; BLOCK, A. R. **Educational policy making and the courts**: an empirical study of judicial activism. Chicago: The Univestiry of Chicago Press, 1982.

RODRIGUES, R. V.; PINTO, I. R. DE R.; XIMENES, S. B. **A judicialização da educação no Brasil**: uma revisão sistemática, 2022. Mimeo.

RONCA, A. C. C.; RAMOS, M. N. **Da CONAE ao PNE 2011-2020**: contribuições do Conselho Nacional de Educação. São Paulo: Moderna, 2010.

SÁ, I. R. **Reflexões sobre o Ministério Público Estadual Brasileiro**: um estudo sobre o papel do promotor de justiça na defesa do direito à educação de qualidade. 2014. Dissertação (Mestrado em Direito) – Universidade Federal do Ceará, Fortaleza, 2014.

SADEK, M. T. A Construção De Um Novo Ministério Público Resolutivo. **De jure**: revista juridica do Ministério Público do Estado de Minas Gerais, Belo Horizonte, 2009, n. 12. p. 130–139.

SADEK, M. T. Judiciário e arena pública: um olhar a partir da ciência política. *In*: GRINOVER, A. P.; WATANABE, K. (org.). **O controle jurisdicional de políticas públicas**. 2.ed. Rio de Janeiro: Forense, 2013. p. 1-32.

SANTIAGO, A. J. DE Q. Ministério Público eficaz: construção de novos paradigmas espaciais. *In*: GOULART, M. P.; ESSADO, T. C.; CHOUKR, F. H.; OLIVEIRA, W. T. (org.). **Ministério Público: pensamento crítico e práticas transformadoras**. Belo Horizonte: D'Plácido, 2018. p. 45-71.

SANTOS, B. S. **Para uma revolução democrática da justiça**. 3. ed. São Paulo: Cortez, 2011.

SAVIANI, D. O Plano de Desenvolvimento da Educação: análise do projeto do MEC. **Educação & Sociedade**, v. 28, n. 100, p. 1231-1255, 2007.

SCAFF;, E. A. DA S.; PINTO, I. R. DE R. O Supremo Tribunal Federal e a garantia do direito à educação. **Revista Brasileira de Educação**, v. 21, n. 65, p. 431-454, 2016.

SCHNEIDER, G.; FRANTZ, M. G.; ALVES, T. Infraestrutura das escolas públicas no brasil: desigualdades e desafios para o financiamento da educação básica. **Revista Educação Básica em Foco**, v. 1, n. 3, 2020.

SECCHI, L. **Políticas públicas**: conceitos, esquemas de análise, casos práticos. 2. ed. São Paulo: Cengage Learning, 2017.

SILVA, C. A. **Justiça em jogo**. São Paulo: Editora da USP, 2001.

SILVA, E. P. I. D. da. **Os efeitos da atuação do sistema de justiça nas políticas de educação infantil**: estudo de caso no município de Araucária/PR. 2016. Dissertação (Mestrado em Educação) – Universidade Federal do Paraná, Curitiba, 2016.

SILVA, F. de S. E. "De cada um conforme suas capacidades": participação, ambientes institucionais e capacidade de incidência em políticas públicas. *In*: PIRES, R. R. C. (org.). **Efetividade das instituições participativas no Brasil**: estratégias de avaliação. Brasília: Ipea, 2011. p. 187-196.

SILVEIRA, A. A. D. **Direito à educação e o ministério público**: uma análise da atuação de duas promotorias de justiça da infância e juventude do interior paulista. 2006. Dissertação (Mestrado em Educação) – Universidade de São Paulo, São Paulo, 2006.

SILVEIRA, A. A. D. A exigibilidade do direito à educação básica pelo Sistema de Justiça: uma análise da produção brasileira do conhecimento. **RBPAE**, v. 24, n. 3, p. 537-555, 2008.

SILVEIRA, A. A. D. **O direito à educação de crianças e adolescentes: análise da atuação do Tribunal de Justiça de São Paulo (1991-2008)**. 2010. Tese (Doutorado em Educação) – Universidade de São Paulo, São Paulo, 2010.

SILVEIRA, A. A. D.; PRIETO, R. G. P. Inclusão, educação especial e poder judiciário: do direito a usufruir direitos. **Inclusão, educação especial e poder judiciário: do direito a usufruir direitos**, v. 28, n. 3, p. 719-737, 2012.

SILVEIRA, A. A. D.; TAPOROSKY, B. C. H.; FELDMAN, M.; GONÇALVES, L. Mapeamento das medidas de exigibilidade coletiva para garantia do direito à educação infantil no Paraná. **Educação**, v. 46, n. 1, 2021.

SILVEIRA, A. A. D.; XIMENES, S. B.; OLIVEIRA, V. E. de; CRUZ, S. H. V.; BORTOLLOTI, N. Efeitos da judicialização da educação infantil em diferentes contextos subnacionais. **Cadernos de Pesquisa**, v. 50, n. 177, p. 718-737, 2020.

SILVEIRA, A. D. Conflitos e consensos na exigibilidade judicial do direito à educação básica. **Educação & Sociedade**, v. 34, n. 123, p. 371-387, 2013.

SILVEIRA, A. D.; MARINHO, C. M.; TAPOROSKY, B. C. H. A especialização do Ministério Público para atuação na educação: um olhar sobre os órgãos de coordenação nos estados. *In*: SIMPÓSIO DE POLÍTICA E ADMINISTRAÇÃO DA EDUCAÇÃO, 30., formato virtual, 2021. **Anais** [...]. Anpae, 2021.

SMANIO, G. P. Ministério público e políticas públicas. *In*: GOULART, M. P.; ESSADO, T. C.; CHOUKR, F. H.; OLIVEIRA, W. T. (org.). **Ministério Público**: pensamento crítico e práticas transformadoras. Belo Horizonte: D'Plácido, 2018. p. 377-399.

STUCHI, C. G.; JURKSTAS, A. B.; XIMENES, S. B. No Title. O processo de coordenação e especialização da atuação finalística do Ministério Público brasileiro na agenda de judicialização da educação. *In*: ENCONTRO DE PESQUISA EMPÍRICA EM DIREITO, 9., Osasco, SP, 2019. **Anais [...]**. 2019. Osasco, SP: Unifesp, 2019.

STUCHI, C. G.; MARINHO, C. M.; XIMENES, S. B.; JURKSTAS, A. B. Quem coordena a atuação educacional no ministério público brasileiro: um olhar sobre a atuação do Conselho Nacional do Ministério Público e do Conselho Nacional dos Procuradores-gerais de Justiça. *In*: ENCONTRO ANUAL DA ANPOCS, 45., formato virtual, 2021. **Anais** [...]. Anpocs, 2021.

TAPOROSKY, B. C. H. **O controle judicial da qualidade da oferta da educação infantil**: um estudo das ações coletivas nos tribunais de justiça do Brasil (2005-2016). 2017. Dissertação (Mestrado em Educação) – Universidade Federal do Paraná, Curitiba, 2017.

TAPOROSKY, B. C. H.; SILVEIRA, A. A. D. A qualidade da educação infantil como objeto de análise nas decisões judiciais. **Educação em Revista**, v. 34, n. 0, 2018.

TAPOROSKY, B. C. H.; SILVEIRA, A. A. D. O direito à educação infantil nos Tribunais de Justiça do Brasil. **Educação & Realidade**, v. 44, n. 1, p. 1-26, 2019.

TAPOROSKY, B. C. H.; SILVEIRA, A. D. A judicialização das políticas públicas e o direito à educação infantil. **Eccos Revista Científica**, n. 48, p. 295-315, 2019.

TAPOROSKY, B. C. H.; SILVEIRA, A. D. A qualidade da educação infantil nos documentos orientadores do MEC e normas legais. **Zero-a-seis**, v. 24, n. 45, p. 312-336, 2022.

TARDIF, M.; LESSARD, C. **O trabalho docente**: elementos para uma teoria da docência como profissão de interações humanas. 9. ed. Petrópolis: Vozes, 2014.

TAYLOR, M. M. O judiciário e as políticas públicas no Brasil. **Dados**, v. 50, n. 2, p. 229-257, 2007.

TEJADAS, S. da S. **O direito à proteção social no Brasil e sua exigibilidade**: um estudo a partir do Ministério Público. 2010. Tese (Doutorado em Serviço Social) – Pontifícia Universidade Católica do Rio Grande do Sul, Porto Alegre, 2010.

TEJADAS, S. da S. **Avaliação das políticas públicas e garantia de direitos**. São Paulo: Cortez, 2020.

TEJADAS, S. da S. Serviço Social e Ministério Público: aproximações mediadas pela defesa e garantia de direitos humanos. **Serviço Social & Sociedade**, n. 115, p. 462-486, 2013.

TRIBUNAL DE JUSTIÇA DE SÃO PAULO. TJSP promove audiência pública sobre vagas em creches de São Paulo. **Notícias**, 2017.

VIEIRA, E. A política e as bases do direito educacional. **Cadernos CEDES**, v. 21, n. 55, p. 9-29, 2001.

VIOLIN, J. **Protagonismo judiciário e processo coletivo estrutural**: o controle jurisdicional de decisões políticas. Salvador: Judpodivm, 2013.

WAMPLER, B. Que tipos de resultados devemos esperar das instituições participativas? *In*: PIRES, R. C. (org.). **Efetividade das instituições participativas no Brasil**: estratégias de avaliação. Brasília: Ipea, 2011. p. 43-51.

XIMENES, S. B. **Direito à qualidade na educação básica**: teoria e crítica. São Paulo: Quartier Latin, 2014a.

XIMENES, S. B. O conteúdo jurídico do princípio constitucional da garantia de padrão de qualidade do ensino: uma contribuição desde a teoria dos direitos fundamentais. **Educação & Sociedade**, Campinas, p. 1027-1051, 2014b.

XIMENES, S. B.; GRINKRAUT, A. Acesso à educação infantil no novo PNE: parâmetros de planejamento, efetivação e exigibilidade do direito. **Cadernos CENPEC**, v. 4, n. 1, p. 78-101, 2014.

XIMENES, S. B.; SILVEIRA, A. D. Judicialização da educação: riscos e recomendações. *In*: TODOS PELA EDUCAÇÃO (org.). **Reflexões sobre justiça e educação**. São Paulo: Moderna, 2017. p. 43-51.

XIMENES, S. B.; SILVEIRA, A. D. Judicialização da educação: caracterização e crítica. *In*: OLIVEIRA, V. E. de (org.). **Judicialização de políticas públicas no Brasil**. Rio de Janeiro: Editora Fiocruz, 2019. p. 309-332.

XIMENES, S. B.; STUCHI, C. G.; MARINHO, C. M.; TAPOROSKY, B. C. H.; JURKSTAS, A. B. Especialização do Ministério Público nos Estados na temática educação: extensão, características e dinâmica institucional. In: ENCONTRO NACIONAL DA ANPOCS, 44., Santo André, SP, 2020. **Anais** [...]. Santo André, SP: Anpocs, 2020.

XIMENES, S. B.; STUCHI, C. G.; MARINHO, C. M.; TAPOROSKY, B. C. H.; JURKSTAS, A. B. Especialização do Ministério Público nos Estados na temática educação: extensão, características e dinâmica institucional. **Revista Direito Público**, v. 19, n. 101, p. 396-427, 2022.

YIN, R. K. **Estudo de caso**: planejamento e métodos. Porto Alegre: Bookman, 2005.